HISTOIRE

DE LA

DERNIERE GUERRE

DE BOHEME.

TOME PREMIER.

HISTOIRE

DE LA

DERNIERE GUERRE

DE BOHEME.

ENRICHIE DES CARTES, DES PLANS DE BATAILLES ET DES SIEGES.

PAR Mr. D. M. V. L. N.

NOUVELLE EDITION.

TOME PREMIER.

A AMSTERDAM,

Chez *DAVID MORTIER,*

MDCCLVI.

HISTOIRE

DE LA

DERNIERE GUERRE

DE BOHEME.

LIVRE PREMIER.

ARGUMENT.

Etat de l'Europe à la mort de l'Empereur CHAR-LES VI. *Guerre de Siléfie. Prétentions du Roi de Pruffe fur une partie de ce Duché.*

LA néceffité de m'amufer dans une efpéce de folitude où je me trouve par le concours de certaines circonftances, jointe à l'ambition d'inftruire le Public fur quantité de faits qu'il ignore ou qu'il fait mal, me fait entreprendre l'Hiftoire d'une Guerre remplie d'événemens extraordinaires. Voici en deux mots le plan que je me fuis formé. J'expoferai d'abord les caufes de cette Guerre ; je rapporterai fimplement les raifons des Attaquans & de l'Attaqué ; après quoi je narrerai les faits avec tout l'ordre & toute l'impartialité dont je fuis capable.

Depuis le Miniftére du Cardinal Albéroni, l'Efpagne formoit de grands projets fur l'Italie, mais le mauvais fuccès de la guerre qu'elle y avoit portée en 1718. lui avoit fait comprendre que tant que la France n'agiroit pas de concert avec elle , il lui seroit impossible de réussir. Tout le monde sait que la diversion que cette Puissance fit en attaquant l'Espagne dans ses propres Etats , contribua plus que toute autre chose à la Paix qui fut conclue entre les Cours de Madrid & de Vienne. L'Espagne s'attacha donc à faire entrer la France dans ses vues, & à l'engager à se joindre à elle pour attaquer l'Empereur. Mais le Cardinal de Fleuri , qui depuis la mort du Régent gouvernoit en quelque sorte cette puissante Monarchie , avoit pris des engagemens avec les Puissances maritimes alliées de l'Empereur , qui ne lui permettoient pas de se prêter aux desseins de l'Espagne. Celle-ci, enfléc des succès que ses armes avoient eus en Afrique où elles avoient pris Oran , n'attendoit qu'une occasion favorable pour revendiquer des Domaines qu'elle n'avoit cédés qu'à son corps défendant. La mort d'Auguste II. arrivée en 1733. brouilla l'Empereur avec la France , & fournit à l'Espagne cette occasion qu'elle avoit tant souhaitée.

Il est important de rappeller tous ces faits, pour bien connoître l'état de l'Europe à la mort du dernier Empereur, la disposition des Puissances à l'égard de sa Succession , & les ressorts qui ont occasionné la conquête rapide que les Bavarois firent de la Bohême. Avançons.

Le Roi Auguste avoit senti depuis longtems le peu d'avantage qu'il y avoit à être Roi de Pologne, & prévoyant, en habile Politique, que l'Empereur Charles VI. venant à mourir sans Enfans mâles , donneroit lieu à plusieurs Princes de faire valoir leurs prétentions, il

tourna

tourna toutes ses vues de ce côté-là, & ne pensa qu'à se mettre en état de profiter de cette conjoncture pour acquérir quelque partie de cette riche Succession qui fût à sa bienséance, & qui en conservant à ses Successeurs la Dignité Royale, agrandît en même tems leurs Etats, & leur fût d'un avantage plus réel que la Couronne de Pologne. Pour cet effet il entretint une étroite amitié avec le Roi de Prusse, Frédéric-Guillaume I. avec l'Electeur de Baviére, & sur-tout avec la France. Par une suite de ces dispositions, Auguste s'étoit joint aux Electeurs de Cologne, de Baviére, & Palatin, pour engager la Diéte de l'Empire à refuser à l'Empereur la garantie de la *Pragmatique-Sanction Caroline*, c'est-à-dire, du Testament par lequel Sa Majesté Impériale assuroit tous ses Etats à l'Aîné de ses Enfans, soit mâle ou femelle.

Cette conduite du Roi de Pologne ne pouvoit pas manquer de déplaîre à l'Empereur : aussi lorsque ce grand Monarque fut mort, Sa Majesté Impériale, dans la supposition que son Successeur adopteroit les mêmes principes, fit assembler un Corps d'armée en Silésie, sur les frontiéres de la Pologne, bien résolu de traverser l'élection du nouvel Electeur de Saxe, pour se venger du précédent ; cependant il lui fit offrir sous main son secours & celui de ses Alliés, s'il vouloit signer la garantie de la Pragmatique-Sanction.

Son Altesse Electorale avoit des vues toutes différentes de celles du feu Roi son Pére au sujet de la Couronne de Pologne. Elle accepta les offres de l'Empereur, signa la garantie de la

A 2

Sanc-

Sanction-Pragmatique, & se mit sur les rangs pour disputer la Couronne au Roi Stanislas que le parti du Primat avoit élu. Sur ces entrefaites un Corps de Troupes Russiennes entra en Pologne, en vertu de l'alliance conclue entre la Russie, l'Empereur & le Roi de Prusse, pour maintenir la liberté des Suffrages. Le Roi de Prusse voyant les engagemens que l'Empereur venoit de prendre avec l'Electeur de Saxe, se sépara de l'alliance & voulut rester neutre. La Russie, qui n'étoit pas fâchée que l'Electeur de Saxe fût Roi de Pologne, seconda les vues de l'Empereur, & peu après l'Electeur ayant été élu par ceux de son parti qui s'é-toient retirés à Karsinowska, les Troupes Rus-siennes se joignirent aux Saxonnes qui entré-rent en Pologne d'abord après l'Election d'Au-guste III. Ce Prince partit lui-même aussitôt de ses Pays héréditaires, & vint se faire cou-ronner à Cracovie.

Cependant la France donnoit les plus for-tes assurances aux Polonois de ne rien oublier pour maintenir la liberté de l'Election, soit par des armemens, soit par des diversions; & bien instruite des vues de l'Empereur, elle faisoit déclarer par ses Ministres à Londres & en Hollande, que si Sa Majesté Impériale troubloit la Pologne, soit par le voisinage de ses troupes qui n'avoient qu'un pas à faire pour y entrer, soit par ses Alliés, elle l'attaque-roit sur le champ.

L'Empereur ne parut pas faire grand cas de ces menaces, il continua à tenir les Polo-nois en allarme, en faisant camper son Armée sur les frontiéres de la Pologne, & favorisa la
jonc-

jonction des Saxons & des Russes, qui tombant alors sur les Partisans du Roi Stanislas, les dissipérent, & contraignirent ce Prince lui-même à se jetter dans Dantzig avec l'Ambassadeur de France.

D'abord après la Scission arrivée dans la République par l'Election des deux Candidats, Louïs XV. déclara la guerre à l'Empereur pour tirer raison de l'injure qu'il venoit de lui faire dans la personne de son Beaupére, à qui il avoit donné l'exclusion. L'Espagne ne manqua pas de saisir cette occasion pour reprendre des Pays qu'elle n'avoit cédés à l'Empereur que par la nécessité qui fait céder le plus foible au plus fort. Elle envoya vingt mille hommes en Italie. Le Roi de Sardaigne, aussi mécontent de la Cour de Vienne, qui ne l'avoit point satisfait sur divers articles du Traité d'Utrecht, se joignit à l'Espagne & à la France. Il donna passage au travers de ses Etats à plus de cinquante mille François, qu'il grossit de quinze mille hommes de ses troupes, & en moins de deux campagnes l'Empereur perdit presque toute l'Italie, le Fort de Kehl, Philisbourg & Traerbach.

L'Electeur de Saxe, pour qui l'Empereur s'étoit attiré cette guerre, ne pouvoit que le secourir foiblement, occupé avec les Russiens à faire rentrer les Polonois sous son obéissance. Dans cette extrémité Sa Majesté Impériale eut recours à ses amis les Anglois (1) & les Hollandois, & à quelques autres Puissances qui

avoient

____

(1) Un Auteur moderne les nomme plaisamment, *Les anciens Trésoriers de l'Auguste Maison.*

A 3

avoient accédé à des Traités défensifs qu'il avoit faits avec les premiers.

Le Roi d'Angleterre n'avoit pas été content de l'Empereur par rapport à la maniére dont il en avoit usé avec l'Espagne dans l'affaire de la succession des Duchés de Parme & de Toscane : d'ailleurs Sa Majesté Britannique n'ignoroit pas tout ce qui s'étoit passé en Pologne, puisque de concert avec les Etats-Généraux elle avoit fait tout son possible pour engager l'Empereur & la Russie à retirer leurs troupes qui donnoient de l'ombrage, & à se désister de l'exclusion qu'ils avoient formellement donnée au Roi Stanislas. Tout cela ensemble engagea le Roi d'Angleterre à déclarer aux Ministres Impériaux, par l'avis de son Conseil, que la guerre que la France faisoit à l'Empereur étoit une guerre juste que Sa Majesté Impériale s'étoit attirée, & qu'elle auroit pu éviter si elle eût voulu écouter les avis de ses Alliés. Les Etats-Généraux tinrent à peu près le même langage. Ils dirent que l'Empereur étoit l'agresseur, & que par conséquent la guerre qu'on lui faisoit ne touchoit en rien ses Alliés, puisqu'il se l'étoit attirée malgré toutes leurs remontrances.

Mais comme ces sages Républicains sentoient bien que les Pays-Bas dépourvus de Troupes, d'Argent & de Magazins, couroient grand risque de tomber en moins de rien sous la puissance de la France, & qu'eux, avec quarante mille hommes de troupes qu'ils avoient en tout, ne se trouvoient rien moins qu'en état de les défendre, sans compter qu'il est toujours fâcheux de faire la guerre pour un

autre,

autre , ils prirent le parti de la Neutralité ,
que l'Ambaſſadeur de France leur propoſoit ,
& firent dire à ce Miniſtre par leur Député ,
,, que comme Leurs Hautes-Puiſſances ne s'é-
,, toient mêlées en aucune maniére , ni direc-
,, tement ni indirectement , des affaires de Po-
,, logne , elles n'avoient pas plutôt eu des rai-
,, ſons d'appréhender que les différens ſenti-
,, mens par rapport à l'Election d'un Roi de
,, Pologne pourroient donner occaſion à des
,, voyes de fait , qui pourroient être ſuivies
,, d'une guerre générale , & même d'une guer-
,, re dans laquelle les Pays-Bas Autrichiens
,, ſeroient enveloppés , qu'elles ont auſſitôt
,, travaillé à prévenir ces voyes de fait. Qu'a-
,, près avoir conféré là-deſſus par leurs Dépu-
,, tés avec Mrs. les Miniſtres de l'Empereur
,, & de la Grande-Bretagne , elles ont écrit
,, ſur ce ſujet en des termes très preſſans di-
,, rectement à Sa Majeſté Impériale & Catho-
,, lique. Que quoique la réponſe qu'elles ont
,, reçue ne ſatisfaſſe pas tout-à-fait leur eſpé-
,, rance & leur attente , elles ne peuvent pas
,, douter que Sa Majeſté Très-Chrétienne **ne**
,, ſoit convaincue par la conduite qu'elles ont
,, obſervée , que non ſeulement elles n'ont
,, contribué en aucune maniére à traverſer la
,, libre élection d'un Roi de Pologne , mais
,, qu'au-contraire elles ont fait tout ce qu'on
,, pouvoit attendre d'elles , dans une affaire
,, de cette nature , pour prévenir les voyes
,, de fait ; que leur deſſein de continuer leurs
,, offices , & que quels que puſſent être les
,, ſuccès de leurs inſtances bien intention-
,, nées , elles étoient bien réſolues de ne pren-

A 4   ,, dre

„ dre aucune part aux affaires de Pologne ni
„ aux brouilleries , qui, fans leur faute &
„ coopération, pourroient en réfulter. Qu’a-
„ près cela elles croyoient avoir lieu de pou-
„ voir s’attendre que Sa Majefté Très-Chré-
„ tienne, non feulement approuvera leur con-
„ duite en cela, mais qu’aufli elle voudra bien
„ *leur donner cette affurance* que les *Pays-Bas*
„ *Autrichiens , dont Sa Majefté Impériale &*
„ *Catholique eft préfentement en poffeffion , qui*
„ *fuivant les Traités doivent fervir de barrière*
„ *à leur République, & à la Grande-Bretagne,*
„ *& qui à cet égard les touchent de bien plus*
„ *près eux & la Grande-Bretagne, que Sa Ma-*
„ *jefté Impériale quoique Souveraine de ces Pays,*
„ *ne feront pas attaqués à l’occafion des diffé-*
„ *rends entre Sa Majefté Impériale & la Fran-*
„ *ce fur l’Election d’un Roi de Pologne.*
La Cour de France accorda aufiitôt la Neutralité que les Etats demandoient.

Si l’Empereur gagna dans cette affaire , en
ce qu’il ne lui en couta rien pour garantir un
Pays très-aifé à foumettre dans l’état où il é-
toit, il perdit d’un autre côté ce zéle, cette
ardeur que les Hollandois avoient toujours té-
moignée pour fon augufte Maifon, depuis qu’ils
l’avoient regardée comme néceflaire à leur fureté. De-là cette lenteur, ou, fi l’on veut,
cette circonfpection avec laquelle ils ont agi
dans la fuite par rapport aux intérêts de cette
Maifon. De-là cette efpéce de refroidiffement
entre les Etats & l’Empereur.

Cependant les progrès des Puiffances alliées
déconcertoient la Cour de Vienne. Le Ministre qui gouvernoit la France , perfuadé que
                                        d’or-

d'ordinaire la fortune échappe lorsqu'on croit la mieux tenir, fit faire quelques propofitions de Paix. Le Confeil de l'Empereur ne demandoit pas mieux que de finir une guerre fi funefte, & fi malheureufe; mais dès qu'il vit que la France pofoit pour Préliminaire la Ceffion de la Lorraine en dédommagement de l'Exclufion donnée au Roi Staniflas, il parut ne vouloir point de Paix à ce prix, & aimer mieux courir encore les rifques de la guerre. Le Cardinal n'ignoroit pas combien l'Empereur défiroit l'exécution de fa chére Sanction-Pragmatique. Il le prit par fon foible, & lui offrit la garantie du Roi fon Maître pour la ceffion de la Lorraine, outre un équivalent qu'il auroit foin de procurer au Duc de ce nom. Cette propofition fut extrêmement agréable, rien ne pouvoit être plus avantageux à la Pragmatique-Sanction, que la garantie d'un auffi puiffant Prince que le Roi de France, qui feul étoit un garant fuffifant, quand même l'Empereur n'en auroit pas eu d'autre. On commença dès lors à travailler à ce Traité définitif, par lequel le Duc de Lorraine céde fon Duché & celui de Bar au Roi Staniflas, ou plutôt à la France, qui s'engage à lui procurer la ceffion de la Tofcane. Mais le point principal étoit la garantie du Roi Très-Chrétien. Le X. Article du Traité définitif fut employé à régler cette importante affaire. Voici en quels termes il eft conçu. ,, C'eft par rapport aux chofes fta-
,, tuées ci-deffus, que Sa Majefté Royale Très-
,, Chrétienne a pris en la meilleure forme qu'il
,, foit poffible, par le VI. Article des Articles
,, Préliminaires, par rapport aux Etats en partie

A 5

,, déjà

,, déjà possédés , & en partie à posséder par
,, Sa Sacrée Majesté Impériale , l'engagement
,, de la défense appellée vulgairement Garan-
,, tie de l'Ordre de succéder dans la Maison
,, d'Autriche , qui a été plus amplement expli-
,, qué par la *Pragmatique-Sanction* publiée le
,, 19. jour d'Avril de l'année 1713. Car ayant
,, été exactement considéré que la tranquillité
,, publique ne pouvoit durer & subsister plus
,, longtems , & qu'on ne pouvoit imaginer de
,, moyen sûr pour conserver un équilibre du-
,, rable en Europe , que la conservation du
,, susdit Ordre de succession, contre toutes sor-
,, tes d'entreprises futures : Sa Sacrée Majesté
,, Royale Très-Chrétienne mue , tant par le
,, désir ardent qu'elle a du maintien de la tran-
,, quillité publique , & de la conservation de
,, l'équilibre en Europe , que par la considéra-
,, tion des conditions de la Paix auxquelles
,, Sa Sacrée Majesté Impériale a consenti, prin-
,, cipalement par cette raison , s'est obligée de
,, la maniére la plus forte à défendre le susdit
,, Ordre de succession ; & afin qu'il ne puisse
,, naître dans la suite aucun doute sur l'effet de
,, cette sureté ou garantie, Sa susdite Sacrée
,, Majesté Royale Très-Chretienne s'engage ,
,, en vertu du présent Article, de mettre à exé-
,, cution cette même sureté , appellée vulgai-
,, rement garantie , toutes & quantes fois qu'il
,, en sera besoin ; promettant par soi & ses Hé-
,, ritiers de la maniére la meilleure & la plus
,, stable que faire se peut , qu'elle défendra de
,, toutes ses forces , maintiendra , & , comme
,, on dit, garantira contre qui que ce soit tou-
,, tes les fois qu'il en sera besoin , cet ordre de
,, Suc-

,, Succeſſion que Sa Majeſté Impériale a décla-
,, ré & établi en forme de *Fidei - Commis* per-
,, pétuel, indiviſible & inſéparable, en faveur
,, de la primogéniture pour les Héritiers de
,, Sa Majeſté de l'un & de l'autre Sexe, par
,, l'Acte ſolemnel publié le 19 Avril de l'An-
,, née 1713, & ajoûté à la fin du préſent Traité,
,, lequel Acte a été porté dans les Monumens
,, publics pour avoir force de Loi & de Prag-
,, matique - Sanction, valide à perpétuïté, &
,, dont le Saint Empire Romain a promis la
,, garantie, en vertu du *Conclusum* émané le
,, 11 Janvier 1732. Et comme ſelon cette ré-
,, gle & ordre de ſuccéder dans le cas où par
,, les effets de la bonté divine il y aura des
,, Enfans mâles deſcendus de Sa Sacrée Ma-
,, jeſté Impériale, l'Aîné de ſes Fils, ou ce-
,, lui-ci étant mort, le Premier-né de cet Aî-
,, né, &, n'y ayant aucune Ligne Maſculine
,, de Sa Sacrée Majeſté Impériale, l'Aînée de
,, ſes Filles, les Séréniſſimes Archiducheſſes
,, d'Autriche, l'ordre & droit de primogéni-
,, ture indiviſible étant à jamais obſervé, doit
,, lui ſuccéder dans tous les Royaumes, Pro-
,, vinces & Etats que Sa Majeſté Impériale
,, poſſéde actuellement, ſans qu'il y ait jamais
,, lieu à aucune diviſion ou ſéparation, ſoit en
,, faveur de ceux ou celles qui ſont de la ſecon-
,, de, troiſiéme ou derniére ligne ou degré ou
,, autrement, pour quelque cauſe enfin que ce
,, puiſſe être; ce même ordre & droit de pri-
,, mogéniture indiviſible devant pareillement
,, ſubſiſter dans tous les autres cas & à perpé-
,, tuïté dans tous les tems & dans tous les
,, âges, également ou dans la Ligne Maſcu-
,, line,

„ line, ou la Ligne Masculine étant éteinte,
„ dans la Ligne Féminine ; ou enfin toutes &
„ quantes fois qu'il pourroit être question de
„ la Succession aux Royaumes, Provinces &
„ Etats Héréditaires possédes actuellement par
„ Sa Sacrée Majesté Impériale. C'est pourquoi
„ Sa Sacrée Majesté Royale Très - Chrétienne
„ promet & s'oblige de défendre celui ou cel-
„ le qui suivant l'ordre qui vient d'être rap-
„ porté, doit succéder aux Royaumes, Pro-
„ vinces & Etats que Sa Sacrée Majesté Im-
„ périale posséde actuellement, & de les y
„ maintenir à perpétuïté, contre tous & quel-
„ conques qui tenteroient de troubler en au-
„ cune maniére cette possession.

Cette garantie est exprimée, comme on voit, en des termes qui ne sauroient être ni plus forts, ni plus précis. Cependant la France s'est crue dispensée de remplir ses engagemens, lorsque l'Electeur de Baviére a voulu faire valoir ses prétentions, & l'a même appuyé de troupes & d'argent, comme je le dirai tantôt plus au long.

Pendant qu'on travailloit à Vienne & dans le Cabinet du Roi de France à régler tous les Articles du Traité de Paix, le Comte de Thöring Envoyé de Baviére à Paris présenta au Cardinal de Fleuri un Mémoire sous le titre de *Déduction Fondamentale*, où il fit voir les droits incontestables que la Maison de Baviére avoit sur l'Autriche, la Bohême, & la Hongrie même, par le Testament de Ferdinand I. portant qu'au défaut d'Héritiers mâles la succession passeroit à sa Fille aînée Anne Epouse d'Albert V. Duc de Baviére, & Mére

de

de Guillame V. Trifayeul de l'Electeur actuellement régnant. Le Cardinal n'ignoroit pas ces
prétentions, & quelque défir qu'il eût de fes favorifer, il n'ofoit le témoigner ouvertement.
Il fe contenta d'en écrire à l'Empereur en termes vagues, & feulement pour le fonder. La
réponfe de ce Monarque fit comprendre qu'il
n'étoit pas d'humeur à mettre cette affaire en
arbitrage. Le Cardinal fit une nouvelle tentative, plus précife que la premiére. On lui répondit de maniére à ne laiffer aucun doute fur
ce que l'Empereur penfoit à cet égard, & quelque tems après les raifons de ce Monarque
furent communiquées au Marquis de Mire-
poix, Ambaffadeur de France à Vienne. En
voici un extrait.

„ Il a été répoudu à Mr. le Marquis de Mi-
„ repoix, que fur les ouvertures faites au fu-
„ jet des prétentions de l'Electeur de Baviére,
„ on s'eft déjà, au mois de Juillet dernier, ex-
„ pliqué d'une façon à faire fuffifamment con-
„ noître l'infubfiftance defdites prétentions.

„ L'Electeur préfent ayant auffi bien recon-
„ nu, fans ferment folemnel, la Succeffion é-
„ tablie dans la Maifon d'Autriche, qu'il a
„ garantie, pouvoit-il alors ignorer les Con-
„ tracts de Mariage, les Teftamens & les Co-
„ diciles qu'il prétend faire valoir à l'heure
„ qu'il eft? Et quoi de valable dans la Société
„ Civile pourroit-on imaginer, fi fous prétexte
„ d'avoir ignoré des titres anciens de cent &
„ deux cens ans, il étoit permis de renverfer
„ des promeffes auffi facrées? Quelle fureté
„ y auroit-il deformais, fi les fermens & les
„ garanties ne fuffifent point? & comment

„ ac-

,, accorder enſemble de garantir la ſucceſſion ;
,, & de renverſer la même ſucceſſion en s'y
,, oppoſant de toute ſa force ?
,, Les renonciations ſous condition de rap-
,, pel des Epouſes du Duc Albert & de l'Elec-
,, teur Maximilien de Baviére ne ſont pas d'une
,, autre nature, que celles des autres Archi-
,, ducheſſes d'Autriche, qui les ont précédées
,, ou ſuivies : il eſt conſtant qu'en Allemagne
,, toutes les Filles qui renoncent ſous condi-
,, tion, ſont cenſées ſuccéder par rappel au dé-
,, faut des Mâles dans les biens dont les Fem-
,, mes ne ſont pas poſitivement excluës, &
,, cela, ſoit que ce Droit de rappel leur ſoit
,, expreſſément réſervé, ou non, vu qu'il leur
,, appartient *ipſo jure*, &c. en conſéquence de
,, l'axiôme des Juriſconſultes : *quod ubi adeſt*
,, *diſpoſitio Legis, non opus ſit diſpoſitione hominis.*
,, Il ne fut rien accordé au-delà de ce Droit
,, de rappel aux Epouſes du Duc Albert & de
,, l'Electeur Maximilien, ni par l'Empereur
,, Ferdinand I. ni par Ferdinand II. du nom, &
,, ce même Droit de rappel *ſuo loco & ordine*,
,, n'eſt point conteſté à la Maiſon de Baviére ;
,, mais que les Empereurs ſuſmentionnés ayent
,, prétendu exclure toutes les autres Archidu-
,, cheſſes, en ne conſervant ce Droit qu'à leurs
,, Filles qu'ils avoient mariées à des Prin-
,, ces de la Maiſon de Baviére, ou qu'ils ayent
,, voulu les préférer aux autres, qui un jour
,, ſeroient plus proches au dernier Mâle dé-
,, cédant, c'eſt une choſe avancée ſans aucun
,, fondement, & qui ne ſauroit jamais être
,, prouvée par les ſuſdits Teſtamens ni Codi-
,, ciles. Une diſpoſition auſſi monſtrueuſe de-
,, vroit

„ vroit en tout cas être exprimée en des ter-
„ mes clairs, positifs, & tels qu'ils ne se-
„ roient susceptibles d'aucun doute, tandis
„ qu'il y est dit seulement, qu'au défaut de
„ la Ligne masculine, leur Filles eussent à
„ succéder, ce qui ne leur sera point contesté
„ lorsque l'ordre de la succession les touchera.

„ Or on comprend aisément, que lorsque
„ lesdits Testamens & Codiciles furent dres-
„ sés, d'autres Archiduchesses ne pouvoient
„ être préférées aux Filles des Testateurs, ni
„ être fait aucune mention de préférence,
„ puisqu'elles se trouvoient alors les plus pro-
„ ches à succéder; mais de-là il ne s'ensuit en
„ aucune façon, que les Archiduchesses nées
„ depuis doivent perdre les droits que Dieu
„ & la Nature leur ont donnés en qualité de
„ Filles & d'Héritiéres, & qui leur appartien-
„ nent par les mêmes principes, qu'à celles
„ des Empereurs Ferdinand I. & II. de ce
„ nom, puisqu'aucun de ceux-ci n'a ni vou-
„ lu, ni pu leur ôter ce droit.

„ Le premier se prouve, parce que non
„ seulement celles, qui par le même cas des
„ Filles des Empereurs Ferdinand I. & II.
„ se trouvent les plus proches Héritiéres, ne
„ sont pas exclues par la teneur de ces Instru-
„ mens, mais qu'au-contraire il y est expres-
„ sément fait mention des anciens usages &
„ coutumes établis dans la Maison d'Autri-
„ che, & qu'on s'y rapporte même à ces usa-
„ ges, lesquels sont entiérement contraires
„ à des préférences aussi monstrueuses.

„ A l'égard du second, il est certain que
„ les susdits Empereurs n'auroient jamais pu

exclu-

,, exclure les Archiducheſſes qui naîtroient
,, de leurs Succeſſeurs, parce que le droit de
,, ſuccéder ne dépendoit pas de leur arbitre,
,, étant acquis à ces Princeſſes par la diſpo-
,, ſition de Dieu, & celle de la Nature, ainſi
,, que par les Pactes & Conventions des An-
,, cêtres, & par pluſieurs autres titres.

,, Sa Majeſté Impériale aſſure, que ſi elle
,, ſe trouvoit dans le cas où étoient les deux
,, ſuſdits Empereurs, elle ne voudroit pas
,, ſeulement ſonger à introduire par la Sanc-
,, tion-Pragmatique des excluſions auſſi in-
,, juſtes; mais ce n'eſt pas ſeulement l'Em-
,, pereur, qui ne ſauroit penſer de la ſorte,
,, aucun encore de tant de Princes, & de
,, Puiſſances qui ſe trouvent dans le même
,, cas que l'Electeur de Baviére, ne ſe ſont
,, jamais portés à de pareilles prétentions.
,, Avant les régnes des Empereurs Ferdi-
,, nand I. & II. pluſieurs Archiducheſſes fu-
,, rent mariées à des Princes de différentes
,, Maiſons, & le Droit de rappel, en cas d'ex-
,, tinction des Mâles, leur fut également
,, conſervé, & auſſi-bien ſtipulé que dans le
,, Contract de mariage du Duc Albert & de
,, l'Electeur Maximilien; mais malgré ceci
,, il n'eſt jamais venu dans l'eſprit d'aucun
,, des autres Princes de former des prétentions
,, ſemblables à celles de l'Electeur de Baviére.
,, Or eſt-il ſeulement à ſuppoſer que tous ces
,, autres Princes oublieroient leurs droits,
,, s'ils ſe trouvoient autoriſés par le préten-
,, du grand nombre des Juriſconſultes? Et
,, pour les reclamer devroit - on n'avoir é-
,, gard qu'au tems des Ferdinand I. & II.
,, &

„ & non à ceux d'Albert, d'Erneft, de Maxi-
„ milien, de Léopold, & d'autres ? Pourquoi
„ les mêmes claufes auroient-elles plus de
„ force dans les autres tems, que dans ceux-
„ ci ? Et d'où vient que les deux Contracts
„ de Mariage, les Teftamens & Codiciles,
„ avec la prétendue opinion de tant de cé-
„ lébres Jurifconfultes, furent tout-à-fait
„ inconnus à tous les Miniftres & Confeil-
„ lers de l'Electeur de Baviére en 1722 &
„ 1726, lorfqu'il contracta de la façon la plus
„ folemnelle des engagemens tout-à-fait con-
„ traires aux prétentions qu'il forme aujour-
„ d'hui ? Jamais le fentiment particulier de
„ quelque Jurifconfulte fut-il regardé comme
„ une Loi ? car ceux-ci fe trouvant très-fou-
„ vent partagés d'opinions, on feroit obligé
„ de fuivre des idées contradictoires ; par con-
„ féquent il n'y a ni raifon ni néceffité de s'y
„ arrêter.

„ Si cependant on avoit indiqué à Sa Majefté
„ Impériale au moins le nom, & la citation d'un
„ feul de ce prétendu grand nombre qu'on fait
„ fonner fi haut, rien ne lui feroit plus aifé que
„ d'en faire voir l'infubfiftance, & de montrer
„ combien l'avis d'aucun Jurifconfulte eft peu
„ propre à être appliqué au cas en queftion.

„ La Lettre de Mr. le Cardinal de Fleuri ne
„ fait aucune mention ni de ces prétendus Ju-
„ rifconfultes, ni des preuves que l'Electeur
„ de Baviére prétend en tirer en faveur de fa
„ caufe. On a feulement à peu près conjec-
„ turé par les difcours de Mr. le Comte de
„ Péroufe, quels étoient les fondemens fur les-
„ quels on prétend s'appuyer, fans cependant

Tom. I.   B   „ en

,, en être bien assuré. Ce qu'on s'est imagi-
,, né, ou plutôt ce qu'on a cru deviner des dif-
,, cours du Comte de Pérouse, consiste en ce
,, que quelques - uns des Jurisconsultes Alle-
,, mands soutiennent, que lorsqu'au défaut des
,, Enfans mâles il est question de la succession
,, de plusieurs Filles qui ayent renoncé, ou des
,, Descendans qui les représentent, celles-ci
,, eussent à succéder *in Stirpes*, en partageant
,, tous ensemble l'héritage, puisque le Droit
,, de rappel les favorise tous, & non unique-
,, ment la Fille du dernier Mâle défunt. Mais
,, sans vouloir alléguer que cela n'est point
,, applicable au cas en question, vu l'incom-
,, patibilité de ce sentiment avec la Primogé-
,, niture & l'Indivisibilité établie à l'égard des
,, Provinces héréditaires, & que selon les
,, principes desdits Jurisconsultes ces Païs de-
,, vroient être divisés à l'infini, uniquement
,, en faveur de l'Electeur de Baviére; sans
,, vouloir, dis-je, relever ceci, il est décidé
,, tant par les Loix de l'Empire, que par l'au-
,, torité des plus savans Ecrivains du Droit
,, Public d'Allemagne, que cette opinion, dé-
,, jà entiérement rejettée par la plus grande
,, partie, peut tout au plus avoir lieu dans la
,, succession des Nobles particuliers, mais au-
,, cunement lorsqu'il s'agit de Provinces en-
,, tiéres, parce que par-là les Etats de l'Em-
,, pire se trouveroient démembrés à l'infini,
,, & que par conséquent tout le Systême de
,, l'Empire seroit renversé. Ceci pourroit ê-
,, tre prouvé par nombre de citations, mais il
,, suffira d'opposer au principe susmentionné,
,, que l'Electeur de Baviére ne sauroit apporter

,, au-

„ aucun exemple, que dans une ſucceſſion de
„ l'Empire on ait jamais ſuivi cette méthode,
„ en voulant préférer les Héritiéres éloignées
„ aux plus proches.

„ Lorſque la Ligne Maſculine des Ducs de
„ Cléves, Juliers & Bergue vint à manquer,
„ perſonne n'a ſeulement ſongé d'y appeller
„ tous ceux qui ſortant de cette Maiſon pou-
„ voient avoir le Droit de rappel, ni de pré-
„ férer les Sœurs plus éloignées à celles du
„ dernier Duc défunt, & moins encore de
„ choiſir une de ces premiéres pour la ſuc-
„ ceſſion, en donnant l'excluſion à toutes
„ les autres.

„ On n'a non plus donné dans ces idées ou-
„ trées après l'extinction des Mâles de la Fa-
„ mille de Saxe-Lawembourg, ni après celle
„ des Comtes de Hanau, quoiqu'il y ait des
„ Terres qu'on ſuppoſe & prétend ſuſcepti-
„ bles de la ſucceſſion des Femmes.

„ En un mot, les prétentions de l'Electeur
„ de Baviére, & ſes prétendus fondemens ſont
„ tout-à-fait contraires à l'Equité naturelle,
„ au Syſtême, & aux Uſages établis de la Mai-
„ ſon d'Autriche & de l'Empire en général, &
„ de plus contraires à la Renonciation accep-
„ tée ſous ferment ſolemnel, & à la garantie
„ donnée en conſéquence en 1726 ; enfin ces
„ prétentions introduiroient une méthode de
„ ſuccéder ſi monſtrueuſe & ſi inconnue que
„ perſonne n'y a jamais penſé, & que ceux
„ mêmes qui ſe trouvent dans le même cas
„ avec l'Electeur de Baviére n'y penſent point
„ du tout, & que cet Electeur lui-même n'y
„ a donné qu'après l'année 1726. quoiqu'il

B 2

„ dût

,, dût déjà auparavant avoir connoiſſance des
,, Teſtamens & Codiciles, auſſi-bien que des
,, prétendues autorités des Jurisconſultes qu'il
,, veut faire valoir à-préſent.

,. Tout ceci n'eſt cependant aucunement
,, dit pour donner lieu à la moindre négocia-
,, tion, ou démarche ſemblable, ſur un point,
,, qui non ſeulement n'eſt ſujet à aucun doute,
,, mais qui a même été garanti par les Traités,
,, & les Sermens les plus ſolemnels, ainſi que
,, des Concluſions de tout l'Empire. On n'y a
,, d'autre intention que d'éloigner tout ſoup-
,, çon que nous voulions éviter les éclairciſſe-
,, mens; & afin qu'on ne puiſſe pas conclure,
,, comme on pourroit le faire ſi nous nous tai-
,, ſions, que nous manquons de raiſons ſolides
,, pour répondre à des prétextes auſſi frivoles.
,, C'eſt dans cette ſeule vue, & non par aucu-
,, ne autre raiſon, que Sa Majeſté Impériale
,, n'eſt pas éloignée de faire dreſſer des extraits
,, convenables deſdits Contracts de mariage,
,, Teſtamens & Codiciles, pour les communi-
,, quer à la Cour de France, & faire donner là-
,, deſſus les éclairciſſemens néceſſaires; mais
,, il y faudroit du tems, d'autant plus que de
,, pareilles Piéces ne ſauroient être conſtées
,, qu'à ceux qui ſe trouvent déjà accablés d'aſ-
,, faires: d'ailleurs le ſilence ſur la Lettre de
,, Mr. le Cardinal de Fleuri eſt bien moins
,, long, que celui qu'on garde ſur ce que Sa
,, Majeſté Impériale a dit à ce ſujet dans la
,, Lettre du 26. Juillet.

J'ai rapporté cette réponſe de la Cour de
Vienne, parce qu'elle eſt comme le pivot ſur
lequel ont roulé toutes les raiſons qu'elle a al-
lé-

léguées dans la fuite, n'ayant à peu près fait qu'amplifier celles-ci dans les défenfes qu'elle a oppofées aux argumens des Prétendans à la fucceffion. Je rapporterai en fon lieu les principaux motifs de l'Electeur de Baviére. Revenons à la négociation du Comte de Thoring.

Elle n'eut pas tout le fuccès que la Cour de Munich auróit fouhaité. Le Cardinal, bien convaincu que l'Empereur s'expoferoit plutôt à une nouvelle rupture que de foufrir que l'Electeur de Baviére ou quelque autre Prince que ce fût dût être excepté de la Garantie de la France, confeilla au Roi de la figner purement & fimplement, ce qui fut exécuté, malgré les mouvemens que le Miniftre Bavarois fe donna pour l'empêcher. Il eft probable que la Cour de France fit infinuer à l'Electeur de Baviére, que quoiqu'elle garantît, fans aucune reftriction énoncée, la Pragmatique-Sanction, elle fe réfervoit néanmoins tacitement le cas où cette Garantie pourroit être préjudiciable au droit d'un Tiers; car alors il n'étoit pas queftion de Garantie, vu qu'un Prince ne s'engageoit à garantir une Loi que dans la fuppofition qu'elle étoit jufte, & qu'il n'étoit lié par la Garantie, que dans les cas où il n'y avoit pas lieu de craindre de faire injuftice à perfonne. C'eft du-moins la principale raifon que la France a alléguée dans la fuite, pour juftifier les fecours qu'elle a donnés à l'Electeur de Baviére; & fi cette raifon ne paroît pas à certaines gens la meilleure du monde, elle vaut bien au-moins la froide équivoque que Charles-Quint employoit, pour fruftrer François I.

                              d'un

d'un Pays qui lui appartenoit à si juste titre, je parle du Duché de Milan.

Cependant Charles VI. le dernier des Mâles de la Maison d'Autriche mourut (1), & aussitôt sa Pragmatique - Sanction fut violée de toutes parts.

Le Roi de Prusse, qui dans un âge peu avancé avoit toute la politique de ceux qui ont vieilli dans les affaires, prévit fort bien que l'Héritiére de la Maison d'Autriche auroit plus d'un Ennemi sur les bras. Il n'y avoit pas longtems que ce Monarque étoit parvenu au Trône. Il avoit trouvé en y montant des Finances en bon ordre, une Armée leste, bien armée & bien exercée. Avec de tels avantages, & un grand désir de signaler les commencemens de son régne par quelque entreprise d'éclat, il résolut de revendiquer certains Pays situés dans le Duché de Siléfie, que ses Ancêtres avoient été obligés d'abandonner à la Maison d'Autriche, faute de pouvoir les défendre. Il prit pour cela toutes les mesures que sa prudence lui dicta; & comme il savoit fort bien qu'en matiére de Guerre & de Politique il n'y a pas moins de gloire à surprendre son Ennemi qu'à le vaincre, il fit sourdement avancer des Troupes sur la frontiére de Siléfie, & dès qu'elles se trouvérent à portée de pouvoir former un Corps d'Armée en se rassemblant, il les fit tout d'un coup entrer dans ce Duché, où il se rendit lui-même le 13. Décembre de la même année, deux mois après

la

____

(1) Le 20. Octobre 1740.

la mort de l'Empereur. Ce Monarque avoit
laiffé à fon Héritiére de vaftes Etats à garder,
des Coffres vuides, & des Troupes délabrées
& répandues en diverfes Contrées fort éloignées les unes des autres. Le Confeil de cette
Princeffe, étourdi de la mort fubite de l'Em-
reur, n'avoit prefque pris aucunes mefures
pour mettre fes Etats à couvert de l'invafion de ceux qui pouvoient lui en difputer la
poffeffion. Il s'étoit en quelque forte endormi
fous l'efpérance de la Garantie de tant de Puiffances, fans confidérer que les Princes ne tiennent leurs engagemens que felon qu'ils y font
intéreffés, & qu'ils ont fecoué le joug du
point - d'honneur que le Vulgaire met à tenir
les promeffes, même à fon préjudice. Difons
mieux : il n'avoit pas été poffible à ce Miniftére de remédier à tous les inconvéniens qui
fe préfentoient en foule par la mort fubite
de l'Empereur, & par les malheurs de deux
fanglantes guerres qu'il avoit falu foutenir,
& qui étoient à peine finies.

Cela étant ainfi, le Roi de Pruffe trouva
la Siléfie fans défenfe. Il fe rendit maître de
diverfes Places avant que la Cour de Vienne
eût raffemblé des forces capables de lui faire
tête, & publia divers Ecrits pour prouver la
juftice de fes prétentions, & pour juftifier fon
procédé. Il s'efforça de démontrer qu'en agif-
fant comme il faifoit, il ne donnoit point
atteinte à la Sanction-Pragmatique, ni à la
Garantie où le feu Roi fon Pére s'étoit engagé.
La Cour dé Vienne ne refta pas fans replique ;
mais comme elle fentoit bien qu'il faloit avoir
recours à d'autres argumens, elle fit marcher

de tous côtés des Troupes vers la Siléfie, & cependant elle ne négligea pas la voye de la Négociation. Le 7 de Février il y eut une Conférence entre le Comte de Götter, Envoyé de Sa Majefté Pruffienne à Vienne, & le Comte de Wurmbrand Préfident du Confeil Aulique. Elle fe tint chez le Grand-Chancelier de Sintzendorf, & roula fur les moyens d'ajufter les différends furvenus entre les deux Cours. Le Comte de Götter communiqua aux Miniftres Autrichiens les Inftructions que le Roi fon Maître lui avoit envoyées.

1. „Je fuis prêt, difoit ce Prince à fon Mi
„ niftre, de garantir de toutes mes forces les
„ Etats que la Maifon d'Autriche poffède en
„ Allemagne, contre quiconque voudroit les
„ attaquer.

2. „ J'entrerai là-deffus dans une Alliance
„ étroite avec la Cour de Vienne, celle de
„ Ruffie, & les Puiffances maritimes.

3. „J'employerai tout mon crédit pour pro
„ curer la Dignité Impériale au Duc de Lor
„ raine, & pour foutenir fon élection contre
„ qui que ce foit. Je pourrois même dire fans
„ trop rifquer, que je me fais fort d'y réuffir.

4. „Pour mettre d'abord la Cour où vous
„ êtes en bon état de défenfe, je lui fournirai
„ inceffamment argent comptant deux mil
„ lions de florins. Vous fentez bien que pour
„ des fervices auffi effentiels que ceux aux
„ quels je m'engage par les conditions très
„ onéreufes marquées ci-deffus, il me faut
„ une récompenfe proportionnée, & une fû
„ reté convenable pour un dédommagement
„ de tous les rifques que je cours, & du rôle
„ dont

„ dont je veux bien me charger. En un mot
„ c'eſt la ceſſion 'entiére & totale de toute
„ la Siléſie, que je demande d'abord pour
„ prix de mes peines, & des dangers que je
„ veux courir dans la carriére où j'entre pour
„ la conſervation & la gloire de la Maiſon
„ d'Autriche.

Il y avoit quelques Articles ſecrets, où le
Roi faiſoit entendre à ſon Miniſtre, qu'il pourroit ſe relâcher ſur la prétention de la ceſſion
entiére & totale de la Siléſie, pourvu qu'on
lui en laiſſât la meilleure partie, faiſant les
mêmes offres que ci - deſſus à ce prix - là.

Voici la réponſe que la Cour de Vienne fit
à ces propoſitions.

1. „ Le lien qui unit tous les Membres du
„ Corps Germanique, & la diſpoſition la
„ plus **préciſe** de la Bulle d'or, oblige un
„ chacun d'entre eux à aſſiſter celui qui eſt
„ attaqué dans ſes Etats, lesquels font partie
„ de ce Corps. C'eſt à quoi ſe réduit à-peu-
„ près la première offre de Sa Majeſté Pruſ-
„ ſienne: offre qui d'ailleurs n'égale point
„ l'engagement qui réſulte de la Garantie de
„ la Pragmatique - Sanction, dont tout l'Em-
„ pire s'eſt chargé. Or ſi de pareils liens ne
„ ſont pas valables, de quelle ſûreté la Mai-
„ ſon d'Autriche pourroit- elle ſe flatter?

2. „ Les Alliances avec la Ruſſie & les
„ Puiſſances maritimes, connues de toute
„ l'Europe, ont ſubſiſté avant l'entrée des
„ Troupes Pruſſiennes dans la Siléſie, & el-
„ les ſubſiſtent encore. Et l'on eſt très-aſſuré
„ que l'intention de ces Alliés n'eſt pas que,
„ pour les affermir, la Reine perde une

,, partie de ſes Etats, vu que lesdites Al-
,, liances ont pour objet principal de les con-
,, ſerver en entier.

    3. ,, La Reine ne peut qu'être infiniment
,, redevable à Sa Majeſté Pruſſienne de la
,, bonne intention qu'elle lui témoigne à l'é-
,, gard de l'Election Impériale ; mais outre
,, que cette Election doit être libre, & doit
,, ſe faire de la maniére preſcrite par la Bulle
,, d'or, la Reine eſt perſuadée que rien n'eſt
,, plus propre à la traverſer que les troubles
,, excités au milieu de l'Empire.

    4. ,, On n'a jamais fait la guerre pour for-
,, cer un Prince à accepter l'argent qu'on lui
,, offre, & ce que Sa Majeſté Pruſſienne a
,, déjà tiré de la Siléſie, ſous prétexte d'y
,, faire ſubſiſter ſes Troupes, joint au dom-
,, mage immenſe qui réſulte de la ruine du
,, Païs, ſurpaſſe d'avance les deux millions
,, qu'on offre.

    5. ,, La Reine n'eſt pas d'avis de com-
,, mencer ſon régne par le démembrement de
,, ſes Etats. Elle ſe croit obligée en honneur
,, & en conſcience de maintenir la Sanction-
,, Pragmatique contre toute infraction direc-
,, te ou indirecte. D'où il s'enſuit qu'elle ne
,, ſauroit conſentir à la ceſſion, ni de toute
,, la Siléſie, ni d'une partie d'icelle. Mais
,, elle eſt encore prête à renouveller l'ami-
,, tié la plus ſincére avec Sa Majeſté le Roi
,, de Pruſſe, pourvu que cela ſe puiſſe faire
,, ſans une infraction directe ou indirecte, &
,, ſans bleſſer le droit d'un Tiers ; & pourvu
,, que les Troupes Pruſſiennes ſortent ſans dé-
,, lai de ſes Etats. C'eſt, à ſon avis, l'unique
                              ,, voye

,, voye convenable à l'Equité & à la Justice,
,, aux Constitutions fondamentales de l'Em-
,, pire, au Maintien de son Systême, au Bien
,, & à l'Equilibre de toute l'Europe, & c'est
,, par conséquent l'unique voye conforme
,, à la vraye gloire de Sa Majesté Prussien-
,, ne.: Et la Reine ne balance pas de l'en
,, requérir très-instamment, & même de l'en
,, conjurer par toutes les considérations qui
,, peuvent faire impression sur le cœur d'un
,, grand Prince. Et on ne fait pas difficulté de
,, remettre aux Ministres de Sa Majesté Prus-
,, sienne la présente réponse par écrit, pour
,, plus forte preuve de la surabondance de bon-
,, ne-foi avec laquelle on procéde ici, quoi-
,, qu'on n'ait pu les porter à en agir de-même

Après cette réponse le Comte de Götter
& le Baron de Bork, Ministres de Prusse, ne
penférent plus qu'à s'en retourner, voyant
bien qu'ils étoient déformais inutiles à Vienne,
& que les chofes en étoient au point qu'il
faloit que le fort des armes en décidât.

Je ne parle de ce fameux démêlé, qu'à
caufe de la liaifon naturelle qu'il a avec les
affaires de Bohême. Ainfi je ne fuivrai point
les Pruffiens dans tous les mouvemens qu'ils
firent en Siléfie. Je toucherai feulement les
faits principaux.

Le Roi de Pruffe, après s'être emparé de
Glogau, & avoir pris toutes les précautions
néceffaires pour la confervation de cette Place, fe mit en marche vers la Haute-Siléfie,
& vint camper près d'Otmachau, d'où il fit
un détachement de cinq mille hommes qui fe
portérent fur les frontiéres de la Moravie

fous

sous les ordres du Général Jeetz, & y brulérent la petite Ville de Zuckmantel.

Il y eut diverses escarmouches entre les Partis Prussiens & les Hussars Autrichiens qui étoient en Moravie, & qui faisoient de tems en tems des courses dans la Silésie. Cependant les Troupes Autrichiennes destinées à faire tête à celles du Roi de Prusse, s'assembloient dans la Moravie. Elles y formérent vers le milieu de Mars une Armée de quarante Escadrons & de vingt-neuf Bataillons, sans compter les Hussars. Celle du Roi de Prusse étoit de trente Escadrons & de trente & un Bataillons. Le Feld-Maréchal Neuperg vint prendre le commandement de la premiére. Il se rendit à Olmutz, où il tint un grand Conseil de guerre, après lequel toute l'Armée eut ordre de se tenir prête à marcher; & le 26 Mars elle arriva à Sternberg, d'où elle continua à marcher avec assez de difficulté à cause de la neige qui étoit tombée, & parut enfin dans la Haute-Silésie. Elle mit Garnison à Grotkau pour avoir toujours ses derriéres libres, & se posta le 8 d'Avril dans les villages de Leupusch, de Lichtenberg, & de Conraldswalde.

Le Roi de Prusse, informé de la marche des Autrichiens, rappella tous ses détachemens, & marcha avec toute son Armée vers Friedland, dans le dessein d'y passer la riviére de Neiss; mais ayant vu toutes les forces des Autrichiens rassemblées vis à-vis de cet endroit, il se rabattit sur Michelau & Loeuven, où il passa la Neiss sans aucune perte.

Le 10 l'Armée Prussienne s'avança jusqu'au
vil-

village de Pompitz vis-à-vis celui de Molwitz,
où étoit le Quartier-général des Autrichiens.
Ces villages font fitués dans le diftrict de
Brieg fur une plaine affez longue. Le Roi
détacha le Comte de Rhotembourg avec fix
Efcadrons de Huffars pour reconnoître la con-
tenance des Ennemis. A peine ce détachement parut, qu'il fut chargé par un Corps
de Huffars Autrichiens, qui le firent d'abord
reculer ; néanmoins le Comte foutint le combat jufqu'à ce que l'Armée Pruffienne s'étant
formée, le Roi lui envoya un renfort qui le
dégagea. Sur les deux heures après midi,
Römer, Général des Autrichiens, commença
la bataille à la tête de la Cavalerie compofée
de ces braves Régimens de Cuiraffiers qui
font depuis longtems la principale force des
Armées de la Maifon d'Autriche. Ils venoient d'effuyer une décharge de l'Artillerie
Pruffienne, qui fembloit n'avoir fait qu'irriter
leur courage. Tout-à-coup ils tombérent fur
l'aile droite des Pruffiens avec tant d'impé-
tuofité, que leur Cavalerie plia & fut mife
en defordre. Elle voulut fe rallier entre les
deux lignes d'Infanterie ; mais les Cuiraffiers
Autrichiens eurent l'audace de la pourfuivre
dans cet afyle, ce qui eft peut-être fans exemple. Le Roi, pour favorifer le ralliement
de la Cavalerie de cette aîle, fit avancer
quelques Bataillons de Grenadiers, qui par
leur grand feu rallentirent un peu l'ardeur
des Cuiraffiers. Ceux-ci furent obligés de reculer ; mais s'étant aifément ralliés, ils firent
volte-face, & fe jettérent fur l'Infanterie de
la première ligne, qu'ils tâchérent de rompre ;
mais

mais ils n'en purent venir à bout, ayant d'a-
bord perdu le Général Römer, & n'étant
point secondés par le feu de leur Infanterie,
qui n'étoit pas encore à portée d'agir. D'ailleurs ils ne pouvoient se servir que de l'arme blanche contre des gens qui les cribloient
eux & leurs chevaux à coups de fusil & de
grenades. Ils furent repoussés de maniére qu'ils
se virent obligés de se replier sur leur aîle
droite, ne pouvant plus soutenir le feu des
Prussiens. Il n'y avoit rien de décidé à la
gauche de ces derniers, on y combattoit avec
un avantage à peu près égal. Mais ce qui
décida l'affaire, c'est que l'Infanterie Autrichienne étant survenue, & ayant commencé
un combat de mousquetterie avant que la Cavalerie se fût remise du desordre où elle étoit,
se trouva hors d'état de pouvoir se soutenir,
& perdit du terrain; desorte que le Comte de
Neuperg pensa à la retraite, & la fit en fort
bon ordre, couvert par la Cavalerie de son
aîle droite, qui n'avoit pas été dérangée le
moins du monde.

On peut juger par tout ce que je viens de
dire (& j'en parle comme témoin oculaire)
qu'une partie de la Cavalerie Autrichienne attaqua trop tôt; que son impétuosité lui fut funeste, puisqu'elle la fit tomber sous un feu d'Infanterie qui dérangea extrêmement ses rangs,
& que si elle avoit attendu que l'Infanterie
eût pu agir, la bataille étoit selon toute apparence perdue pour les Prussiens. Au-lieu d'attendre son Infanterie, elle s'en fut au galop
tomber sur la Cavalerie ennemie qu'elle défit;
mais elle n'eut pas le même avantage sur l'In-
fan-

fanterie, par la raison qu'il eft moralement impoffible que la Cavalerie toute feule puiffe enfoncer avec fon arme blanche un Corps d'Infanterie dont le feu continuel abbat hommes & chevaux.

Cette bataille fut funefte aux deux Partis. Les Pruffiens y perdirent le Prince Frédéric Margrave de Brandebourg, Colonel au Service des Etats-Généraux, & le Général Schulembourg tué à la tête de fon Régiment de Dragons, qui plia des premiers. Les Autrichiens eurent plufieurs Généraux tués & bleffés.

Pendant que les deux Partis fe battoient avec tant de fureur, les Jurifconfultes de part & d'autre tâchoient de prouver, les uns la juftice des prétentions du Roi de Pruffe, les autres la nullité de ces mêmes prétentions, & l'irrégularité de fon procédé envers la Reine de Hongrie. Rapportons ici les principales raifons des uns & des autres, & laiffons à ceux qui liront cette Hiftoire la liberté de prendre le parti qu'ils jugeront le plus convenable.

La Siléfie eft un Fief du Royaume de Bohême. Cette Province, autrefois divifée en plufieurs petites Souverainetés, étoit gouvernée par des Ducs Vaffaux des Rois de Bohême. Ces Ducs avoient fait des Pactes de confraternité avec les Electeurs de Brandebourg, en vertu defquels ceux-ci devoient fuccéder à leurs Etats au défaut de Poftérité mafculine. La Maifon d'Autriche, ayant acquis le Royaume de Bohême, prétendit que ces Pactes étoient abfolument nuls, vu qu'ils n'avoient pu se faire sans l'aveu du Seigneur dont les Possesseurs étoient feudataires, c'est-à-dire du Roi de Bohême ; & qu'enfin c'étoient des Terre inaliénables, desorte que quand même les Rois de Bohême auroient consenti qu'elles fussent aliénées, elle ne pouvoient l'être de leur nature.

Les tems n'étant pas favorables aux Electeurs de Brandebourg, ils furent obligés de dissimuler, observant néanmoins en certaines conjonctures de réveiller leurs prétentions. Cela donna lieu à des plaintes de part & d'autre, jusqu'à ce qu'enfin par les Traités de 1686. & 1694. les choses furent accommodées, & l'Electeur Frédéric-Guillaume renonça pour lui & ses Successeurs aux Duchés de Brieg, Lignitz, Wohlau & Jagerdorff. Ceux qui voudront se faire une idée plus étendue de ce fameux Procès, pourront lire les Piéces que je me crois obligé de rapporter ici, vu la rélation que les affaires de Siléfie ont avec celles de la Bohême.

EXPOSITION FIDELE

Des Droits incontestables de la Maison Royale de Pruffe & Electorale ae Brandebourg fur plufieurs Principautés, Duchés & Seigneuries de la Siléfie, 1741.

I.

„. Pour peu qu'on foit verfé dans l'Hiftoire
„ de la Bohême & de la Siléfie, on ne peut
„ igno-

,, ignorer les justes Prétentions & les Droits
,, incontestables que la Maison de Brande-
,, bourg a depuis longtems sur les Princi-
,, pautés & les Seigneuries de *Jaegerdorff*,
,, *Lignitz*, de *Brieg*, de *Wohlau*, de *Beut-
,, then*, d'*Oderberg*, &c. & l'on sait aussi
,, qu'elle n'a jamais négligé la poursuite de
,, ses Droits toutes les fois que l'occasion
,, s'en est présentée.

I I.

,, Tous ceux qui ont écrit sur les préten-
,, tions des Princes & des Grands, ont par-
,, lé de celles de la Maison de Brandebourg,
,, & ont eu soin d'en instruire le Public ; mais
,, il faut avouer qu'ils ne sont pas entrés dans
,, un détail suffisant, faute de connoître de
,, certains Traités, & d'autres Documens au-
,, thentiques.

I I I.

,, Les Ancêtres de l'illustre Maison d'Au-
,, triche qui ont été Rois de Bohême, ont
,, très-bien reconnu la validité des Droits de
,, la Maison de Brandebourg, & ils l'ont
,, souvent voulu porter à les leur abandonner,
,, moyennant de grosses sommes d'argent ;
,, mais jamais les Electeurs ni les Margraves
,, de Brandebourg n'ont voulu consentir à
,, cette aliénation Ils craignoient sans-doute
,, de se rendre responsables à leur postérité
,, même, s'ils vendoient le Droit d'héritage
,, qu'ils avoient acquis sur des Duchés, des

Tom. I.   C   ,, Prin-

,, Principautés & des Seigneuries qui leur ap-
,, partenoient légitimement ; d'autant plus
,, qu'ils ne pouvoient les aliéner fans aban-
,, donner leurs Sujets naturels, & fans vio-
,, ler la plûpart des engagemens dans lefquels
,, la Maifon de Brandebourg eft entrée.

IV.

,, On peut dire avec vérité, que les Elec-
,, teurs, & les Margraves de Brandebourg,
,, fe font toujours fait un fcrupule de laiffer
,, fans fecours, & d'abandonner à une Puis-
,, fance étrangére, des Sujets qui leur appar-
,, noient par droit héréditaire : qui fe trou-
,, voient engagés par ferment à la Maifon E-
,, lectorale, & qui étoient inconfolables de
,, fe voir, pour ainfi dire, arrachés à leurs
,, légitimes Souverains & obligés de fauffer
,, leur foi, pour céder à une force majeure.

V.

,, Mais, enfin, comme le tems caufe des
,, révolutions, même dans les plus puiffans
,, Etats, il vient d'en arriver une favorable
,, à la Maifon de Brandebourg, à qui les
,, voyes d'accommodement & de juftice qu'el-
,, le a recherchées, n'ont jamais pu réuffir,
,, à caufe de l'extrême puiffance où la Mai-
,, fon d'Autriche étoit parvenue par la pos-
,, feffion du Trône Impérial. La Ligne mas-
,, culine de cette Maifon, qui fe trouvoit par-
,, venue au faîte des Grandeurs Humaines,
,, vient de s'éteindre, & la Providence ou-
,, vre

,, vre par là à celle de Brandebourg les mo-
,, yens de fecourir des Sujets abandonnés de-
,, puis fi longtems, & de fe mettre en poffes-
,, fion de ce qui lui appartient inconteftable-
,, ment.

VI.

,, Pour convaincre le Public attentif à ces
,, fortes de révolutions, de la validité des
,, Droits dont il s'agit ici, il eft à propos
,, d'en donner une idée préliminaire; ce qui
,, fera d'autant plus aifé, que fans employer
,, ni l'art, ni la chicane, il n'y a pour réus-
,, fir qu'à produire les Documens qui fe trou-
,, vent dans les Archives.

VII.

,, Les preuves dont on fe fervira étant de
,, différente nature, il fera bon de les ran-
,, ger dans l'ordre qui leur fera le plus na-
,, turel.

CHAPITRE I.

Des droits de la Maifon Royale de Pruf-
fe & Electorale de Brandebourg fur
le Duché de Jaegerdorff.

I.

,, COmme c'eft dans le Duché de Jaeger-
,,   dorff qu'on a employé les moyens les
,, plus violens pour arracher ce Pays à la

 ,, Mai-

,, Maiſon de Brandebourg , à qui il appar-
,, tient de droit, c'eſt auſſi par ce Duché
,, qu'il ſera bon de commencer.

I I.

,, En voici l'hiſtoire. Le Margrave Geor-
,, ge, à qui ſon zéle pour la Religion Pro-
,, teſtante fit donner le nom de *Pieux* ou de
,, *Dévot*, acheta ce Duché argent comptant
,, en l'année 1524. Il étoit Couſin & en mê-
,, me tems Gouverneur de Louis Roi de Bo-
,, hême, qui lui avoit permis, & même con-
,, ſeillé d'acheter des Terres en Siléſie, vou-
,, lant bien qu'il en jouît comme des Biens
,, propres & héréditaires, avec pouvoir d'en
,, diſpoſer à ſa volonté, & de les aliéner,
,, en la maniére & quand il le jugeroit à pro-
,, pos. Le Margrave autoriſé à faire une
,, telle acquiſition, vendit tout ce qu'il avoit
,, acquis dans le Royaume de Hongrie, &
,, employa l'argent qu'il en tira, à acheter
,, le Duché de Jaegerdorff.

I I I.

,, La ſomme dont on étoit convenu fut
,, exactement payée aux Seigneurs de Schel-
,, lemberg, à qui le Pays de Jaegerdorff a-
,, voit appartenu juſqu'alors, & en même tems
,, le Margrave fit l'acquiſition de la Baronie
,, héréditaire de Lubſchutz.

I V.

I V.

„ Le Roi de Bohême ne tarda pas après
„ cela de donner au Margrave George l'in-
„ veftiture actuelle du Duché de Jaegerdorff,
„ comme d'un Fief *héréditaire & aliénable,*
„ & dès-lors ce Margrave obtint voix & féan-
„ ce aux Diétes & aux Affemblées des Prin-
„ ces de Siléfie.

V.

„ Après la mort du Roi Louïs, Ferdinand I.
„ Roi de Bohême confirma en 1527. tout ce
„ qui s'étoit paffé au fujet de Jaegerdorff, &
„ George le Pieux jouït paifiblement de ce
„ Duché jufqu'à fa mort, qui arriva en
„ 1543. Il avoit établi dans fon Duché une
„ forme de Gouvernement très-avantageufe.
„ Il s'étoit comporté avec beaucoup de fa-
„ geffe, avoit procuré le bien & l'avantage
„ de fes Sujets, agrandi confidérablement
„ la Ville de Jaegerdorff où il réfidoit or-
„ dinairement, y avoit bâti un Château,
„ & n'avoit rien oublié de ce qui pouvoit
„ contribuer au bonheur de fes États.

V I.

„ Il laiffa un Fils nommé George-Frédéric,
„ qui lui fuccéda; & qui étant né en 1539.
„ n'avoit que quatre ans quand fon Pére
„ mourut. C'eft ce qui donna lieu à Albert
„ dit l'*Alcibiade*, qui réfidoit en Franconie,

C 3

„ de

,, de prétendre à la tutelle du jeune George-
,, Frédéric son Cousin, & de l'exercer aussi
,, bien par rapport au Duché de Jaegerdorff,
,, qu'au Margraviat d'Anspach. Cependant
,, comme Ferdinand I. ne crut pas pouvoir
,, se fier à la bonne-foi d'Albert, il eut
,, soin des intérêts de George-Frédéric, &
,, fit mettre en sequestre les revenus du Du-
,, ché de Jaegerdorff au profit de ce jeune
,, Prince.

V I I.

,, Dès qu'il eut atteint l'âge de dix-neuf
,, ans, Ferdinand I. lui remit fidélement son
,, Duché de Jaegerdorff, & lui fit toucher
,, en même tems avec la dernière exactitude
,, tous les revenus qu'on en avoit tirés, &
,, qui jusqu'alors avoient été soigneusement
,, conservés.

V I I I.

,, Le règne de George-Frédéric fut très-
,, heureux. Mais quoique ce Prince eût eu
,, deux femmes, il ne laissa point d'enfans,
,, & voulant mettre ordre à ses affaires, il
,, donna par Testament, à la Maison Electo-
,, rale de Brandebourg, tant le Duché de Jae-
,, gerdorff, dont il pouvoit disposer (*suivant
,, le 2. §. ci-dessus.*) que le Seigneuries héré-
,, ditaires de Lubschutz, d'Oderberg, de
,, Beuthen, de Tarnowitz, & autres dépen-
,, dances. Joachim-Frédéric, alors Electeur
,, de Brandebourg, se mit, en vertu du Tes-
,, ta-

,, tament fusmentionné, en poffeffion du
,, Duché de Jaegersdorff & de tout ce qui
,, en dépend; il s'y fit rendre hommage,
,, il y régla tout ce qui concernoit la Ré-
,, gence du Païs, & cela fans oppofition
,, ni contradiction quelconque. C'eft de cet
,, Electeur que defcend toute la Maifon
,, Royale de Pruffe & Electorale de Bran-
,, debourg, & c'eft de lui qu'elle tient par
,, *Fideïcommis*, & par des Conventions ob-
,, fervées dans la Famille, le droit de fuc-
,, ceffion au Duché de Jaegerdorff & à tou-
,, tes fes appartenances.

IX.

,, Il eft vrai que l'Electeur Joachim-Fré-
,, déric jugea à propos de donner, en 1607,
,, ledit Duché, & tout ce qui en dépend,
,, au Margrave Jean-George, qui étoit le
,, Puîné de fes Fils. Deux raifons l'engagè-
,, rent à cette démarche; il favoit que les
,, Etats de Jaegerdorff fouhaitoient d'avoir un
,, Prince qui les gouvernât, & qui demeurât
,, dans le Pays; & d'ailleurs il vouloit pro-
,, curer un dédommagement au Prince fon
,, Fils, que diverfes intrigues avoient obli-
,, gé de renoncer à l'Evêché de Strasbourg.
,, Mais au-refte cette donation ne porte
,, aucun préjudice à la Ligne Electorale de
,, Brandebourg, laquelle a confervé tous les
,, Droits qui la regardent, en vertu du *Fideï-*
,, *commis* & des autres Conventions dont on
,, vient de parler.

X.

„ Durant les troubles qui arrivérent en
„ Bohême, le Margrave Jean-George, Duc
„ de Jaegerdorff, s'allia avec Frédéric V.
„ Electeur Palatin, & se trouva aussi engagé
„ dans une sanglante guerre avec l'Empereur
„ Ferdinand II La Maison Electorale de
„ Brandebourg ne prit à-la-vérité aucune
„ part à cette révolution , mais elle ne put
„ empêcher Ferdinand II. qui étoit Empe-
„ reur & Roi de Bohême, de déposséder le
„ Margrave de son Duché de Jaegerdorff, &
„ de le mettre même au Ban de l'Empire, où
„ il mourut l'année suivante.

„ Il laissa un Fils mineur, nommé Ernest,
„ né en 1617, & qu'on peut dire qui hérita
„ de ses malheurs; car malgré l'intercession
„ de plusieures Princes & grands Seigneurs,
„ qui sollicitoient l'Empereur de ne pas
„ faire porter à un Enfant encore mineur la
„ peine que son Pére avoit encourue, en le
„ dépouillant des Biens de sa Maison , on ne
„ put rien obtenir pour ce jeune Prince, qui
„ resta privé de son Patrimoine, & qui mou-
„ rut en 1642. Avec lui s'éteignit la Branche
„ appanagée de Brandebourg, à qui Jaeger-
„ dorff appartenoit.

X I.

„ Ce Duché échut alors avec toutes ses
„ dépendances à la Ligne Electorale, comme
„ un héritage appartenant de Droit aux Mâ-
„ les

,, les de la Famille ; & depuis cela les Rois
,, de Bohême de la Maiſon d'Autriche n'ont
,, pu, ſans injuſtice, demeurer en poſſeſſion
,, d'un Bien propre & héréditaire de la Mai-
,, ſon de Brandebourg. C'eſt ce que l'Electeur
,, Frédéric - Guillaume de glorieuſe mémoi-
,, re ne manqua pas de repréſenter, ſoutenant
,, hautement, que ſuivant la diſpoſition des
,, Loix, les Mâles d'une Famille qui a reçu
,, l'inveſtiture d'une Principauté, ſont auto-
,, riſés à s'en mettre eux-mêmes en poſſeſſion,
,, dès qu'elle eſt vacante, & cela ſans autre
,, forme de procès, & ſans en demander per-
,, miſſion à perſonne.

X I I.

,, Par malheur pour ce grand Prince, la
,, Guerre dite *de trente ans* étoit encore al-
,, lumée en 1642. part tout l'Empire, & il
,, ne jugea pas à propos d'en commencer une
,, nouvelle au ſujet de Jaegerdorff. D'ailleurs
,, les Empereurs de la Maiſon d'Autriche lui
,, faiſoient eſpérer qu'on en pourroit venir à
,, un accommodement, & l'affaire reſta pen-
,, dant longtems dans les termes d'une ſim-
,, ple négociation.

X I I I.

,, On la mit ſur le tapis pendant les Con-
,, grès qui ſe tinrent en Weſtphalie ; mais on
,, étoit déjà ſi embaraſſé à accommoder ce
,, qui avoit donné ſujet à la guerre, qu'on
,, ne put ſe réſoudre à traiter de cette
C 5
,, ma-

,, maniére qui paroiſſoit nouvelle ; & de-plus
,, on ne pouvoit s'empêcher de prêter l'o-
,, reille à la Maiſon d'Autriche, qui promet-
,, toit toujours, que quand la Paix ſeroit faite
,, on chercheroit les moyens de terminer
,, l'affaire de Jaegerdorff à l'amiable & con-
,, formément aux loix de l'équité.

X I V.

,, Comme on ſavoit qu'il y avoit des Traités
,, particuliers entre les Rois de Bohême & la
,, Maiſon de Brandebourg, ſuivant leſquels,
,, en cas de diſpute, ils doivent prendre
,, d'abord ce qu'on nomme des *Aſtrégues*,
,, pour terminer leur différend, on propoſa
,, de tenter cette voye ; mais elle ne réuſſit
,, point, & l'on ne put même convenir du
,, choix d'un ſeul Arbitre.

X V.

,, En effet dans une affaire dont l'éviden-
,, ce eſt entiére, étoit-il poſſible de s'amuſer
,, à des procédures ? & quand on auroit vou-
,, lu mettre en œuvre toutes les ſubtilités de
,, la Chicane en faveur de la Couronne de
,, Bohême, pouvoit-on diſputer à la Maiſon
,, de Brandebourg ſon Droit héréditaire ſur
,, le Duché de Jaegerdorff ?

X V I.

,, Il ſeroit fort inutile d'alléguer, en fa-
,, veur des Rois de Bohême, la félonie dont
,, on

„ on a accufé le Margrave Jean-George ; car „
„ à prendre les chofes à la rigueur, on n'a-
„ pu en faire porter la peine qu'aux defcen-
„ dans mêmes du Prince accufé de ce crime,
„ ce qui s'eft fait en privant le Margrave
„ Erneft, fa vie durant, du Duché qu'il a-
„ voit hérité de fon Pére. Pour fes parens
„ en ligne collatérale, comme on ne pou-
„ voit rien leur imputer, ils n'étoient pas
„ puniffables d'un mal qu'ils n'avoient point
„ commis ; c'eft ce dont tout Jurifconfulte
„ demeurera d'accord, à moins que la paf-
„ fion ne l'ait entiérement aveuglé. Il y a
„ plus, & fuivant le fentiment des plus
„ habiles Jurifconfultes, on ne peut priver
„ les Enfans même d'un Vaffal convaincu
„ de félonie, des Droits qu'ils ont naturel-
„ lement fur le Fief dont leur Famille a
„ reçu l'inveftiture ; parce que ce n'eft point
„ du dernfer poffeffeur qu'ils tiennent leur
„ Droit de Succeffion, mais de la volonté &
„ de la difpofition de celui dont leur Fief
„ dérive originairement.

XVII.

„ Suppofant donc que le Margrave Jean-
„ George, Duc de Jaegerdorff, ait été cou-
„ pable du crime de Léze-Majefté, il y
„ auroit encore bien des chofes à dire en
„ faveur de fon Fils le Margrave Erneft, &
„ de la Maifon de Brandebourg, qui fuccéda
„ en 1642. aux Droits de ce Prince. Car
„ enfin, s'il eft vrai, comme on n'en peut
„ douter, qu'en cas de Léze-Majefté on
„ ne

,, ne puisse saisir que les Biens allodiaux du
,, Coupable, les Fiefs héréditaires dans la Mai-
,, son du Prince Ernest, & qui lui apparte-
,, noient en vertu d'un *Fedeïcommis* établi
,, dans sa Famille, n'ont pu lui être ravis;
,, & c'est faire injustice à ses Parens, que
,, de les priver de leurs prétentions, eux
,, qui n'ont en rien participé à la faute dont
,, on accusoit leur Devancier. Il est donc
,, constant que ce seroit à tort, qu'on vou-
,, droit exclure les Princes de la Maison E-
,, lectorale de Brandebourg de la succession
,, au Duché de Jaegerdorff, & qu'on ne peut
,, avec raison retenir des Biens qui appar-
,, tiennent à leur Famille, parce qu'ils ne
,, peuvent être responsables des fautes qu'ils
,, n'ont pas commises.

XVIII.

,, Tout ceci est incontestable, & personne
,, n'ignore que le dernier possesseur d'un Fief
,, héréditaire doit le remettre à ses parens en
,, ligne collatérale.

,, On a dit ci-dessus (*chap.* 1. §. 2.) que
,, le Margrave George ne se laissa persuader
,, par le Roi Louïs d'acheter le Duché de
,, Jaegerdorff, qui dépendoit de la Couronne
,, de Bohême, que pour en jouïr comme
,, d'un Fief aliénable, & dont il pourroit
,, disposer par Testament. C'est uniquement
,, cet avantage qui le porta à acquérir Jaeger-
,, dorff & ses dépendances, & jamais sans
,, cela il n'auroit pu se résoudre à vendre le
,, partrimoine & tous les biens qu'il avoit en
,, Hongrie pour en acheter d'autres en Silésie.

XIX.

XIX.

„ Le Margrave George-Frédéric eut oc-
„ cafion d'ufer des Droits que fon Pére avoit
„ acquis. Il difpofa en 1599 & en 1603
„ de toute fa fucceffion, & la Ligne Electo-
„ rale de Brandebourg ayant acquiefcé à fes
„ volontés, elles furent pleinement exécu-
„ tées après fa mort. Il laiffa, par Tefta-
„ ment, le Duché de Jaegersdorff avec tou-
„ tes fes dépendances à l'Electeur Joachim-
„ Frédéric, qui s'en mit en poffeffion en
„ 1603, fans que perfonne ait jamais penfé
„ à s'y oppofer. Ce Duché fut ainfi atta-
„ ché & en quelque maniére incorporé aux
„ Etats que poffédoit la Maifon Electorale
„ de Brandebourg, conformément à des
„ Traités qui fubfiftent dans la Famille, &
„ que l'Empereur a confirmés.

XX.

„ Il ne faut alléguer ici ni prefcription ni
„ d'autres pareilles exceptions. On n'a ja-
„ mais négligé de faire valoir les Droits de
„ la Maifon Electorale de Brandebourg fur
„ la Principauté de Jaegersdorff, comme fur
„ un Fief héréditaire; & les Rois de Bohê-
„ me de la Maifon d'Autriche ont certai-
„ nement été informés de la validité de ces
„ Droits, puifqu'ils ont fouvent offert des
„ fommes très - confidérables pour les ra-
„ cheter. On peut les convaincre de n'a-
„ voir

,, voir jamais ignoré que le Duché de Jae-
,, gerdorff appartenoit en propre à la Maiſon
,, Electorale de Brandebourg, & on laiſſe à
,, juger après cela, ſi les Rois de Bohême,
,, qui en ont jouï depuis ſi longtems, ont
,, toujours été dans la bonne-foi.

XXI.

,, Il eſt enfin tems de revendiquer ce qu'on
,, a été obligé de laiſſer depuis tant d'années
,, en des mains étrangéres; & puiſque l'oc-
,, caſion eſt favorable, il eſt naturel d'em-
,, ployer les moyens que l'on a de faire va-
,, loir ſes Droits. La Maiſon d'Autriche n'en
,, doit point être ſurpriſe, elle peut être ſa-
,, tisfaite de la patience avec laquelle les
,, Electeurs de Brandebourg l'ont vu jouïr
,, du Duché qui lui appartient, & dont elle
,, à tiré les revenus pendant près d'un ſiécle.
,, A compter les intérêts de ces revenus,
,, qu'elle a tirés durant tant d'années, ils
,, excéderoient infiniment le capital; & per-
,, ſonne apparemment ne trouvera étrange que
,, le Roi de Pruſſe, comme Electeur de Bran-
,, debourg, penſe enfin ſérieuſement à répa-
,, rer les pertes que ſa Maiſon a faites.

CHAPITRE II.

Des Droits de la Maison Royale de Pruſſe &
Electorale de Brandebourg ſur les Duchés
de Lignitz, de Brieg, & de Wohlau.

I.

„ Il eſt bon de remarquer d'abord, que
„ les anciens Ducs de Lignitz, iſſus des
„ Piaſtes, ont été Souverains dans leur Etat,
„ qu'ils l'ont gouvérné comme un Païs li-
„ bre & héréditaire dans leur Famille, ſans
„ être aſſujettis aux Rois de Pologne ou de
„ Bohême, & ſans avoir jamais voulu dé-
„ pendre de perſonne.

II.

„ Mais en 1329 ils offrirent en Fief à Jean
„ de Luxembourg, Roi de Bohême, tant
„ leurs Duchés & Principautés, que leurs
„ autres Biens, déclarant, comme il eſt por-
„ té dans les premiéres Lettres d'inveſtitu-
„ re, que ladite *oblation* étoit *volontaire*, &
„ qu'ils prétendoient encore *les tenir à l'a-*
„ *venir comme Fiefs héréditaires, & en con-*
„ *ſervant tous leurs Droits & tous leurs Pri-*
„ *viléges.*

III.

„ Il eſt évident après cela que ces Fiefs,
„ en qualité de Biens offerts, ſont fort dif-
„ fé=

„ férens de cette autre efpéce de Fiefs,
„ qu'un Seigneur conféré à un Vaffal par
„ grace & comme un bénéfice. Ici le Sei-
„ gneur Direct n'a rien donné du fien, &
„ c'eft plutôt lui qui a reçu de fes Vaffaux
„ les Fiefs qu'il rendit enfuite, à condition
„ qu'on lui en fît hommage.

IV.

„ Il ne faut donc pas juger de la condition
„ des Fiefs fusdits, fuivant les Loix ordinai-
„ res qui concernent les Fiefs donnés par pu-
„ re grace. Car felon des Lettres du Roi
„ Uldiflas, en date de l'année 1511, les Fiefs
„ de Lignitz, & des Etats qui en dépendent,
„ devoient être *héréditaires & aliénables*; tel-
„ lement que les Ducs de Lignitz confer-
„ voient l'avantage dont ils avoient ci-devant
„ jouï, qui étoient de pouvoir, de leur vi-
„ vant, vendre, engager & aliéner tous leurs
„ Etats & toutes leurs Poffeffions.
„ Mais comme il ne paroît pas d'abord d'u-
„ ne conféquence néceffaire, que l'on puif-
„ fe toujours difpofer de fon bien par Tefta-
„ ment, dès qu'on a la faculté d'en difpofer
„ entre vifs, ou, pour parler le langage du
„ Droit Féodal, que l'on puiffe toujours tes-
„ ter de tout Fief aliénable, les Princes de
„ Lignitz, qui ne vouloient avoir les mains
„ liées en aucune maniére, obtinrent la Dé-
„ claration fuivante, qui fe trouve auffi
„ dans les Lettres données au Roi Uladis-
„ las en 1511.
Que les Princes auroient la faculté de ven-
dre,

dre, d'engager, de troquer & d'aliéner leurs Etats & leurs Seigneuries, selon qu'ils le jugeroient à propos, soit en tout, soit en partie, par voye testamentaire ou de donation à cause de mort.

V.

„ Après cela toutes les objections que l'on
„ pourroit faire tombent d'elles - mêmes.

„ On auroit beau dire que le Privilége ac-
„ cordé en 1511 aux Ducs de Lignitz, par
„ le Roi Uladiflas, est exorbitant; que les
„ Successeurs de ce Prince ont pu regarder
„ ce Privilége comme non valable, & qu'il
„ est très - préjudiciable à la Couronne de
„ Bohême, tout cela ne sauroit porter coup.
„ On a fait voir que les Ducs de Lignitz, de
„ Brieg & de Wolhau, avoient le droit d'a-
„ liéner leurs Biens, même avant la date de
„ leurs Lettres d'investiture; & ce que les
„ Lettres expriment de particulier, c'est qu'ils
„ avoient aussi la liberté d'aliéner leurs Fiefs,
„ par forme de Testament & de derniére dif-
„ position.

V I.

„ Cette faculté entiére, qu'ils avoient d'a-
„ liéner, paroît évidemment par les nouvel-
„ les Lettres que le Roi Louis leur donna
„ en 1522. Elles portent expressément, *que*
„ *comme les Ducs de Lignitz ont toujours eu le*
„ *pouvoir d'aliéner leurs Biens, & d'en dispo-*
„ *ser entre vifs, ils pourront aussi le faire à*
„ *l'avenir par voye de Testament & de décla-*
„ *ration de derniére volonté.*

VII.

„ Il n'y a rien en ceci dont on ne puiſſe
„ rendre raiſon. Les anciens Allemands, auſſi-
„ bien que les autres Nations qui ne connois-
„ ſoient pas le Droit Romain, n'entendoient
„ guére la matiére des Teſtamens, & ne re-
„ gardoient pas comme une conſéquence né-
„ ceſſaire, qu'on doit pouvoir teſter de ſes
„ Biens, dès-là qu'on ne peut diſpoſer entre
„ vifs. Le Roi Louis jugea donc à propos de
„ lever les doutes qu'on pouvoit avoir ſur ce
„ ſujet, par les Lettres qu'il donna en 1522 ;
„ & c'eſt ce qu'il fit encore en 1524, par de
„ nouvelles Lettres confirmatives données le
„ premier Lundi après le 2 de Juillet.

VIII.

„ Il ſeroit inutile de parler ici de la con-
„ firmation générale qu'obtinrent les Ducs
„ de Lignitz, par rapport à tous les Priviléges
„ dont ils étoient en poſſeſſion. Mais indé-
„ pendamment de cette Confirmation, il eſt
„ clair que les Biens des Ducs de Lignitz
„ devoient conſerver la prérogative qui leur
„ étoit déjà attachée, quand on les offrit en
„ Fief ; c'eſt-à-dire qu'ils devoient être
„ aliénables ; & que les Ducs de Lignitz
„ auroient toujours eu la faculté d'en diſpo-
„ ſer par Teſtament, en vertu du pouvoir
„ que le Roi Louis leur en donna en 1524
„ avec connoiſſance de cauſe, & eu égard
„ à leur mérite, & aux bons offices qu'ils
„ lui avoient rendus.

IX.

IX.

„ Ces Princes ayant donc eu l'entiére fa-
„ culté d'aliéner leurs Terres & leurs Poffes-
„ fions, & de les faire paffer à qui ils juge-
„ roient à propos, foit *par Teftament*, foit
„ *par difpofition entre vifs*, il eft incontefta-
„ ble que le Duc Frédéric de Lignitz, de
„ Brieg & de Wohlau, a été en droit de
„ faire un Traité d'Union & de Confraterni-
„ té héréditaire avec Joachim II. Electeur de
„ Brandebourg, comme il fit en 1537.
„ l'ayant conclu à Lignitz le Vendredi d'a-
„ près la Fête de St. Gall, figné & con-
„ firmé par ferment.

X.

„ Outre les formalités ordinaires que l'on
„ obferve dans ces fortes de Traités de Con-
„ fraternité héréditaire, celui-ci contient plu-
„ fieurs particularités remarquables. En voi-
„ ci la fubftance. 1. On rapporte d'abord les
„ raifons qui ont porté à le conclure, fa-
„ voir l'ancienne & conftante amitié des deux
„ Maifons. 2. Les doubles Mariages qui les
„ ont unies pendant deux fois. On déclare
„ enfuite 3. que l'on n'a rien fait, qu'après
„ une mûre délibération; & 4 que du con-
„ fentement tant des Eccléfiaftiques que des
„ Etats du Païs. 5. Que les deux Parties
„ contractantes ont confirmé le préfent Trai-
„ té par un ferment folemnel. 6. Que tous
„ les Etats & les Sujets du Duché de Lignitz
„ & de fes dépendances, ont rendu un hom-

 „ ma-

„ mage éventuel, & avec ferment, à l’Elec-
„ teur de Brandebourg. 7. Que ce Traité
„ de Confraternité devant être réciproque
„ & d’une double efficacité, on affure à l’E-
„ lecteur de Brandebourg le Droit d’expec-
„ tance fur tous les Païs de Lignitz, de Brieg,
„ de Wohlau, & de leurs dépendances, &
„ aux Ducs de Lignitz un pareil Droit fur
„ tous les Fiefs que l’Electeur de Brande-
„ bourg poffède en Bohême. 8. Pour affu-
„ rer d’autant mieux cette Confraternité,
„ les deux Parties prennent entre elles le
„ nom de Frére, & veulent s’en fervir à l’a-
„ venir dans les Actes de leur Chancellerie,
„ défirant de confirmer leur union par toute
„ forte de moyens. Leur intention n’étant
„ pas de fe borner à une amitié perfonnelle,
„ mais de fe tranférer l’un à l’autre réelle-
„ ment, & à tout événement, le *Dominium*
„ des Biens fusmentionnés pour en jouïr de
„ droit, quand le cas y écherra ; fuivant
„ quoi, 10. il fera alors permis à l’Electeur
„ de Brandebourg de fe mettre actuellement
„ en poffeffion des Duchés de Lignitz, Brieg,
„ Wohlau, & de toutes leurs appartenances,
„ fa Maifon en ayant déjà reçu l’hommage.

XI.

„ Croiroit-on que la validité d’un Trai-
„ té fi bien établi, & confirmé par le ferment
„ des Parties contractantes, ait jamais pu être
„ révoquée en doute ? Cela arriva pourtant. Le
„ Confeil de Bohême, que des motifs d’inté-
„ rêt faifoient agir, porta les Etats de ce
„ Royau-

„ Royaume à chicaner fur cette Convention,
„ & à faire au Roi Ferdinand des plaintes qui
„ ne méritoient pas d'être écoutées. Ils lui
„ repréfentérent que les Principautés & les
„ Seigneuries de la Siléfie étant incorporées
„ au Royaume de Bohême, le Droit de fuc-
„ ceffion que la Maifon de Brandebourg ve-
„ noit d'acquérir par le Traité de Confrater-
„ nité, portoit néceffairement du préjudice
„ aux Etats de Bohême, & qu'il faloit annul-
„ ler cette Convention, & la déclarer de nulle
„ valeur par un Arrêt autentique.

XII.

„ Mais qu'il eft aifé de détruire ce raifon-
„ nement! Car en premier lieu, le Traité
„ dont il s'agit n'enléve pas au Royaume de
„ Bohême la Principauté de Lignitz ni fes dé-
„ pendances. Au-contraire 2. il porte en
„ termes exprès, *que fi jamais l'Electeur de*
„ *Brandebourg venoit à recueillir les Etats de*
„ *Lignitz & tous les Biens fur lefquels on a tranfi-*
„ *gé, ce Prince demeureroit à leur égard dans les*
„ *mêmes engagemens qu'ils ont avec la Bohême.*
„ Et l'on découvre ici 3. le peu de folidité
„ des raifons qu'alléguoient les Etats de ce
„ Royaume, & combien ils entendoient peu
„ leurs propres avantages. Car enfin ne de-
„ voient-ils pas fouhaiter de voir un nouveau
„ Prince recevoir l'Inveftiture de Lignitz &
„ de fes dépendances; & ignoroient-ils que
„ ces Biens devoient toujours être tenus en
„ Fief, fans quoi la Chambre des Domaines
„ pourroit les retirer, comme elle le fit dans la

 „ fuite

„ fuite au grand dommage desdits Etats de
„ Bohême, qui virent leur nombre diminuer
„ par cette réduction ? D'ailleurs 4. il faut con-
„ fidérer, que le fusdit Traité de Confrater-
„ nité héréditaire n'a pas été paffé entre des
„ Puiffances étrangéres. L'Electeur de Bran-
„ debourg, qui eft une des Parties contractan-
„ tes, eft fortement engagé avec le Royaume
„ de Bohême, où il poffède plufieurs Fiefs
„ très-confidérables. Et enfin il faut fe fouve-
„ nir que quand les Ducs de Lignitz offrirent
„ leurs Biens en Fiefs au Roi de Bohême en
„ 1329 (comme il a été dit plus haut Chap. II.
„ §. 2.) ils confervèrent, en vertu des Lettres
„ d'inveftiture, la faculté de difpofer librement
„ de leurs Biens, enforte qu'on n'a pu la leur
„ ôter par de nouvelles Ordonnances.

XIII.

„ La force l'emporta pourtant fur le Droit
„ & fur la Raifon. On publia à Prague en
„ 1546, une Sentence évidemment injufte.
„ Elle eft conçue à-peu-près en ces termes.
„ Comme le Duc Frédéric de Lignitz n'eft
„ pas en droit de paffer de pareils Contracts,
„ ni de faire des Traités de Confraternité hé-
„ réditaire, il eft clair que ceux qu'il a faits
„ font de nulle valeur, devant être caffés &
„ entiérement abolis. C'eft pourquoi de notre
„ Autorité Royale & comme Seigneur Sufe-
„ rain des Fiefs de la Siléfie, Nous déclarons
„ nul, caffons & mettons à néant ledit Trai-
„ té de Confraternité, & tout ce qui y eft
„ contenu, ou qui s'eft enfuivi, &c. Don-
„ né

„ né dans notre Ville de Breslau le 18 de
„ Mai 1546.

XIV.

„ Cet Arrêt du Roi de Bohême ne peut
„ porter aucun préjudice aux Droits de la
„ Maison de Brandebourg. Il a été rendu
„ sans que l'Electeur alors régnant ait été cité
„ pour défendre sa cause. Et quand il fut pro-
„ noncé, les Conseillers de Brandebourg qui
„ se trouvérent à la publication, ne manqué-
„ rent pas à cause de cela de protester contre
„ son contenu, & par devant Notaire & plu-
„ sieurs Témoins, réservant à l'Electeur leur
„ Maître tous les Droits qu'il pouvoit pré-
„ tendre. Cela se passa en présence même du
„ Roi Ferdinand I. qui ne leur contredit en
„ rien. Mais on ne fut pas longtems sans dé-
„ velopper les raisons qui avoient porté ce
„ Monarque à en agir avec tant de hauteur.
„ Il avoit ses intérêts en vue ; & comme il étoit
„ puissant, il obligea Frédéric Duc de Lig-
„ nitz & les Princes Frédéric & George ses
„ Fils, à renoncer au Traité de Confraternité
„ héréditaire qu'ils avoient avec la Maison de
„ Brandebourg, quoiqu'ils l'eussent confirmé
„ par un serment solemnel. Il les contraignit
„ même à reconnoître qu'après la mort du
„ dernier Mâle de leur Famille, les Duchés
„ & les Principautés de Lignitz, de Brieg
„ & de Wohlau, devoient retourner de droit
„ immédiatement au Roi de Bohême, au-
„ quel cas on pourvoiroit les Filles, & les
„ Héritiers Allodiaux de leur Maison, en
„ leur faisant toucher de certaines sommes

D 4   „ d'ar-

,, d'argent, qui feroient déterminées en tems
,, & lieu. Procédé étrange ! qui fait voir com-
,, bien le **Roi** de Bohême agiffoit partiale-
,, ment dans cette affaire. On peut dire qu'il
,, étoit alors le Juge de fa propre caufe, &
,, que les plaintes que firent les Etats de
,, Bohême étoient un jeu qu'il avoit concerté
,, avec eux. Certainement, pour peu qu'on
,, veuille confulter le Bon-fens & la Juftice,
,, on reconnoîtra que Ferdinand I. n'a jamais
,, dû ni pu contraindre les Princes de Lignitz
,, à s'engager, comme ils firent, d'une manié-
,, re fi contraire à la difpofition des Loix.

XV.

,, Il eft fûr au-moins que l'Arrêt publié à
,, Prague, dont on vient de faire mention,
,, ne peut nuire aux Droits de l'Electeur de
,, Brandebourg. C'eft par rapport à lui ce
,, qu'on appelle *res inter alios acta*, & elle ne le
,, touche nullement. Les Ducs de Lignitz, de
,, Brieg & de Wolhau en jugérent de-même,
,, & cela paroît par ce qu'ils écrivirent à l'E-
,, lecteur de Brandebourg. *Quoiqu'une force fu-*
,, *périeure*, difent-ils, *prétende vous priver de*
,, *vos Droits, ils font trop certains pour qu'on puif-*
,, *fe les ébranler.... L'héritage n'eft pas encore*
,, *échu.... Le tems change toute chofe. Ce qui pa-*
,, *roît impoffible préfentement, Votre Poftérité*
,, *trouvera peut-être un jour les moyens de l'exé-*
,, *cuter*".

XVI.

,, Auffi, quand le Roi de Bohême ordonna
,, aux

,, aux Ducs de Lignitz de redemander à la
,, Maifon de Brandebourg les Actes & les
,, Documens qu'ils lui avoient remis, & qui
,, concernoient le Traité de Confraternité,
,, l'Electeur eut de bonnes raisons pour ne les
,, pas rendre, & il répondit aux Ducs de
,, Lignitz, *Que le Traité de Confraternité héré-*
,, *ditaire dont il s'agiffoit, n'avoit rien de con-*
,, *traire à la Conftitution des Etats de Lignitz:*
,, *Que l'on avoit été autorifé à le faire, après*
,, *en avoir obtenu par trois fois la permiffion des*
,, *Rois de Bohéme: Qu'il avoit été conclu du*
,, *confentement formel & par le Conseil des Etats*
,, *du Pays: Et enfin, qu'il avoit été confirmé par*
,, *ferment.* L'Electeur ajoûtoit encore, *Que le-*
,, *dit Traité n'étoit point préjudiciable à la*
,, *Couronne de Bohéme, ne contenant rien qui*
,, *dérogeât à l'inféodation du Pays de Lignitz*
,, *& à fes appartenances: Qu'il étoit fondé fur*
,, *les Priviléges accordés par trois différens Rois*
,, *de Bohéme, & qu'ainfi perfonne ne pouvoit*
,, *trouver étrange que l'Electeur maintînt la*
,, *validité de ce Traité, & qu'il défendît des*
,, *Doits acquis d'une maniére fi légitime. Enfin*
,, *qu'il ne pouvoit fe les laiffer ravir par force,*
,, *par menaces, ou par des voyes indirectes, fans*
,, *fe rendre refponfable à toute fa poftérité. Qu'il*
,, *étoit donc réfolu de conferver ce qu'il avoit ac-*
,, *quis de bon droit pour lui & pour les fiens,*
,, *& qu'il ne fe départiroit jamais de cette réfo-*
,, *lution.* Il finiffoit en difant *qu'il prétendoit*
,, *garder les Actes originaux qui étoient entre*
,, *fes mains, comme des preuves autentiques de*
,, *la validité de fes Droits, jusques à ce que la*
,, *Providence permît d'en faire l'ufage auquel ils*

D 5

,, *étoient*

,, *étoient deftinés.* Les chofes en demeurérent-
,, là pendant longtems, c'eft-à-dire, jufques
,, à ce que la Ligne Mafculine des Ducs de
,, Lignitz fût entiérement éteinte.

XVII.

,, Enfin George - Guillaume, dernier Duc
,, de cette Maifon, mourut en 1675. & par
,, fa mort les Duchés de Lignitz, de Brieg
,, & de Wohlau échurent à la Maifon Elec-
,, torale de Brandebourg. L'Electeur Frédé-
,, ric - Guillaume, furnommé *le Grand*, ne
,, manqua pas alors de repréfenter à la Cour
,, Impériale le Droit qu'il avoit à la Suc-
,, ceffion de Lignitz, & l'Empereur en re-
,, connut toute la validité. Mais comme il
,, étoit alors en guerre avec la France, il
,, ne fe hâta point de faire examiner les
,, Droits de l'Electeur, & promit feulement
,, que quand la Paix feroit faite, on lui ren-
,, droit juftice fur fes prétentions.

XVIII.

,, Cependant l'Empereur fit fecrettement
,, fonder l'Electeur, pour le porter à fe dé-
,, fifter de fes Droits, & à accepter en dé-
,, dommagement une fomme d'argent très-
,, confidérable. A quoi Frédéric-Guillaume
,, répondit, que comme le Pays de Lignitz
,, lui appartenoit inconteftablement, il fouhai-
,, toit de le garder, qu'il ne pouvoit fe réfoudre
,, à le vendre, & qu'à cet égard rien ne le
,, feroit changer de fentiment.

XIX.

X I X.

,, En effet ce Prince y persista constam-
,, ment, & ne discontinua point ses sollicita-
,, tions à la Cour Impériale, demandant
,, qu'on lui remît les Pays de Lignitz, de
,, Brieg & de Wohlau, dont la Succession lui
,, étoit échue; & sur ses représentations réi-
,, térées, l'Empereur Léopold ordonna ex-
,, pressément à Frédéric de Roth, Chancelier
,, de Lignitz, d'examiner l'affaire, & d'en-
,, voyer son sentiment par écrit à la Cour
,, Impériale. Cet ordre est du 2. de Jan-
,, vier 1684.
,, Le Chancelier fut dix mois à faire son
,, rapport, mais il ne se trouva pas au goût
,, de la Cour Impériale; aussi n'en fit-elle
,, point part à celle de Brandebourg, & elle
,, ne le voulut communiquer à personne.
,, On trouva pourtant secrettement le moyen
,, d'en avoir une Copie, & l'on connut a-
,, lors ce qui avoit rendu la Cour Impériale
,, si circonspecte. C'est que le rapport du
,, Chancelier de Lignitz établissoit un peu
,, trop fortement les Droits de la Maison
,, de Brandebourg sur la Succession de Li-
,, gnitz & des Principautés qui en dépendent.
,, D'ailleurs il découvroit plusieurs particu-
,, larités qui étoient favorables à ladite Mai-
,, son, & dont elle n'avoit pu être parfaite-
,, ment instruite, vu la longueur du tems é-
,, coulé depuis le Traité de Confraternité.

X X.

X X.

„ La Cour Impériale pouvoit d'autant
„ moins douter des Droits de l'Electeur de
„ Brandebourg à la Succeſſion de Lignitz,
„ qu'elle en étoit inſtruite par un de ſes
„ propres Miniſtres, ſavoir par le Chance-
„ lier de Roth: auſſi travailla-t-on pendant
„ les années 1685. & 1686. à un Accommo-
„ dement; & la Cour Impériale, qui en a-
„ voit facilité les moyens, conſentit enfin à
„ remettre de certains Etats à l'Electeur de
„ Brandebourg.

Voilà en abrégé l'Hiſtoire des prétentions du Roi de Pruſſe. La Déduction que je viens de rapporter, contient un troiſiéme Chapitre preſqu'auſſi long que les deux précédens. Je dirai en peu de mots ce qu'il renferme d'eſſentiel. Il faut remarquer d'abord que l'Electeur Frédéric-Guillaume, ſurnommé *le Grand*, déſeſpérant de pouvoir obtenir de l'Empereur Léopold la reſtitution des Duchés en queſtion, prit le parti de s'accommoder, & il le fit aſſez avantageuſement, puiſque l'Empereur lui céda le Cercle de *Schwibus*; mais ce Monarque eut ſoin d'engager le Prince Electoral, depuis premier Roi de Pruſſe, à ſigner un Acte ſecret, par lequel il promettoit de reſtituer ce Cercle de *Schwibus* auſſitôt qu'il ſeroit parvenu à la Régence, ce qu'il fit auſſi en 1695. moyenant une ſomme d'argent. C'eſt ſur cela que roule ce troiſiéme Chapitre de la Déduction. L'Auteur s'efforce de démontrer la nullité du premier Traité.

c'eſt

c'eſt celui de 1686. & de la renonciation de
l'Electeur Frédéric - Guillaume. Il allégue
pour raiſon principale les Conventions de Famille paſſées dans la Maiſon de Brandebourg,
en vertu deſquelles, *Il n'eſt permis à aucun*
Electeur ou Margrave de Brandebourg, ayant
des Etats en propre, d'aliéner pour toujours
lesdits Etats, leurs Sujets, ni même les nou-
velles Acquiſitions qu'ils pourroient avoir faites;
& en cas de contravention l'Electeur ou le
Prince ſon Succeſſeur eſt en droit de revendi-
quer ce qui a été ainſi aliéné, & de s'en remet-
tre en poſſeſſion.

De-là il paſſe à l'engagement où le Prince Electoral étoit entré ſecrettement de reſtituer le Cercle de *Schwibus*, & à la renonciation de ce Prince devenu Electeur
ſous le nom de Frédéric III. Il fait voir
que cet engagement eſt obreptice, c'eſt-à-
dire, qu'il a été arraché par fineſſe & par
menaces à un jeune Prince qui ignoroit les
Droits de ſa Maiſon : d'où il conclut qu'il eſt
nul & ſans effet. Il prétend que ce Prince
devenu Electeur ne renonçoit point à ſes
Droits, en reſtituant ce que l'Empereur avoit
cédé à Frédéric - Guillaume, & que la Cour
Impériale n'oſa même lui propoſer cette renonciation, de peur de le pouſſer à bout.
Il rapporte la réponſe qu'il fit à ſes Miniſtres, qui s'étonnoient qu'il eût pu ſe
réſoudre à reſtituer le Pays de *Schwibus*.
J'ai donné ma parole, dit- il, *& je veux la*
tenir. Je laiſſe à mes Deſcendans de faire va-
loir mes Droits ſur la Siléſie, puiſque dans les
circonſtances où je me trouve je ne puis le

faire

faire moi-même. Tant que les tems ne sont pas favorables, il faut s'armer de patience. Mais s'il plaît quelque jour à la Providence de mettre les affaires sur un autre pied, mes Descendans en profiteront, & sauront bien prendre le parti qui leur conviendra le mieux.

Il ajoûte à tout cela une derniére confidération, à laquelle il croit que la Cour de Vienne doit faire attention. C'eft que les Principautés en queftion étant des Fiefs masculins, qui ne fauroient tomber en quenouille, comme l'ont reconnu les Rois de Bohême de la Maifon d'Autriche, ils ne fauroient plus être poffédés par cette Maifon, dont la Ligne Mafculine vient de s'éteindre.

Cette Déduction fut réfutée par un Ecrit que la Cour de Vienne publia fous le titre de *Contre-Information*, &c. Après un affez long préambule rempli de plaintes contre le Roi de Pruffe, l'Auteur répond à la Déduction, Article par Article. Il fuit le plan de fon Adverfaire, & divife fon Ouvrage en Chapitres & en Paragraphes. Dans le premier Chapitre, il accufe l'Auteur Pruffien d'avoir tronqué les paffages des Piéces qu'il cite, & d'avoir fupprimé des circonftances qui changent entiérement l'état de la queftion.

Il employe bien du papier à prouver que la Principauté de Jaegerdorff eft un Fief mafculin, ce qui me paroît fort inutile, attendu que c'eft l'opinion de l'Auteur Brandebourgeois, & que d'ailleurs la chofe parle d'elle-même. Il établit pour principe que tout Fief mafculin, au défaut de Defcendans mâles, revient au Seigneur Suzerain dont il
re-

reléve : c'eſt ce que perſonne, je penſe, ne
s'aviſera de lui diſputer. Il prouve que la permiſſion donnée au Duc de Jaegerdorff par le
Roi de Bohême, de diſpoſer de ce Duché
comme d'un Fief héréditaire, ne s'entend que
de ſes Enfans, ou autres Deſcendans de l'Acquérant en Ligne directe : d'où il conclut que
cela ne regarde que la Branche Franconique
de Brandebourg, & non point celle de la Marche, qui eſt celle des Electeurs aujourd'hui
Rois de Pruſſe. ,, Le Margrave George-Fré-
,, déric, dit-il, ſe trouvant ſans eſpoir de
,, Poſtérité mâle, & reconnoiſſant que ſans
,, le conſentement du Seigneur Suzerain il
,, ne pouvoit diſpoſer ſelon ſon bon - plaiſir
,, de la Principauté de Jaegerdorff, & que
,, ſelon les Loix Féodales ſes Couſins de la
,, Branche de la Marche n'y étoient pas ap-
,, pellés, parce qu'ils ne deſcendoient pas du
,, premier Acquérant, & n'avoient jamais
,, été compris dans les Inveſtitures, il dé-
,, manda ſouvent à l'Empereur & Roi Rudol-
,, phe la permiſſion d'en diſpoſer librement
,, par Teſtament ou autrement. Mais com-
,, me d'un côté le Roi Louis n'avoit accor-
,, dé au Margrave George la faculté d'acqué-
,, rir cette Principauté, uniquement que pour
,, ſa perſonne, celle de ſon Frére & leurs
,, Deſcendans, & qu'en conſéquence la Con-
,, ceſſion étoit reſtrainte à cette Branche de
,, Franconie, & que de l'autre côté on étoit à
,, la veille de l'ouverture du Fief, le Margrave
,, George-Frédéric n'ayant point de Deſcen-
,, dans mâles, la Conſtitution du Royaume,
,, en vertu de laquelle chaque Roi eſt obligé
,, de

,, de réunir à la Couronne les Fiefs ouverts,
,, ne permit pas qu'on accordât au Margave
,, fa demande.

,, Le refus conftant que fit le Roi de Bo-
,, hême d'accorder au Margrave George-Fré-
,, déric la faculté de difpofer de la Principau-
,, té de Jaegerdorff, n'empêcha pas celui-ci
,, de traiter avec le Margrave Joachim-Fré-
,, déric, de la Branche de la Marche, Ad-
,, miniftrateur de Magdebourg, qui fut en-
,, fuite Electeur, & de lui céder même en
,, 1595. la Principauté de Jaegerdorff à titre
,, de Donation à caufe de mort. Mais il
,, n'eft perfonne fi peu équitable, qui ne
,, reconnoiffe que le Margrave George-Fré-
,, déric étoit inhabile par toutes les Loix
,, Féodales à faire une pareille ceffion, &.
,, qu'en conféquence il ne pouvoit porter
,, le moindre préjudice au Droit qu'avoient
,, de recueillir ce Fief le Roi & la Cou-
,, ronne de Bohême ; de-même qu'il eft
,, manifefte qu'une autre Branche éloignée
,, dans le quatorziéme degré, & qui n'a-
,, voit jamais été comprife dans les In-
,, veftitures, ce qui eft pourtant abfolu-
,, ment néceffaire felon les Coutumes Féo-
,, dales de Siléfie, pouvoit encore moins
,, avoir aucun Droit à ce Fief comme lui
,, étant dévolu.

De-là il conclut que la poffeffion que la
Maifon Electorale de Brandebourg a eue de
cette Principauté, a été illégale & deftituée
de l'autorité néceffaire. Or c'eft de cette poffeffion que l'Auteur Brandebourgeois prétend
que les Rois de Pruffe ont acquis un Droit lé-

giti-

gitime de Succeſſion ſur lé Pays en queſtion, en forme de *Fideïcommis*.

„ Si cependant, ajoûte l'Ecrivain Autri-
„ chien contre toute attente, on ne vouloit
„ pas encore ſe rendre à des preuves ſi évi-
„ dentes, il ſeroit très-aiſé de convaincre le
„ Public par le commerce de Lettres qu'on
„ a eu avec la Maiſon de Brandebourg, leſ-
„ quelles ſubſiſtent encore, ainſi que les Ré-
„ ponſes qui ont été données, tant aux Mi-
„ niſtres de cette Maiſon, à l'occaſion des
„ diverſes ſollicitations qu'elle a faites pour
„ obtenir la confirmation de la poſſeſſion de
„ Jaegerdorff, qu'aux interceſſions que le
„ Collége Electoral & le Cercle de la Baſſe-
„ Saxe ont faites au même ſujet ; que l'Elec-
„ teur Joachim-Frédéric, & le Margrave
„ Jean-George ſon Fils, n'ont jamais été
„ reconnus pour Poſſeſſeurs légitimes de la
„ Principauté de Jaegerdorff, mais qu'au-con-
„ traire on les a toujours regardés comme
„ des Détenteurs injuſtes ; deſorte que la
„ Maiſon Electorale de Brandebourg a été
„ obligée à la fin d'en convenir elle-même,
„ & d'avoir recours à la voye de grace. : :
„ . : . : . : . : . : . : . : . : . : . :
„ Tel étant le véritable état de cette af-
„ faire, il s'enſuit 1. que la Principauté de
„ Jaegerdorff n'a jamais été poſſédée comme
„ un Aleu, mais toujours comme un véri-
„ table Fief. 2. Que le Roi de Bohême a
„ reſtreint ce Fief à la Branche Franconique,
„ & que le Margrave George-Frédéric, der-
„ nier Poſſeſſeur, a ſouvent ſollicité la facul-

,, té d'en pouvoir difpofer, mais ne l'a ja-
,, mais obtenue. 3. Que fans ce confente-
,, ment, il n'a jamais pu en difpofer valide-
,, ment en faveur d'une Branche qui n'avoit
,, jamais été comprife dans l'Inveftiture.
,, 4. Que ce Fief n'a jamais pu écheoir à la
,, Maifon Electorale de Brandebourg dans
,, la perfonne de l'Electeur Joachim-Frédé-
,, ric comme un Fief & Fideïcommis de Fa-
,, mille, tant pour les raifons fusdites, que
,, 5. parce qu'on s'eft toujours oppofé, tant
,, à fa prife de poffeffion qu'à l'immiffion de
,, fon Fils Jean-George; qu'on en a toujours
,, refufé la confirmation & l'inveftiture, &
,, qu'on a toujours reclamé le Fief & les
,, Fruits perçus. 6. Enfin qu'on l'a retrait,
,, moins pour caufe du crime de félonie,
,, qu'à caufe de l'extinction de la Branche
,, Franconique, qui en avoit été feule in-
,, veftie.

,, Ces conféquences étant fures, on n'hé-
,, fite point de s'en rapporter par rapport
,, au mérite & à la valeur des prétentions
,, de la Maifon de Brandebourg fur la Prin-
,, cipauté de Jaegerdorff, à la décifion de
,, tout le monde équitable, fans différence
,, de Religion, Catholiques ou Proteftans.
C'eft à-peu-près tout ce que ce Chapitre contient de plus important. Paffons au
fecond, où l'on répond aux raifons alléguées
par l'Auteur Pruffien pour prouver les Prétentions de la Maifon de Brandebourg fur les
Duchés de Lignitz, de Brieg & de Wohlau.
L'Ecrivain Autrichien convient avec l'Au-

teur Brandebourgeois, que ces Païs ont été offerts au Roi & à la Couronne de Bohême par les Ducs de Lignitz de la Maison des Piastes comme des Fiefs libres & héréditaires; mais il nie qu'on puisse conclure de-là qu'ils sont aliénables: premiérement, parce qu'un tel Fief n'est pas distingué d'un *Fief propre*; en second lieu, parce qu'en 1362. le Duc Wencellas à renoncé à la prétention d'aliéner; & en troisiéme lieu, parce que les Ducs suivans ont prêté leur hommage & leur serment de fidélité au Roi & à la Couronne de Bohême, comme à leur Seigneur féodal naturel, ordinaire & héréditaire. Desorte qu'après l'extinction de ces Ducs de Lignitz de la Famille des Piastes, ces Duchés ont dû échéoir au Seigneur Suzerain.

On tombe d'accord que le Roi Ladislas, & après lui son Fils le Roi Louis, ont concédé en 1511 & 1524, au Duc Frédéric, le Droit d'aproprier à l'article de sa mort, ou par maniére de Testament, & de donner à qui bon lui sembleroit ses Villes, ses Sujets & tous ces Pays. Mais on soutient que cette concession est nulle: premiérement, par les raisons ci-dessus alléguées; & secondement, parce que Charles IV. *avoit déjà saintement statué plusieurs années auparavant dans une* Constitution particuliére de l'année 1335, après que le Duché de Silésie eût été incorporé à la Couronne de Bohême, *que ce Duché resteroit indivisiblement incorporé au Royaume de Bohême.* „ Et comme nonobstant ce- „ là, poursuit l'Auteur, le Duc Frédéric de

„ Lig-

„ Lignitz & de Brieg, & ſes deux Fils ont
„ conclu avec l'Electeur Joachim de Bran-
„ debourg en 1537, cette prétendue Con-
„ fraternité héréditaire, alléguée par l'Au-
„ teur Brandebourgeois ; & qu'ils ſe ſont
„ engagés réciproquement, que, lorsque
„ les Ducs viendroient à mourir ſans laiſſer
„ de Poſtérité mâle, leurs Païs & leurs Su-
„ jets reviendroient à l'Electeur; & en re-
„ vanche, ſi l'Electeur & ſes Héritiers mâ-
„ les venoient à manquer, les Fiefs de Bran-
„ debourg qui relévent de la Couronne de
„ Bohême, comme *Croſſen*, *Zullickau*, *Som-*
„ *merfeld*, *Cotibuſch*, *Peitz*, &c. revien-
„ droient tout de-même au Duc Frédéric de
„ Lignitz & à ſes Héritiers; & que par-là
„ le droit de reverſion, ſi ſolemnellement
„ conditionné pour le Roi & la Couronne
„ de Bohême, a été interrompu une fois
„ pour toutes.

„ C'eſt pourquoi les Etats du Royaume
„ de Bohême ont eu des raiſons bien fondées
„ de porter là-deſſus leurs plaintes contre le
„ Duc Frédéric & contre ſes Fils à l'Empe-
„ reur Ferdinand I.; & cet Empereur très-
„ juſte, après avoir correſpondu ſur ce ſujet
„ avec le Duc Frédéric par quatre Ecrits,
„ & fait des réflexions ſuffiſantes ſur cette
„ affaire, n'a pu faire autrement que d'ad-
„ miniſtrer la Juſtice, & de déclarer en mê-
„ me tems nul & invalide, avec pleine con-
„ noiſſance de cauſe dans ſa Sentence défini-
„ tive alléguée par le ſusdit Auteur, le Traité
„ de Confraternité héréditaire fait au préjudice

„ dice du Roi & de la Couronne de Bohême.
„ Enfin les Ducs Siléſiens de Lignitz, ajoû-
„ te l'Ecrivain de la Cour de Vienne, qui
„ ont conclu cette Confraternité héréditaire
„ avec l'Electeur Joachim de Brandebourg,
„ ont reconnu auſſitôt eux-mêmes l'inſuffi-
„ ſance de ce Traité; c'eſt pourquoi non
„ ſeulement ils ſe ſont ſoumis à la Sentence
„ de Ferdinand I. ont révoqué cette Confra-
„ ternité héréditaire, ne ſe ſont plus appel-
„ lés Fréres avec les Electeurs, mais ils ont
„ promis réitérativement, en conformité de
„ la premiére oblation du Fief, *Que lorſqu'ils*
„ *viendroient à mourir ſans laiſſer d'Héritiers*
„ *légitimes mâles, leurs Principautés, leurs Païs*
„ *& leurs Sujets ſeroient échus au Roi & à la*
„ *Couronne de Bohême, & qu'il ne ſeroit don-*
„ *né à leurs Filles qu'une certaine ſomme en*
„ *argent & en meubles.*
„ Et pour cet effet les deux Fréres, les
„ Ducs Frédéric & George, ſe ſont encore
„ engagés particuliérement par leurs Rever-
„ ſales à ne plus obliger leurs Sujets à faire
„ le ſerment ſur cette Confraternité hérédi-
„ taire; mais au-lieu de cela, de leur faire
„ rendre foi & hommage à Sa Majeſté le
„ Roi; ce qui a auſſi été effectivement exé-
„ cuté, & les Sujets ont été enſuite déga-
„ gés des précédens devoirs & obligations
„ qu'ils avoient prêtés aux Electeurs de
„ Brandebourg.
„ Le Duc Frédéric, Fils du précédent Fré-
„ déric, a donné de-même en 1596 ſes Re-
„ verſales, qui contiennent les mêmes expreſ-
„ ſions obligatoires, dans leſquelles il a re-

E 3 „ con-

,, connu la Confraternité pour nulle & d'aucu-
,, ne valeur, & a adopté la Sentence définitive
,, de l'Empereur & Roi Ferdinand I. & enfin il
,, s'est engagé de faire rendre les Documens
,, qu'il avoit remis entre les mains de la Mai-
,, son Electorale de Brandebourg.

De-là il tire des conséquences que chacun peut facilement deviner, & c'est par-là que finit ce second Chapitre. Le troisiéme contient diverses Anecdotes sur des affaires qui étant plus proches de notre tems que les précédentes, le rendent plus intéressant. L'Auteur tâche d'abord de répondre aux conséquences que l'Ecrivain Brandebourgeois semble tirer des Transactions passées entre l'Empereur Léopold & l'Electeur Frédéric-Guillaume de Brandebourg. Il dit que ce Prince, après avoir laissé écouler huit ans, sans parler de ses prétentions, prit le moment favorable que les Turcs ayant eu divers avantages en Hongrie avoient pénétré dans l'Autriche, & pressa l'Empereur de lui restituer les Païs en question. Sa Majesté Impériale obligée dans ce tems de ménager les Princes de l'Empire, & particuliérement ceux qui étoient les plus puissans, promit à l'Electeur de faire examiner ses droits, & lui tint parole, ayant chargé le Seigneur de Roth de cette commission; mais les informations de ce Chancelier n'ayant pas été favorables à l'Electeur, la Cour Impériale refusa de le satisfaire. Enfin la France ayant attaqué sur ces entrefaites l'Empereur, Frédéric-Guillaume renouvella ses prétentions avec plus de force qu'auparavant. Sur quoi l'Empereur, touché des maux où l'Empire seroit exposé par la mes-

in-

intelligence des deux Cours, voulut bien entrer en négociation , quoiqu'il fût , auffi
bien que fon Miniftére, *que cela étoit diamé-*
tralement oppofé aux Droits & aux Priviléges
du Royaume de Bohême. „ Le Prince Electo-
„ ral , dit notre Auteur , depuis premier
„ Roi de Pruffe , qui dans ce tems - là avoit
„ atteint fa vingt & neuviéme année, con-
„ fidéra, en Prince prudent , d'un côté l'im-
„ portance de cette négociation & la profpéri-
„ té de tout le St. Empire, qui y étoit intéref-
„ fé ; mais d'autre côté il étoit fuffifamment in-
„ formé de l'infuffifance des prétentions de
„ fa Maifon Electorale ; & pour ne pas voir
„ aller en fumée une négociation auffi falu-
„ taire pour tout l'Empire Romain, il fe mit
„ à la brèche. Il délibéra fur cette affaire avec
„ quelques-uns de fes plus confidens, & con-
„ fulta particuliérement l'un de fes plus pro-
„ ches Parens, le Prince Jean George d'An-
„ halt ; & reconnoiffant mieux que perfonne
„ la dureté de l'Electeur fon Pére , & les
„ deffeins dangereux du Miniftére de Bran-
„ debourg, il fit prier & conjurer même le
„ Baron de Freytag, Ambaffadeur de l'Em-
„ pereur à la Cour de Berlin (ce font les pro-
„ pres termes du Baron de Freytag, dans les
„ relations qu'il a envoyées à ce fujet à la
„ Cour Impériale) de vouloir bien rompre la
„ glace, & de remontrer avec efficace à l'E-
„ lecteur fon Pére le danger évident dont la
„ Maifon Electorale de Brandebourg & tou-
„ te fa Poftérité étoit menacée ; & d'autre
„ côté de difpofer l'Empereur de céder à

E 4

„ fon

,, fon Pére, fa vie durant, le Cercle de Schwie-
,, bus, promettant (c'eſt-à-dire le Prince Elec-
,, toral) en grand fecret au même Miniſtre de
,, l'Empereur, de reſtituer après le décès de
,, fon Péré le Diſtrict qu'il plaîroit à Sa Ma-
,, jeſté Impériale de céder à l'Electeur. Ce
,, Prince ſigna auſſi des Lettres reverſales très-
,, folemnelles en date du 28 Février 1686 ; par
,, conféquent quelques mois avant l'accom-
,, pliſſement du Traité d'indemniſation, dans
,, lefquelles Lettres il reconnoît & déclare
,, lui-même que c'étoit en particulier *à ſa prié-*
,, *re & à ſon inſtante requiſition* que Sa Majeſté
,, Impériale avoit bien voulu céder à l'Electeur
,, fon Pére le Cercle de Schwiebus ; & que
,, pour cette raiſon il s'engageoit & promet-
,, toit, & donnoit en même tems à Sa Ma-
,, jeſté Impériale un entier pouvoir de fe re-
,, mettre en poſſeſſion dudit Cercle, immé-
,, diatement après la mort de l'Electeur fon
,, Pére, & de le réunir à fes Domaines, fans
,, aucune oppoſition ultérieure de lui Prin-
,, ce Electoral ; à condition néanmoins qu'on
,, lui céderoit, au-lieu de ce Cercle, les
,, Seigneuries de *Schwartzemberg*, de *Neu-*
,, *ſtadt*, de *Gimborn*, ou à leur place dix
,, mille écus en eſpéce & argent comptant.
,, Le Prince Electoral finit fes Lettres rever-
,, fales, en aſſurant qu'au furplus la renoncia-
,, tion abſolue à toutes les prétentions que
,, fon Pére avoit formées, mais que NB. Sa
,, Majeſté Impériale n'avoit point avouées ni
,, reconnues, continueroit de fubſiſter, &
,, conſerveroit toute fa force.

,, L'Em·

,, L'Empereur Léopold, continue-t-il,
,, plutôt ému par les inſtantes priéres du
,, Prince Electoral, & par les Lettres rever-
,, ſales qu'il lui avoit librement données, pré-
,, féra enfin le Bien public à ſes propres in-
,, térêts, & céda à l'Electeur dans l'Inſtru-
,, ment de leur accommodement, qui ne fut
,, expédié que quelques mois après, 1. le
,, Cercle de Schwiebus, & 2. les prétentions
,, des Princes de Lichtenſtein ſur l'Ooſtfriſe.

,, L'Electeur de ſon côté renonça de la ma-
,, niére la plus efficace, tant pour alors que
,, pour le tems à venir, non ſeulement pour
,, ſoi-même, mais auſſi pour tous ſes Succes-
,, ſeurs, Héritiers, & pour toute ſa Poſtérité,
,, à ſes prétendus droits ſur Jaegerdorff, Li-
,, gnitz, Brieg, Wohlau, Oderberg & Beu-
,, then, & il caſſa & déclara nuls & de nulle
,, valeur les Documens qu'il avoit entre les
,, mains ſur ce ſujet, & les délivra au Baron
,, de Freytag Miniſtre de l'Empereur, étant
,, expreſſément expliqué & inſéré dans cet
,, Inſtrument: *Que Son Alteſſe Séréniſſime Ele-*
,, *torale, ſes Héritiers, Succeſſeurs & Deſcen-*
,, *dans, ne pourroient, ni ne voudroient plus*
,, *former aucunes prétentions ultérieures, ſous*
,, *quelque prétexte qu'elles puſſent être inven-*
,, *tées de-nouveau, ni à Sa Majeſté Impériale*
,, *& à ſes Succeſſeurs les Rois de Bohéme, & les*
,, *Ducs ſuprémes & directs de Siléſie, non plus*
,, *qu'aux Succeſſeurs préſens & futurs de la Prin-*
,, *cipauté de Jagerdorff, & au ſujet des trois*
,, *ſusdites Principautés de Brieg, de Lignitz, &*
,, *de Wohlau, &c.*

E 5

,, Lors-

,, Lorsqu'ensuite l'Electeur Frédéric-Guil-
,, laume mourut en 1688, & que son Fils
,, Frédéric lui succéda & prit les rênes de la
,, Régence, & que par-là le tems étoit venu
,, de réunir le Cercle de Schwiebus au Du-
,, ché de Silésie, Sa Majesté Impériale se
,, trouva entiérement en droit de se remet-
,, tre *ipso facto* en possession de ce Cercle ;
,, mais elle aima mieux, par une estime par-
,, ticuliére pour la Maison Electorale de Bran-
,, debourg, le faire reclamer à Berlin par son
,, Ministre qui y résidoit. Mais le Ministére
,, Electoral de Berlin, par plusieurs vues par-
,, ticuliéres, retarda cette rétrocession jusqu'à
,, l'année 1694, tantôt sous un prétexte, tan-
,, tôt sous un autre. Ce Ministére osa même
,, entreprendre en 1693, de faire faire quel-
,, que mention à Vienne, par le Ministre de
,, la Maison Electorale qui y résidoit, que le
,, Prince Electoral, alors Electeur, avoit été
,, induit à donner les susdites Lettres rever-
,, sales, & osa faire proposer à cette occasion
,, différentes nouvelles conditions : mais,
,, comme le Ministére de Sa Majesté Impé-
,, riale y répondit dans le mois de Juin de
,, la même année 1693, que Son Altesse Sé-
,, rénissime Electorale n'auroit pas sans-doute
,, oublié, qu'étant encore Prince Electoral,
,, & ayant vu que Sa Majesté Impériale ne
,, vouloit pas consentir à aliéner ce Cercle de
,, Schwiebus, n'avoit pas seulement offert de
,, son propre mouvement ces Lettres rever-
,, sales pour faciliter la conclusion du Traité
,, d'Alliance, mais qui même étant ensuite

,, par-

„ parvenu à la Régence , il avoit confirmé
„ tout ce qu'il avoit contracté auparavant
„ comme Prince Electoral , & qu'il s'étoit
„ souvent obligé à la restitution de ce Cercle ;
„ ensorte qu'il n'avoit pas été besoin d'avoir
„ recours à la voye d'induction , d'autant que
„ Sa Majesté Impériale avoit très-intelligible-
„ ment remontré au feu Electeur de Brande-
„ bourg , comme déjà auparavant l'Empereur
„ Ferdinand II. l'avoit déclaré à la face de tout
„ l'Empire , qu'il ne connoissoit en aucune
„ maniére les prétendus Droits de la Maison
„ Electorale de Brandebourg sur les Princi-
„ pautés , les Seigneuries & Pays de Silésie.
„ Qu'en conséquence l'Electeur étoit indispen-
„ sablement obligé à la restitution de ce Cercle
„ par sa négociation particulière , & par les
„ Lettres reversales signées de sa propre main.
„   On se rendit enfin à la raison du côté de
„ la Maison Electorale de Brandebourg , & a-
„ près une courte négociation & quelques
„ conférences des Ministres respectifs sur les
„ nouvelles conditions , il fut conclu le 10 de
„ Décembre 1694. une nouvelle Convention,
„ en vertu de laquelle le Cercle de Schwie-
„ bus (à la retrocession duquel Son Altesse
„ Electorale s'étoit engagée librement) devoit
„ être retrocédé. L'Empereur de son côté
„ accorda dans cette nouvelle Convention , à
„ la Maison Electorale de Brandebourg , non
„ seulement le Titre de *Duc de Prusse*,)sans
„ préjudice pourtant des Droits de l'Ordre
„ Teutonique) mais aussi la survivance de
„ l'Oostfrise (pour autant que cela dépendoit
                                        „ de

,, de la Cour Impériale) & outre cela un Sujet
,, Proteſtant fut reçu dans le Conſeil Aulique.
,, Enſuite dequôi, & après le payement de
,, 250000 florins, la retroceſſion du Cercle de
,, Schwiebus s'exécuta réellement le 10 Jan-
,, vier 1695, & on rendit les Lettres d'Inves-
,, titure qui avoient été données, avec tous
,, les Documens de ce Cercle qui avoient été
,, remis à la Maiſon Electorale de Brande-
,, bourg dans le tems de la ceſſion. Enfin le
,, tout fut ratifié librement, & l'Electeur
,, exécuta ſans contrainte ce qu'il avoit très-
,, préméditément promis comme Prince Elec-
,, toral par ſes Lettres reverſales. Depuis ce
,, tems-là, & pendant cinquante ans il n'a
,, été fait aucune Proteſtation contre cette re-
,, troceſſion, ni par cet Electeur, ni par ſon
,, Succeſſeur le dernier Roi, qui pourtant n'é-
,, toit pas accoutumé à laiſſer moiſir ſes pré-
,, tentions.
,, L'Empereur Léopold de ſon côté ne
,, manqua pas d'exécuter le plus exactement
,, qu'il étoit poſſible les conditions ſtipulées,
,, dont il revint des avantages ineſtimables à
,, la Maiſon Electorale de Brandebourg, puiſ-
,, que la conceſſion du Titre de Duc de
,, Pruſſe lui applanit le chemin à la Dignité
,, Royale. Ce même Electeur conclut le 16
,, Novembre 1700, avec Sa Majeſté Impériale
,, le Traité formel, intitulé *Cronen-Tractat*,
,, au ſujet de la Dignité Royale qu'il obtint;
,, & dans ce Traité il a approuvé & ratifié de-
,, nouveau tout ce qui avoit été ſtipulé
,, dans l'Alliance conclue en 1686, dans tous
,, ſes

„ ſes Points, Clauſes & Articles, & par conſé-
„ quent auſſi la renonciation ſolemnelle de la
„ Maiſon Electorale, tant pour l'Electeur lui-
„ même, que pour ſes Deſcendans & Succeſ-
„ ſeurs, à tous les prétendus Droits ſur quel-
„ ques Principautés de Siléſie.

„ Si donc l'Auguſte Maiſon d'Autriche a
„ mérité par tout ce qu'on a rapporté ci-deſſus,
„ l'odieuſe imputation de ſupercherie, & ſi
„ pour ſa récompenſe elle a dû s'attendre à
„ la préſente invaſion en Siléſie; enfin ſi cette
„ maniére extraordinaire d'agir ne renverſe
„ pas les Traités les plus ſolemnels, & par con-
„ ſéquent briſe tout ce qui doit ſerrer les liens
„ de la Société Humaine, c'eſt ce qu'on laiſſe
„ à décider aux autres Puiſſances & Etats qui
„ ſont également intéreſſés au maintien & à
„ la ſureté des Traités & des Alliances qu'el-
„ les ont concluës avec d'autres Potentats
„ pour leur intérêt & pour leur ſureté.

Le quinziéme Paragraphe eſt employé à réfuter l'Argument que l'Auteur Brandebourgeois
prétend tirer de la nature des Fiefs en question, qui étant maſculins, ne ſauroient être
poſſédés par la Maiſon d'Autriche, dont la Ligne Maſculine vient de s'éteindre. On lui
répond que ces Fiefs ont été incorporés au
Royaume de Bohême héréditairement & indi-
viſiblement, & que c'eſt en qualité de Reine
de Bohême que l'Héritiére de la Maiſon d'Autriche doit les poſſéder néceſſairement.

Ces Ecrits furent ſuivis de pluſieurs autres
ſur le même ſujet. Mais la guerre de plume
n'eſt pas celle qui intéreſſe le plus. Toute
l'Eu-

l'Europe étoit attentive à ce qui se passoit en Silésie, & l'on craignoit avec raison que le feu allumé dans cette partie de l'Allemagne, ne se répandît dans tous les coins de la Chrétienté, & n'embrasât les Etats voisins. Mais avant que de reprendre le fil des Expéditions Militaires, je me crois obligé d'entrer dans quelque détail par rapport à un démêlé qui fit alors beaucoup de bruit. Je veux parler de la suspension de la Voix Electorale de Bohême. C'est ce que je tâcherai de developper dans le Livre suivant.

HISTOIRE

DE LA

DERNIERE GUERRE

DE BOHEME.

LIVRE SECOND.

ARGUMENT.

Description succincte de la Bohême. Abrégé Historique de ce Royaume. Différend au sujet de la Voix Electorale. Elle est suspendue. Protestations à ce sujet.

AVANT que d'entamer ce sujet, je crois qu'il est nécessaire de faire connoître le Royaume de Bohême, & de montrer en peu de mots de quelle maniére ce beau Pays est tombé aux Princes de la Maison d'Autriche & est passé à leurs Héritiers. Ceux qui ne cherchent qu'à s'amuser, & qui veulent qu'on leur ménage continuellement des surprises, blâmeront peut-être cette digression : mais ceux qui veulent qu'on les instruise en les amusant, me sauront bon gré de la peine que je vai prendre de les mettre au fait d'un Pays qu'ils n'ont vû que sur la Carte, & dont l'Histoire est renfermée dans de vieilles Chroniniques, qu'ils n'ont ni le loifir, ni l'occafion, ni la patience de lire. Au-refte ce que je vai dire, ne regarde que la Bohême en elle-même, & non les Pays qui lui ont été incorporés, tels que la Siléfie & la Moravie. J'ai déjà parlé du premier, je parlerai de ce dernier en fon lieu.

La Bohême eft fituée entre le 34. & 38. degré de Longitude, & le 48. & 51. de Latitude. Elle a l'Autriche & la Baviére au Midi, la Siléfie & la Luface au Nord. A l'Orient la Moravie & une partie de la Siléfie, & à l'Occident la Mifnie & le Haut-Palatinat. Ses principaux Fleuves font l'Elbe & la Moldau. Toutes les Riviéres qui l'arrofent, excepté l'Egre, prennent leurs fources dans le Pays même, ce qui a fait croire à quelques Géographes que la Bohême étoit le Pays de l'Europe le plus élevé. Tout le Royaume eft divifé en douze Cercles ou petites Provinces. Les principaux font ceux de Pilfen, de Rackonitz, de Satz, de Czaslau, de Bunzlau, de Chrudim.

La Bohême a dans fa longueur du Midi au Nord cinquante lieues Françoifes, & foixante-trois dans fa largeur du Levant au Couchant. Le climat y eft affez fain, & le terroir affez fertile. Mais la plus grande richeffe du Pays vient des Mines, qui font tout ce qu'on peut voir de plus beau. Il y en a de Fer, d'Etain, d'Argent, & même d'Or. On trouve en Bohême plufieurs fortes de Pierreries. Les Topazes y font très-communes, & on y trouve des Diamans qui quelquefois ne le cédent guére

re

re à ceux d'Orient. La Nature femble avoir
pourvu elle-même à la défenfe de ce Royaume par un cercle de Montagnes dont il eft
environné, qui forment un rempart plus formi-
dable que tout ce que l'Art peut inventer. Ces
Montagnes font fort hautes & efcarpées du
côté de la Baviére & du Vogtland, au-lieu
qu'elles le font peu du côté de la Moravie.
Les premiéres font partie de ce que les Anciens
appelloient *Forêt d'Hercynie.* Celles qui font
vers la Siléfie font nommées les *Montagnes des
Géans.* Je ferai voir en fon lieu, que vu la nature
du Pays & certaines circonftances, il étoit impoffible que Mr. de Maillebois pénétrât jufqu'à Prague, & je le juftifierai amplement des
pitoyables raifonnemens des Gazetiers.

La Bohême n'a commencé à connoître le
Chriftianifme que vers le IX. Siécle. Ses
Souverains ne prenoient encore que le Titre
de *Princes* ou de *Ducs.* Borziwog, qui régnoit
alors, eft le premier Bohême qui ait embraffé
le Chriftianifme. On rapporte un plaifant motif de fa converfion. On dit qu'étant allé voir
le Roi de Moravie, celui-ci donna un grand
feftin à plufieurs Seigneurs de fa Cour, qui
eurent l'honneur de manger avec lui à table,
pendant que les mêts deftinés au Duc de Bohême furent fervis à terre. Le Duc ne manqua
pas de s'en offenfer, & en ayant demandé la raifon, le Roi de Moravie lui répondit que c'é-
toit parce qu'il étoit Payen, mais que s'il vouloit embraffer la Religion Chrétienne il l'ad-
mettroit auffitôt à fa table. Cet argument
fit un effet admirable, & Borziwog fe fit bap-
tifer. A fon retour il trouva fes Peuples fort

mécontens de fa conduite. Ils pouſſérent leur mécontentement juſqu'à le dépoſſéder & à le chaſſer, & mirent un Seigneur Bavarois. C'a été un Privilége que les Bohêmes ont conſervé longtems, de dépouiller leurs Souverains & d'en élire d'autres. Celui qui remplaça Borziwog, ne fut pas plus heureux qu'il l'avoit été. Soupçonné à ſon tour d'être Chrétien, les Bohêmes lui donnérent cent marcs d'argent, & le priérent de s'en retourner. Ils voulurent alors rétablir ſon Prédéceſſeur; mais celui-ci, moins ſenſible aux appas de la Souveraineté qu'aux douceurs de la retraite qu'il avoit commencé de goûter, refuſa l'offre qu'on lui faiſoit, & ſe contenta de propoſer ſon Fils Wratiſlas, qui fut accepté. Celui-ci laiſſa un Fils nommé Wenceſlas en bas-âge, & ſa Mére fut déclarée Régente pendant ſa minorité. Cette Princeſſe étoit Payenne, par conſéquent grande Ennemie des Chrétiens; auſſi les perſécuta-t-elle à outrance. Elle fit abattre toutes les Egliſes que ſon Mari avoit bâties. Mais Wenceſlas ayant pris les rênes du Gouvernement, répara tout le mal qu'elle avoit fait. Sa piété ne fut pas récompenſée en ce Monde. Henri dit *l'Oiſeleur*, Empereur d'Allemagne, entra à main armée en Bohême, & obligea le Duc à lui payer un tribut annuel de cent bœufs & de cent cinquante marcs d'argent. Ce ne fut pas tout. Boleſlas Frére du Duc régnant, profitant du deſordre où l'Armée de l'Empereur avoit jetté la Bohême, propoſa une entrevue à Wenceſlas, ſous prétexte de délibérer ſur les moyens de ſe venger des Allemands; & l'ayant attiré dans une Egliſe, il

l'aſ-

l'affaſſina traîtreuſement, & ſe fit reconnoître Duc de Bohême. L'Egliſe a jugé à propos de mettre Wenceſlas au rang des Saints,
& elle en célébre l'Office.

Boleſlas *le Cruel*, ainſi appellé à cauſe du
parricide dont il s'étoit ſouillé, eut de gros
démêlés avec l'Empereur Otton, à cauſe du
tribut dont j'ai parlé; & après une longue
& ſanglante guerre, il fut obligé de ſe ſoumettre.

Il ne ſe paſſa rien de conſidérable en Bohême juſqù'au régne d'Ulric, qui chaſſa les
Polonois de la Moravie, & conquit cette
Province. Spitignée Petit-fils d'Ulric régna
ſix ans, & laiſſa un Fils nommé Wratiſlas,
qui lui ſuccéda, & fut le premier Duc de
Bohême qui prit le titre de *Roi*, en vertu
d'une Conceſſion de l'Empereur Henri IV.
Les Hiſtoriens Bohêmes prétendent que ce
fut lui qui fit perdre à la Moravie ſon titre
de Royaume, & le tranſporta à la Bohême,
la Moravie n'ayant plus été depuis qu'un
Marquiſat. Mais cela eſt conteſté par d'autres
Ecrivains: ce qu'il y a de certain, c'eſt que
les Succeſſeurs de Wratiſlas ne conſervérent
pas la Dignité Royale, ce qui prouve que
cette Dignité ne fut point attachée à la Bohême, mais au Duc: en effet Wratiſlas étant
mort, les Etats de Bohême élûrent Conrad
ſon Frére pour lui ſuccéder en qualité de Duc,
& non pas en qualité de Roi. Après ſa mort
Bretiſlas II. Fils de Wratiſlas, fut reconnu Duc
de Bohême. Borziwog II. lui ſuccéda, mais
il fut dépoſſédé par ſon Oncle Swatopluc, que
Boleſlas Roi de Pologne fit tüer en trahiſon
par un Eſpion. Quelques Seigneurs Bohêmes

F 2

s'és'étant rendus au Camp de l'Empereur après ce triste événement, le priérent de leur donner pour Duc Otton Frére du Défunt, ce qui leur fut accordé. Mais les Bohêmes jaloux de leurs Priviléges se moquérent de l'Election de l'Empereur, & s'étant assemblés ils demandérent & élûrent Uladislas. Celui-ci avoit un Frére aîné qui voulut faire valoir son droit de primogéniture, & somma Uladislas de lui céder la Souveraineté. Uladislas répondit que si la Bohême étoit un Etat héréditaire, il auroit raison d'y prétendre, mais qu'étant électif, c'étoit au Peuple à en disposer, ce qu'il avoit fait en sa faveur. Borziwog, c'est ainsi que s'appelloit ce Frére, ne fut pas content de cette réponse, & se prépara à soutenir ses prétentions par la force. Il eut pour cet effet recours au Roi de Pologne, qui lui promit du secours; mais Uladislas eut l'adresse de détourner cette tempête. Il avoit un autre Frére nommé Sobieslas, qui se mit aussi sur les rangs, & voulut lui disputer la Souveraineté. Celui-ci étoit appuyé par Otton Marquis de Moravie, & se flatoit aussi du secours des Polonois: mais enfin il s'accommoda. Uladislas régna jusqu'à sa mort, qui arriva en 1125. Son Frére Sobieslas lui succéda. Il fut d'abord traversé par Otton Marquis de Moravie, mais il trouva le moyen de s'en défaire. L'Empereur Lothaire, qui avoit pris le parti d'Otton, fut obligé de laisser Sobieslas en repos. Il resta donc paisible possesseur de la Bohême. Les Etats du Pays s'étant assemblés dans le Château de Wischerad, firent une Loi fameuse dans l'Histoire de Bohême, qui a été

de-

e puis enfreinte & entirément abolie par laie
Maison d'Autriche.   Cette Loi portoit en
subſtance : „   1. Que tous les Etrangers ſe-
„ roient exclus des Charges de l'Etat. 2. Que
„ quand il n'y auroit point de Souverain en
„ Bohême , le Bourguemaître de Prague gou-
„ verneroit l'Etat.   3. Que la Ville de Pra-
„ gue dépendroit néanmoins immédiatement
„ du Duc qui régneroit. 4. Que le Bourgue-
„ maître de Prague auroit droit d'aſſembler les
„ Etats , que l'Election du Prince ne dureroit
„ pas plus de trois jours ; & que celui-là ſe-
„ roit reconnu Souverain , qui auroit été élu
„ par le Sénat de Prague & les Députés des
„ Communautés , à la pluralité des voix. 5.
„ Qu'avant de ſe mettre en poſſeſſion du Pays ,
„ le Duc ſeroit obligé de prêter ſerment qu'il
„ en garantiroit les Libertés & les Priviléges.
„ 6. Que ſi le Duc laiſſoit injuſtement attaquer
„ la Bohême , alors la Nobleſſe s'aſſembleroit
„ à Prague , & prendroit les meſures néceſſai-
„ res pour s'oppoſer à la violence. 7.   Que
„ la préſente Loi ou Sanction-Pragmatique ne
„ pourroit jamais être abrogée , ni altérée ſous
„ quelque prétexte que ce pût être , mais
„ qu'elle ſeroit plutôt ſacrée & perpétuelle.
   Les Etats ayant aprouvé & confirmé ces
Réglemens , Sobieſlas fut obligé de les rati-
fier.   Ce Prince mourut en 1148. laiſſant
pluſieurs Fils , dont aucun ne lui ſuccéda , les
Etats leur ayant donné l'excluſion par la ſeule
raiſon qu'ils étoient Fils du feu Duc , & qu'ils
ne vouloient pas qu'on pût ſoupçonner la Bohême d'être un Pays héréditaire.   Ils élûrent
donc Uladislas II. Fils d'Uldislas I. lequel, mal--

F 3

gré

gré les menées des Enfans de Sobieslas, fè, maintenu par l'Empereur Conrad III. Ulp: dislas II. lia une étroite amitié avec Fridéric surnommé *Barberouſſe*, Neveu de Conrad, lequel fut élu Empereur en 1152. à Francfort ſous le nom de *Fridéric* I. Uladislas aſſiſta à l'Election, & comme il vaquoit alors une Dignité Electorale, Fridéric en revêtit Uladislas. Voilà l'époque de l'Electorat de Bohême. Mais pour bien entendre ceci, il faut ſavoir, qu'auparavant il n'y avoit que ſept grandes Charges dans l'Empire, ou, ſi l'on veut, ſept Electorats, trois Eccléſiaſtiques, Mayence, Cologne & Tréves; quatre Séculiers, le Comte Palatin du Rhin, le Duc de Baviére, le Duc de Franconie, & le Duc de Saxe. L'Archevêque de Mayence étoit Archi-Chancelier du Royaume de Germanie, celui de Cologne l'étoit du Royaume d'Italie, & celui de Tréves du Royaume d'Arles. Les Charges des Electeurs Séculiers étoient un *Porte-manger*, un *Grond-Maréchal*, un *Echanſon*, & un *Chambellan* de l'Empire. Sous le régne de Lothaire II. la Baviére ayant été unie à la Saxe en faveur d'Henri *le Lion*, il y eut une de ces Charges de vacante, & un Electeur de moins. Henri V. Duc de Franconie étant parvenu à l'Empire en 1125. & étant mort ſans Poſtérité, le Duché de Franconie & la Dignité Electorale paſſérent au Duc de Suabe Fridéric I. dit *Barberouſſe*, étant devenu Empereur, il y eut une nouvelle place vacante dans le Collége Electoral, & elle fut donnée au Duc Uladislas, qui devint peu après Roi de Bohême. Charles
IV.

IV. Empereur & Auteur de cette Loi perpétuelle de l'Empire connue sous le nom de *Bulle-d'Or*, confirma non seulement la Dignité Electorale attachée au Royaume de Bohême, mais même il établit que le Roi de ce nom seroit regardé comme le premier des Electeurs Séculiers, & auroit la Charge d'Echanson Héréditaire de l'Empire.

Dix ans après qu'Uladiflas eut reçu la Dignité Electorale, c'est-à-dire en 1162. l'Empereur touché du zèle qu'il faifoit paroître pour son service, le déclara Roi de Bohême; mais les Etats du Pays, craignant que cette nouvelle Dignité ne donnât quelqu'atteinte à leurs priviléges, en parurent très-mécontens. La crainte de l'Empereur les contint, mais ils ne permirent pas à ses Succeffeurs de prendre le même titre.

La Bohême fut donc de-nouveau gouvernée par des Ducs, après la mort d'Uladiflas. Ce qui prouve que la Dignité Royale avoit été personnelle à ceux qui l'avoient reçue, & n'avoit point été attachée à la Souveraineté de la Bohême.

Primiflas II. troifiéme Duc de Bohême depuis Uladiflas, eut l'ambition de devenir Roi & de faire ériger son Duché en Royaume, afin que la Dignite Royale ne pût plus être difputée à ses Succeffeurs.

L'occafion ne pouvoit être plus belle. L'Allemagne avoit alors trois Empereurs; Philippe Fils de Fridéric I. Otton IV. Fils de Henri *le Lion* Duc de Saxe, & Fridéric Fils de Henri VI. Succeffeur de Fridéric I. *Barberouffe.* Ces trois Princes se portoient

tous

tous pour Empereurs, & se faisoient mutuellement la guerre. Primislas se déclara
pour Philippe, à condition qu'il érigeroit
la Bohême en Royaume, & qu'il l'en couronne-
roit Roi, ce qui fut exécuté; mais le Pape,
grand ennemi de Philippe, allarmé de cette
alliance, fit accroire à Primislas qu'il n'étoit
pas véritablement Roi, puisqu'il avoit reçu
la Couronne Royale de la main du Prince qui
n'étoit ni Roi ni Empereur. La persuasion
suivit de près le scrupule. Primislas eut
bientôt pris son parti. Il abandonna Philippe
& se déclara pour Otton, que le Pape soute-
noit de tout son pouvoir. Otton confirma
la Royauté de Primislas, & celui-ci le servit
avec tant de zèle & de reconnoissance, qu'il
en acquit le surnom d'*Ottocar* (1). La fin
de ces démêlés appartient à l'Histoire de l'Empire; il me suffit à moi d'avoir fixé l'époque
de l'Erection de la Bohême en Royaume. Primislas fut couronné pour la seconde fois à
Mersebourg en 1203. & mourut en 1230.
Wenceslas son Fils lui succéda. & à celui-ci
Primislas III. Fils de ce dernier & Petit-fils
du précédent. Il faut remarquer que quoique ces Princes se succédassent ainsi de Pére
en Fils, ce n'étoit néanmois qu'en vertu d'u-
ne libre élection des Etats.

Primislas III. Roi de Bohême fut surnommé *Ottocar*, comme son Ayeul, & rendit ce
sur-

---

(1) Les Allemands disent *Otto* au-lieu d'*Otton*, comme nous disons en François: *Gar* signifie en Allemand
tout-à-fait: *Ottocar*, ou *Ottogar*, veut donc dire *tout
Otton*.

furnom extrêmement célébre. La Bohême monta fous fon régne au plus haut point de gloire & de puiffance. Il acquit l'Autriche, la Carinthie, la Stirie & l'Iftrie, & eut de grands démêlés avec Rudolfe ou Rodolfe de Habsbourg, qu'il ne voulut jamais reconnoître pour Empereur. Ce Monarque formoit de grandes prétentions fur les Duchés d'Autriche, de Stirie & de Carinthie, qu'Ottocar vouloit retenir du Chef de fa Femme Marguerite. Ce dernier fut cité à la Diéte de l'Empire. Il comparut par des Députés, qui déclarérent en fon nom que le Duché d'Autriche & les autres dont j'ai parlé, lui appartenoient de droit ; qu'il ne reconnoiffoit point les prétentions de l'Empereur, & qu'il le regardoit lui-même comme un intrus au Trône Impérial. Rodolfe eut affez de crédit pour faire déclarer Ottocar ennemi de l'Empire. Auffitôt la Bohême fut attaquée de tous côtés par les Princes d'Allemagne. L'Empereur conquit l'Autriche. Le Roi de Bohême preffé de tous côtés fut obligé de fe foumettre aux conditions qu'on voulut lui impofer. Il céda l'Autriche, la Stirie & la Carinthie ; & ce qu'il y eut de plus affligeant pour lui, c'eft qu'il fe vit contraint de rendre publiquement hommage & à genoux à un Prince qui avoit été peu de tems auparavant Domeftique de fon Ayeul, & qui originairement n'étoit qu'un petit Comte Suiffe affez mal partagé des biens de la fortune. Le chagrin qu'il en eut, lui fit bientôt reprendre les armes. Il marcha avec fon Armée en Autriche. Rodolfe y accourut pour la dé-

fen-

fendre. On se battit près de Vienne. La bataille fut longue & sanglante, mais enfin les Bohêmes furent défaits, & leur Roi fut tué sur la place.

Un si funeste événement jetta la consternation dans toute la Bohême. Les Etats craignoient que l'Empereur ne poussât plus loin ses avantages. Ils se trouvoient sans Chef & sans troupes. Ottocar laissoit un Fils âgé de huit ans seulement. Heureusement l'Empereur, content de sa victoire, leur offrit la Paix, qui fut bientôt conclue. Otton Marquis de Brandebourg fut fait Tuteur du jeune Wenceslas, Fils du Roi défunt. Wenceslas étant devenu Majeur, gouverna la Bohême avec tant de sagesse, que les Polonois l'eurent pour leur Roi; & les Hongrois en firent de - même quelque tems après. Il envoya son Fils aîné à ces derniers; mais l'ayant rappellé quelque tems après, il eut le malheur d'aprendre qu'il s'étoit noyé en chemin. L'Empereur Albert, jaloux de la puissance de Wenceslas, lui fit la guerre; mais ce différend fut appaisé, & Wenceslas mourut paisiblement, laissant un Fils qui fut élu Roi, mais qui mourut avant d'être couronné, ayant été assassiné. Et avec lui finit la Race de Primislas I. qui pendant 584. ans avoit fleuri en Bohême. Il restoit encore deux Princesses, dont la plus jeune, nommée Elisabeth, Fille de Wenceslas Roi de Bohême & de Pologne, & Sœur du dernier Roi, âgée seulement de dix-huit ans, étoit encore en Bohême. Les Etats élûrent Jean de Luxembourg Fils de l'Empereur

Henri

Henri VII. à condition qu'il épouseroit cette Princesse.

On demande à présent si Elisabeth a transporté la Couronne de Bohême & la Dignité Electorale à Jean de Luxembourg. La Reine de Hongrie dit qu'oui, mais l'Empire dit que non. En effet, Jean de Luxembourg n'est monté sur le Trône de Bohême qu'en vertu des Suffrages des Etats, & non en vertu de son Mariage avec Elisabeth ; & ce Mariage n'a été exigé de lui, que par un reste de reconnoissance que les Peuples de Bohême avoient pour la Maison de Primiflas. Si le Droit d'héritage avoit eu lieu en cette occasion, ce n'auroit pas été Elisabeth qui l'auroit eu, mais sa Sœur aînée mariée à Boleslas III. Duc de Lignitz. Les raisons que les Etats de Bohême donnérent de l'Election de Jean de Luxembourg, tranche toute la difficulté. Ils lui déclarérent à lui-même, qu'ils l'avoient choisi pour leur Roi préférablement à tant d'autres, parce qu'étant jeune il pourroit d'autant plus aisément s'accoutumer aux usages du Pays & aux mœurs de ses Peuples, & qu'ils avoient lieu de croire qu'ils en seroient d'autant mieux gouvernés.

Au-reste Jean de Luxembourg est ce même Roi de Bohême, qui tout aveugle qu'il étoit mena lui-même un secours de troupes à Philippe de Valois Roi de France dans la guerre contre les Anglois, & se trouva à la Bataille de Creci, se faisant conduire par ses Ecuyers. Il y fut tué sur la place. Son Fils Charles lui succéda. Il avoit été élu Empereur sous le nom de Charles IV. en 1346. & en 1347. il

fut

fut élu Roi de Bohême. Il étoit né à Prague le 14. de Mai 1316. Il reçut le nom de Wenceslas au Baptême; mais étant venu en France sous le régne de Charles IV. il prit le nom de Charles pour faire sa cour à ce Monarque. Il reçut dans ce Royaume une fort belle éducation; & comme il avoit du goût pour les Sciences, il s'y apliqua avec succès. Il parloit parfaitement les Langues Latine, Françoise & Italienne, sans compter l'Allemand & le Bohême qu'il avoit apris en naissant. En un mot c'étoit un prodige d'esprit pour ce tems-là. Ce fut lui qui fonda l'Université de Prague. Mais il se rendit sur-tout célébre par la fameuse Bulle-d'Or, qui est encore aujourd'hui la Loi fondamentale de l'Empire. Il n'oublia rien pour établir le Droit d'hérédité dans le Royaume de Bohême, & les Etats le laissérent faire, bien résolus après sa mort d'en user comme auparavant. Il acheta le Marquisat de Brandebourg d'Otton de Baviére, qui n'ayant point de Postérité, vendit ce Pays pour deux cens mille ducats, en 1375. Sigismond, le plus jeune des Fils de Charles, le revendit en 1415. au Burgrave de Nuremberg de la Maison de Zollern pour quatre cens mille ducats. C'est de ce Burgrave que descend le Roi de Prusse en ligne directe.

Charles mourut en 1378. le 29. de Novembre, après avoir fait élire Wenceslas son Fils aîné Roi des Romains, & son Successeur à la Couronne de Bohême.

Wenceslas prit les rênes de l'Empire la même année que commença le grand Schisme
d'Oc-

d'Occident, c'eſt-à-dire, l'année de la mort de ſon Pére. Ce fut un Prince ſavant pour ce tems-là, mais rempli de vices & de défauts qui lui attirérent de fâcheuſes affaires. Il étoit ſur-tout violent & cruel, ſoit qu'on attribue ce mauvais caractére au vin auquel il étoit fort ſujet, ſoit qu'on l'attribue à une humeur ſombre & noire, qui étoit l'effet du poiſon qu'on lui avoit donné dans ſa jeuneſſe. Voici deux exemples de ſa cruauté, que je choiſis entre pluſieurs autres. Il avoit épouſé Jeanne Fille d'Albert Duc de Baviére & Comte de Hollande. On avoit donné à cette Princeſſe Jean de Népomuc Docteur de l'Univerſité de Prague, & Chanoine de l'Egliſe Cathédrale de cette Capitale. Pénétrée d'une vive douleur de voir le Roi ſon Epoux mener une vie déréglée, elle tâchoit de le ramener, & en concertoit les moyens avec ſon Confeſſeur. Wenceſlas, naturellement ſoupçonneux, employoit les promeſſes & les menaces pour obliger Népomuc à lui révéler les confeſſions de la Reine: mais celui-ci, fidéle à ſon Miniſtére & à la Reine, étoit inébranlable. Le Roi irrité contre lui le fit jetter inhumainement dans la Moldau, riviére qui paſſe au milieu de Prague. L'Archevêque de cette Ville ayant apris une action ſi barbare, envoya deux Chanoines pour reprocher au Roi d'avoir fait mourir ce ſaint homme. *Puiſque vous appellez Saint un homme mort*, répondit Wenceſlas, *je ne vous envierai pas cette gloire, vaus ſerez Saints auſſi après votre mort.* Il ordonna en même tems qu'on les fît mourir. Mais quelques Grands-Seigneurs

gneurs qui étoient préfens ayant intercédé pour eux, il leur fit grace.

Les Bohêmes commencérent à fe dégoûter de Wenceflas. Sigifmond fon Frére, Roi de Hongrie, fomentoit fous main leur mécontentement. Les chofes allérent fi loin, que Wenceflas fut arrêté & mis en prifon dans la Maifon de ville de Prague. Sigifmond s'avança alors avec une Armée de Hongrois, & s'empara d'une Fortereffe en Bohême; mais ayant eu avis que Wenceflas s'étoit échappé, il regagna promtement la Hongrie. L'évafion du Roi de Bohême fut extraordinaire. Il y avoit deux mois qu'il étoit en prifon fans avoir changé d'habits, il demanda qu'on lui permît de fe baigner pour fe nettoyer. Ce qui lui fut accordé, & ayant été mené dans une chambre où l'on avoit préparé un bain, ceux qui le gardoient en fermérent la porte. Le Roi fe dépouilla tout nud, ne gardant qu'un fimple caleçon pour n'être pas reconnu. Il trouva une iffue pour fortir de la chambre : étant defcendu, il fe trouva fur le bord de la Moldau, où il rencontra une fervante nommée Sufanne, à qui il demanda fi elle favoit ramer. La fille ayant répondu qu'oui, le Roi fe fit connoître à elle; & détachant un bateau qui étoit à portée, il s'y jetta avec la fervante, qui le paffa à l'autre bord. Là il mit quelques vieux haillons fur fon corps pour fe déguifer, & fe retira dans un Bois jufqu'à l'entrée de la nuit. Enfin il fe rendit avec fa libératrice dans le Château de *Curatice*, qu'il avoit fait bâtir quelques années auparavant, & dont le Concierge étoit

un

un de ses plus fidéles Serviteurs. Quelques Historiens disent qu'il coucha le même soir avec Susanne, d'autres prétendent qu'il alla même jusqu'à l'épouser ; car la Reine son E-pouse étoit déjà morte depuis quelque tems, il se tint caché pendant plusieurs jours, mais il se montra de-nouveau, sans oser néanmoins aller à Prague, où il savoit qu'il avoit beau-coup d'ennemis. Il faisoit sa résidence dans le Château de Ziebrak. Cependant quelque précaution qu'il prît, il ne put éviter d'être une seconde fois enlevé à la chasse par les intrigues de Sigismond son Frére, & de son Cousin Jodoce Marquis de Moravie. Il fut livré à Albert d'Autriche, & conduit à Vienne, où il fut aussitôt enfermé dans une tour, d'où il se sauva encore par finesse. Il se vengea de ceux de sa Cour qui avoient contribué à sa prison, & les fit périr par la main du Bourreau. Il céda à Sigismond son Frére la Dignité Impériale, se contentant pour lui du titre de Roi des Romains, & de la paisi-ble possession du Royaume de Bohême.

Ce fut sous le régne de ce Prince que Jean Huss, Professeur en Théologie dans l'Univer-sité de Prague, commença à prêcher des Dog-mes fort différens de ceux de l'Eglise Ró-maine, à l'occasion du Jubilé indiqué par le Pape Boniface IX. Cette affaire, si fameuse dans l'Histoire Ecclésiastique, causa un in-cendie qui embrasa toute l'Allemagne, par la lâche condescendance de l'Empereur Sigis-mond, qui contre le saufconduit par lui ac-cordé à Jean Huss & à Jérôme de Prague, permit au Concile assemblé à Constance de
faire

faire bruler inhumainement ces deux hommes, sans presque aucune forme de procès.

Les Partisans de la Doctrine de Jean Huss, qui étoient en grand nombre à Prague, prirent les armes à la nouvelle de cette exécution, & coururent-sus aux Prêtres & aux Moines. Wenceslas épouvanté au premier avis de ce tumulte, fut frappé d'apoplexie & mourut l'an 1418.

Les Hussites mirent à leur tête Jean de Trosnor, le plus grand Capitaine sans-contredit qu'il y eût alors en Europe. Il avoit été Page de Charles IV. & ensuite Chambellan de Wenceslas. Il étoit né dans le bourg même dont il portoit le nom. Ce bourg, nommé Trosnor ou Trocznow, est situé près d'une ville nommée Borowanni dans le Comté de Bechin. Jean de Trosnor, si fameux sous le nom de *Ziska*, qui en Langue Bohême signifie *borgne*, & qui lui fut donné parce qu'il avoit perdu un œil, s'engagea par un serment solennel de venger la mort de Jean Huss, & l'affront que le Concile avoit fait à la Bohême. En peu de tems tout ce beau Royaume fut en feu. Ziska, comme un torrent, ravagea tous les Biens Ecclésiastiques, pilla & brula les Monastéres, & immola plus de dix mille Moines ou Prêtres aux mânes de Jean Huss & de Jérôme de Prague. Il gagna douze batailles rangées, & emporta une infinité de places. Il défit & mit en fuite, avec une poignée de gens, des Armées Impériales de près de cent mille hommes : la fortune ne l'abandonna jamais, & il vint à
bout

bout de se faire rechercher de l'Empereur peu de tems avant sa mort, qui arriva en 1424. comme il étoit sur le point de s'accommoder avec Sigismond. Tous les Historiens ont dit qu'il ordonna à ses gens de faire un tambour de sa peau, leur promettant que le bruit de cet instrument répandroit la terreur parmi leurs Ennemis : mais si cet ordre fut donné, il ne fut point exécuté, & Ziska fut enterré honorablement à Czaslau avec sa peau toute entiére. Sur quoi je ne puis m'empêcher d'admirer la sottise d'un certain Gazetier qui a écrit dans sa Gazette, que le Roi de Prusse avoit fait tirer du Château de Glatz le tambour fait de la peau de Ziska, & l'avoit fait transporter à Berlin dans le Cabinet de Curiosités.

On rapporte que l'Empereur Ferdinand I. passant un jour par Czaslau, entra dans l'Eglise Cathédrale pour y faire ses dévotions, & ayant vu une grosse massue de fer pendue à la muraille, il demanda si c'étoit celle de quelque Géant, ou de quelque Héros de Bohême. Personne n'osa lui dire à qui elle avoit appartenu, excepté un homme qui n'étant pas courtisan, lui aprit sans détour que c'étoit la massue de Ziska. *Fi, fi,* s'écria l'Empereur, *cette mauvaise Bête, quoique morte depuis cent ans, fait encore peur aux Vivans.* Et sur le champ il partit de Czaslau, quoiqu'il eût résolu d'y passer la nuit.

Ziska eut cela de commun avec deux fameux Capitaines de l'Antiquité, Annibal & Sertorius, qu'il étoit borgne comme eux ; mais il les surpassa en valeur & en capacité.

pacité. Ayant perdu l'œil qui lui restoit, dans une attaque, il ne laissa pas de continuer à commander tout aveugle qu'il étoit, & de remporter des victoires.

Sigismond étoit trop odieux aux Bohêmes, pour qu'ils pussent se résoudre facilement à l'accepter pour Roi. Cependant il ne laissa pas d'être élu dans une espéce de Diéte composée de ses partisans. Mais cela ne suffisoit pas; il faloit une élection légitime, & les cœurs de la Nation. C'est néanmoins dequoi il n'avoit pas lieu de se flater. Les Bohêmes étoient irrités. Sa conduite envers Jean Huss, & quelques actes de cruauté qu'il avoit faits à Breslau, les avoit extrêmement dégoûtés de lui. Il négligea de les appaiser, & traita leurs Députés avec une hauteur qui les révolta entiérement. Ils le déclarérent ennemi du Royaume, & se mirent en devoir de soutenir cette démarche. La guerre dura dix-huit ans. Sigismond fut battu en treize batailles rangées. Mais enfin, après la mort de Ziska, les Hussites s'étant divisés devinrent moins redoutables. Cette terreur panique, que leur nom seul jettoit dans les Troupes Allemandes, se dissipa peu à peu. Néanmoins jamais ni les Hongrois, ni les Allemands de Sigismond ne seroient peut-être venus à bout de soumettre les Bohêmes, s'ils ne se fussent fait la guerre les uns aux autres. L'Empereur le pensoit ainsi, lorsqu'il disoit sur la fin, que jamais on ne domteroit les Bohêmes que par les Bohêmes-mêmes; & la prédiction se vérifia. La Bohême se soumit, moyennant un Concordat

que

que Sigismond ratifia à Iglaw , en préfence des Grands de Moravie & de Bohême.

Par ce Concordat, l'Empereur s'engageoit à diverfes chofes à l'égard des Huffites, qu'il ne leur tint point. L'impatience qu'il avoit de régner dans un Pays pour lequel il avoit dépenfé tant d'argent, & fait répandre tant de fang, lui fit tout figner, bien réfolu de ne rien tenir ; ce qu'il fit auffi.

Ce Prince plus accablé de travaux que d'années, tomba dans une maladie mortelle peu de tems après fon accommodement avec les Bohêmes. Il avoit époufé Barbe, Fille du Comte de Cilley , Seigneur Hongrois dont le crédit lui avoit été néceffaire pour parvenir à la Couronne de Hongrie. Cette Princeffe eft fameufe dans l'Hiftoire pour fes impudicités, qui ne peuvent guére être égalées que par celles de Meffaline.

Sigismond avoit eu de fon mariage avec Barbe une Fille nommée Elifabeth, qui étoit mariée à Albert II. Archiduc d'Autriche. Il eut l'adreffe de faire élire, avant fa mort, fon Gendre Roi de Bohême par le Parti Catholique. Lec Huffites voulurent s'y oppo-fer.

Ils repréfentoient que Sigismond ayant d'a-bord violé le Concordat, fon Gendre reconnu pour zélé Caholique, en feroit de-même ; que l'Election d'un Roi devoit être libre & non vénale ou furprife par des difcours fpé-cieux, & qu'ils avoient acheté cette Liberté au prix de leur fang & de leurs fortunes. Que le prétendu Traité figné par Ottocar, portant qu'au défaut d'Enfant mâle dans la

 Mai-

Maison de Bohême on auroit recours à la Maison d'Autriche, avoit été extorqué à ce Prince, dans un tems où la Bohême étoit opprimée par l'Empereur d'Allemagne. Qu'ils aimoient mieux un Roi Polonois de même langage qu'eux, qu'un Roi Allemand dont ils avoient tant souffert. Qu'Albert lui-même étoit venu dans la Bohême à main armée, & qu'enfin ils ne le vouloient pour Roi que sous de bonnes conditions.

Cependant Sigismond mourut le 8. ou le 9. de Décembre 1437. âgé de 69 ou de 70 ans, après en avoir regné 51. savoir en Hongrie jusqu'à sa mort, dans l'Empire 27 ans, & en Bohême 17.

Après sa mort, Albert fut élu Roi de Hongrie d'une voix unanime. Il n'en fut pas de même en Bohême; car ayant refusé de signer d'autres conditions que celles qui étoient contenues dans le Concordat de Sigismond, qui n'avoient pas même été observées par cet Empereur, le Parti Hussite, qui n'étoit certainement pas à mépriser, persista dans son refus, & offrit la Couronne à Casimir Frére d'Uladislas Roi de Pologne. Après une assez longue délibération, ce Roi ayant accepté l'offre des Seigneurs Hussites, envoya des Ambassadeurs en Bohême pour procéder à l'Election de son Frére, & les fit suivre d'une bonne Armée, afin de favoriser son parti & de brider celui d'Albert. Celui-ci étoit à Bude lorsqu'il aprit cette nouvelle. Il envoya sur le champ des Ambassadeurs à Uladislas, pour le détourner de se mêler des affaires de Bohême; disant que ce
Royau-

Royaume lui étoit dévolu par le Testament de Sigismond, & par sa Femme Elisabeth Fille & Héritiére unique de cet Empereur. Qu'il y avoit un ancien Traité entre la Bohême & l'Autriche, qui rendoit cette succession légitime ; que son Election faite par les Grands ne pouvoit être révoquée en doute ; que quelque peu d'opposans n'étoient pas en droit de la transférer à un autre ; & qu'enfin, s'il persistoit à attaquer le Royaume de Bohême, il prît garde au sien. Le Roi de Pologne ayant là-dessus assemblé son Conseil, on répondit aux Ambassadeurs d'Albert, que c'étoit une chose publique & notoire qu'après la mort de Sigismond, les Barons, les Nobles & les Villes de Bohême avoient appellé son Frére Casimir au Royaume avec de grandes instances de vouloir l'accepter. Qu'en l'acceptant on ne faisoit point injustice à Albert, parce que tout le monde sait que *les Femmes sont exclues de la Succession aux Royaumes* ; que s'il y avoit entre la Bohême & l'Autriche quelque Traité particulier qui fût contraire à cet usage, n'ayant jamais été observé, il étoit censé abrogé par prescription ; que par ces raisons le Roi avoit envoyé deux Palatins de son Royaume avec une Armée & des Instructions pour pacifier la Bohême, & la purger des erreurs dont elle étoit entachée, l'intention de son Frére n'étant pas de prendre sur un autre pied le gouvernement du Royaume ; que d'ailleurs la Pologne & la Bohême avoient la même Langue, qui n'avoit rien de commun avec l'Allemande ; & qu'au-reste il étoit assez bien affermi dans

G 3

son

son Royaume pour ne craindre point de violence étrangére.

Les esprits s'étant aigris là-dessus de part & d'autre, on se déclara la guerre.

Albert venoit d'être élu Empereur. Il tira du secours de quelques Princes de l'Empire, & marcha avec une belle Armée en Bohême.

Il y fit d'abord des progrès considérables ; mais ayant apris que pour faire diversion le Roi de Pologne étoit entré en Siléfie, il fut obligé d'envoyer au secours de cette Province une bonne partie de son Armée.

La fin de tout ce démêlé fut que Casimir ayant perdu presque toutes ses troupes par la peste & par la famine, & Uladiflas son Frére n'ayant pas été heureux en Siléfie, le parti d'Albert prévalut, & Casimir fut obligé de regagner la Pologne.

L'Empereur se voyant à peu près maître de la Bohême, se rendit à Prague pour travailler à la réunion des esprits. A peine étoit-il arrivé dans cette capitale, qu'il se vit obligé de courir en diligence en Hongrie, déjà attaquée par Amurat Empereur des Turcs.

Albert se donna beaucoup de mouvement pour engager les Etats de Hongrie à faire des efforts convenables à leur situation, & il se fatigua tant pour assembler une Armée, qu'il en tomba malade & mourut, en se faisant transporter à Vienne, dans un village près de Strigonie, n'étant encore qu'à la fleur de son âge, & donnant les plus belles espérances du monde.

L'Em-

L'Empereur Albert avoit eu d'Elisabeth son Epouse, Fille de Sigismond, deux Filles, & il la laissot enceinte dans la plus triste situation du monde. La Hongrie attaquée par les Turs au dehors & divisée au dedans; le Royaume de Bohême encore tout fumant de la guerre des Hussites, ravagé par la pelte, & rempli de dissensions domestiques.

Dans cette affreuse perplexité, la Reine s'arma de constance & de fermeté. Elle se vit trahie par ceux des Hongrois à qui elle se confioit le plus, & contrainte d'abandonner la Hongrie au Roi de Pologne & de se retirer à Vienne.

Les Etats de Bohême s'étoient assemblés. La Reine leur écrivit une Lettre fort touchante. Leur disant qu'après Dieu, elle mettoit en eux toute son espérance. Qu'ils étoient les maîtres du Pays, & qu'après la perte de son Epoux elle les regardoit comme ses Péres. Qu'elle les conjuroit au nom de Dieu, & par l'amour qu'ils avoient eu pour les Rois ses Ancêtres, de ne point hâter leur élection, mais d'attendre ses couches pour savoir quel Enfant Dieu lui donneroit. Que si c'étoit une Fille ils seroient libres de leur Election; mais que si c'étoit un Prince, ils ne pouvoient ignorer qu'il devoit être l'Héritier de son Grandpére & de son Pére.

Enfin elle accoucha d'un Prince, qui fut nommé Ladislas, & surnommé Posthume pour être né après la mort de son Pére.

La Reine le mit sous la protection de l'Empereur Frédéric III. proche Parent du

feu

feu Empereur, & le pria de vouloir être son Tuteur, ce que ce Monarque accepta généreusement.

Les Etats de Bohême envoyérent une Députation à Elisabeth, pour la féliciter d'avoir mis au monde un Prince, & la prier d'envoyer des Ambassadeurs avec des Instructions sur les droits de ce Prince nouveau-né au Royaume de Bohême. L'Ambassade fut reçue avec toute sorte de marques de reconnoissance & d'aplaudissement. Mais en même tems la Reine prioit instamment les Députés d'obtenir du délai pour la tenue de la Diéte d'Election, afin de pouvoir rechercher les Documens de son droit, dispersés en des Pays éloignés les uns des autres & qu'il étoit impossible de rassembler en si peu de tems. Pour toucher davantage les Ambassadeurs, elle leur montra le petit Prince dans le berceau. Ce spectacle, accompagné des discours pathétiques de la Reine, excita une tendre émotion dans leur cœur. Ils promirent de faire tout leur possible, & d'employer tout le crédit de leurs amis pour appuyer l'élection du jeune Ladiflas.

Ils tinrent parole, mais leur zèle ne fit pas grand effet. Le Parti contraire à Ladiflas représenta à l'Assemblée, que le délai qu'on vouloit apporter à l'élection d'un Roi, n'étoit ni de l'honneur ni de l'intérêt public : Que s'il s'agissoit de reconnoissance, on la devoit aussi-bien aux Marquis de Brandebourg & de Brabant descendans comme Ladiflas de Charles IV. par les Femmes. Que Ladiflas étoit de la Maison d'Autriche, &

non

non de celle de Luxembourg, & que son
Pére avoit fait mille maux à la Bohême.
Qu'on ne pouvoit accuser d'injustice l'exclusion de Ladislas, puisque l'élection des Rois
de Bohême étoit libre, & que c'étoit l'usage
parmi eux d'élire des Princes faits & non des
Enfans. Qu'au fond quand ils éliroient Ladislas, ils n'en seroient pas plus avancés, puisqu'on ne pouvoit guére compter sur la vie
d'un Enfant au berceau. Que quant à ce Traité
dont on parloit tant entre les Maisons de
Bohême & d'Autriche, il faloit bien qu'on
n'y eût pas eu beaucoup d'égard, puisque ce
Royaume avoit été donné à Jean Fils de l'Empereur Henri VII. de la Maison de Luxembourg, à l'exclusion du Duc de Carinthie de
la Maison d'Autriche. Que personne n'i-
gnoroit que non seulement ils n'avoient point
donné leur consentement à l'Election & au
Couronnement d'Albert, & qu'au-contraire ils s'y étoient opposés de vive voix,
par écrit, & même par la voie des armes,
& qu'ainsi la Reine ne pouvoit fonder le
droit à la succession sans la consentement général du Royaume. Ils ajoûtérent plusieurs
autres raisons de la même force ; mais le
Lecteur fera bien de se souvenir de celles-
là, quand il lira les Piéces de la Cour de
Vienne sur l'activité de la Voix Electorale
de Bohême, & de l'habileté du Grand-Duc
à l'exercer.

Les Etats offrirent la Couronne à Albert
Duc de Baviére, & même à l'Empereur ; mais
pour des raisons qui ne sont pas de mon sujet,
ces deux Princes la refusérent.

G 5

L'Im-

L'Impératrice Elisabeth, ennuyée de tant de contradictions & de traverses, tomba dans une maladie de langueur, dont elle mourut en 1441. laissant Ladislas âgé seulement d'un an.

La perte que ce jeune Prince fit d'une Mére de ce mérite, fut bien réparée par la conduite du Tuteur qu'elle lui avoit donné. L'Empereur Frédéric soutint ses droits au péril de ses armées & de sa personne ; & après bien des démarches contraires aux intérêts du Pupille de la part des Bohêmes, ils l'élurent enfin pour leur Roi ; & nommérent, en attendant sa majorité, Mainhard & George de Podiebrath pour gouverner le Royaume. Ce dernier trouva le moyen de se débarasser de son Collégue, & le fit mettre en prison.

Cependant le jeune Roi étoit élevé avec beaucoup de soin à la Cour de l'Empereur Frédéric. Les Hongrois, les Autrichiens & les Bohêmes, impatiens d'avoir leur Souverain à leur tête, le redemandérent à l'Empereur, qui les amusa par de belles paroles, jusqu'à ce qu'enfin les premiers secondés des Autrichiens prirent les armes, & obligérent ce Monarque en 1453. à leur envoyer Ladislas. Ce jeune Prince étant venu en Bohême, après avoir signé les Articles qui lui furent présentés par les Ambassadeurs des Etats pour la confirmation des Libertés, Priviléges & Immunités du Royaume tant à l'égard du Temporel qu'à l'égard du Spirituel, fit son entrée dans Prague, & y fut couronné Roi avec les solennités requises. Il confirma

la

la Régence à Podiebrath, aprouva tout ce qu'il avoit fait, & témoigna ne vouloir se conduire que par ses conseils : mais étant devenu majeur, trop imbu des maximes de la Cour de Rome, & livré aux conseils des Ministres du Souverain Pontife, il commit plusieurs fautes qui lui aliénérent les esprits. Il n'eut pas le tems de voir les suites du mécontentement de ses Sujets, étant mort de la peste en 1458. âgé d'environ dix-sept ans, lorsqu'il étoit sur le point d'épouser la Fille de Charles VII. Roi de France.

Après sa mort, George de Podiebrath fut déclaré Roi de Bohême. Ce Seigneur étoit de l'illustre Maison des anciens Comtes de Berneck & de Nidda dans le Pays de Hesse, établie depuis longtems en Bohême, où elle avois acquis la Seigneurie de Podiebrath dans le Cercle de Königratz.

George fut reconnu Roi de toutes les Puissances de l'Europe, & même du Pape ; il faillit même dans la suite à devenir Empereur ; mais comme il n'avoit pas tenu au Pontife ce qu'il lui avoit promis à l'égard des Hussites de Bohême, il manqua cette Dignité.

Il gouverna sagement, & fut assez heureux pour se maintenir contre les ennemis que la Cour de Rome lui suscita. Sentant aprocher sa fin, il manda les principaux du Royaume, & leur conseilla d'élire après sa mort Uladislas Frére de Casimir III. Roi de Pologne. Il mourut le 22. Mars 1471.

Après sa mort il se forma un parti en Bohême en faveur de Mathias Roi de Hongrie,

Fils

Fils d'Hunniade Waivode de Tranſilvanie, lequel Mathias avoit été élu Roi de Hongrie après la mort de Ladiſlas, à peu près dans le tems que Podiebrath étoit élu Roi de Bohême. Son parti n'étoit pas conſidérable, & la pluralité des voix fut pour Uladiſlas. Celui-ci ſe mit auſſitôt en chemin à la tête de neuf mille Polonois.

Mathias, bien informé qu'il avoit un parti en Bohême, fit tout ce qu'il put conjointement avec le Pape pour faire déclarer nulle l'élection d'Uladiſlas, mais il n'y put réuſſir. La guerre s'alluma entre ces deux Princes. Mais enfin ils firent la paix, à condition qu'Uladiſlas reſteroit Roi & Electeur de Bohême, pendant que Mathias n'en auroit ſimplement que le titre de Roi; mais qu'en revanche on lui céderoit les trois Provinces incorporées au Royaume de Bohême, la Siléſie, la Moravie & la Luſace, qui ſeroient reſtituées au Roi & à la Couronne de Bohême, ſi Mathias venoit à mourir avant Uladiſlas; auquel cas ce dernier payeroit à la Couronne de Hongrie 400000 Ducats.

Mathias mourut en effet le premier, & ces Pays retournérent, ſelon le Traité, à la Bohême.

Outre cet avantage, Uladiſlas eut encore celui de ſuccéder à ſon Rival dans la Couronne de Hongrie, dont il jouït vingt-ſix ans, ayant été élu en 1490. & étant mort le 13. de Mars 1516. à Bude, après avoir fait élire ſon Fils Louis, âgé ſeulement de quatre ans, Roi de Bohême en 1508. Il laiſſa outre ce Fils, une Fille nommée Anne, qui fut la cauſe

in-

innocente de tous les maux qui font arrivés depuis à la Bohême.

L'Hiftoire a remarqué plufieurs chofes particuliéres au Roi Louis: la premiére, c'eft qu'il nâquit avant que d'avoir de la peau fur fon corps: la feconde, qu'il fut élu Roi à quatre ans & couronné à huit: la troifiéme, qu'il eut de la barbe à quatorze: la quatriéme, qu'il fe maria à quinze: la cinquiéme, qu'il grifonna à dix-huit ans, & qu'il mourut à vingt.

Ayant été élevé au Trône de Hongrie, & les Turcs ayant attaqué ce Royaume, Louis fe mit à la tête de l'Armeé Chrétienne, & hazarda près de Mohatz une bataille qui fut fatale à toute la Chrétienté. Il la perdit. Plus de trente mille Chrétiens y périrent, & il fut de ce nombre; car fuyant à bride abattue fur fon cheval, il tomba dans un bourbier; & ayant donné des éperons pour en fortir, fon cheval fit un effort & fe renverfa fur fon Maître qu'il étouffa dans la fange. Ainfi finit ce Prince infortuné, & avec lui la Maifon de Jagellon en Bohême, laquelle avoit fuccédé à celle d'Autriche, après la mort de Ladiflas, n'y ayant entre deux que le régne de Podiebrath. Louis n'ayant point laiffé d'Enfant, Ferdinand Archiduc d'Autriche, qui avoit époufé Anne Fille d'Uladiflas & Sœur de Louis, fe porta pour fon Succeffeur. Ce Prince étoit Fils de Philippe d'Autriche & de Jeanne de Caftille. Son Frére, fi célébre fous le nom de Charles-Quint, étoit Empereur & Roi d'Efpagne.

Soit

Soit que les Bohêmes euſſent conçu une opinion avantageuſe de ſa perſonne, ſoit qu'ils redoutaſſent la puiſſance de ſon Frére, ou qu'ils fuſſent bien-aiſes de s'en faire un appui, ils ne balancérent point à le choiſir pour leur Roi. Il fut, en conſéquence de cette élection, couronné à Prague le 24. Février 1527. après avoir préalablement donné ce que les Juriſconſultes appellent un *Revers*, c'eſt-à-dire une Déclaration (2) par écrit, où il reconnoît ne tenir le Royaume que par le choix libre des Etats, & non par aucune autre conſidération.

Les progrès de Charles-Quint en Allemagne contre les Proteſtans, donnérent à Ferdinand une telle confiance, qu'il ne ſe ſouvint plus
de

(2) **Cette** Déclaration eſt ſi importante à l'intelligence des affaires dont il eſt ici queſtion, que je me crois obligé de la mettre ici mot pour mot. *Nos* FERDINANDUS *Dei gratiâ Bohemiæ Rex, Infans Hiſpaniarum, Archidux Auſtriæ, Marchio Moraviæ, Dux Lucemburgiæ, Sileſiæ, & Marchio Luſaciæ, &c. notum facimus tenore præſentium univerſis :* Quemadmodum BARONES, NOBILES *&* etiam CIVITATES *ac tota* COMMUNITAS REGNI BOHEMIÆ *ex sua* LIBERA & BONA VOLUNTATE, JUXTA LIBERTATES REGNI *elegerunt nos in Regem Bohemiæ.* Quapropter RECOGNOSCIMUS, *quod hoc ipſum ab Oratori Ius ipſorum abunde intelleximus & re ipſâ cognovimus & comperimus, quod præfati* STATUS & COMMUNITAS *illius Regni,* NON EX ALIQUO DEBITO, *ſed ita prout ſupra ſcriptum eſt, eam* ELECTONEM, ELIGENTES *nos in Regem Bohemiæ, ex* LIBERA ET BONA VOLUNTATE *hoc fecerunt.* Harum TESTIMONIO *Litterarum ſigilli noſtri, quo hactenus tanquam Archidux Auſtriæ uſi ſumus, appenſione roboratum. Datum in Civitate noſtrâ Viennâ, die tertiâ decimâ Menſis Decembris, Anno Domini Milleſimo* Quingenteſimo Viceſimo Sexto, *Regni verò noſtri Anno Primo.*

de ses engagemens, & commença à régner aussi despotiquement que s'il n'avoit dû son Royaume qu'à sa naissance. Il introduisit les Jésuites en Bohême, & nomma un Archevêque de Prague, dont l'Archevêché n'avoit eu que des Administrateurs depuis l'établissement du Hussitisme. Il avoit formé le dessein de réunir les Hussites avec les Catholiques, & on ne sait quels moyens il auroit employé pour cela, si la mort ne l'avoit enlevé le 24. de Juillet 1564.

Son Fils Maximilien II. lui succéda, ayant été déjà reconnu & couronné Roi de Bohême de son vivant. Il fut aussi élevé à l'Empire & au Trône de Hongrie. Il mourut le 12. d'Octodre 1576. laissant plusieurs Enfans. L'Aîné, nommé Rodolf ou Rudolfe, lui succéda à l'Empire, au Royaume de Hongrie & à celui de Bohême, du consentement des Etats.

Le Roi d'Espagne (c'étoit Philippe III.) mécontent de Rodolfe favorisa autant qu'il put le dessein que Mathias son Frére avoit formé de lui enlever la Couronne de Bohême.

Mathias n'eut pas de peine à réussir ; son Frére Rodolfe s'étoit rendu si méprisable aux yeux des Bohêmes par sa maniére de vivre, qu'il fut abandonné de ses Sujets, & obligé de s'accommoder avec son Frére, à qui il céda le Royaume de Bohême moyennant une pension modique. Rodolphe mourut sans postérité, ne s'étant point marié pour éviter les suites d'une prédiction du fameux Tycho Brahé.

Mathias, devenu Empereur & Roi de Hongrie,

grie, se trouva en état de prescrire des loix aux Bohêmes. Il engagea, à l'instigation des Espagnols, les Etats à élire pour lui succéder son Cousin-germain le Prince Ferdinand, Fils de Charles d'Autriche Duc de Stirie, de Carinthie & de Carniole, & Petit-fils de Ferdinand I. à condition toutefois que d'abord après la mort de Mathias il confirmeroit les Priviléges du Royaume, & signeroit le Concordat fait au sujet de la Religion.

Les Bohêmes étoient cependant fort irrités contre l'Empereur, à cause d'une Convention qu'il avoit faite avec la Cour de Madrit, moyennant laquelle, au cas que les Archiducs d'Autriche vinssent à mourir sans Enfans mâles, leurs Etats, & en particulier la Bohême, seroient dévolus au Roi d'Espagne.

Ce Traité renversoit manifestement tous les Priviléges de la Bohême. Ajoûtez à cela qu'en vertu du Concordat, les Hussites avoient droit de bâtir des Eglises, & que néanmoins on renversa toutes celles qu'ils avoient osé élever. Cela mit toute la Nation en fureur. On courut aux armes, & l'on commença à attaquer les troupes de l'Empereur. Ce Monarque voulut d'adord pacifier les choses, mais il n'y put réussir ; & il en eut une telle mortification qu'il tomba malade, & mourut le 10. de Mars 1619.

Comme les Etats étoient persuadés que c'étoit à l'instigation de Ferdinand qu'on avoit violé leurs Priviléges, ils déclarérent son élection nulle & non avenue, comme ayant été extorquée par la force ; outre que Ferdinand ayant le premier manqué à ses

en-

engagemens envers eux, ils étoient quites des leurs à son égard.

Ce fut alors que commença dans les formes cette fameuse Guerre *de trente ans*, si funeste à l'Allemagne. Ferdinand étoit peu en état de la soutenir, & les Bohêmes poussérent leurs avantages jusqu'à l'obliger à s'enfermer dans Vienne. Ils vivoient à discrétion dans ses Etats d'Autriche. Mais ayant eu du dessous dans une rencontre, ils furent obligés de se retirer bien avant dans la Moravie.

Ils ne purent empêcher qu'il ne se rendît à Francfort, & qu'il n'y fût reçu en qualité d'Electeur, quoique les Etats prétendissent devoir seuls exercer les Fonctions Electorales de Bohême. Enfin il y fut élu Empereur, & retourna dans ses Etats héréditaires, malgré les embuches qu'on lui tendit sur sa route.

Sur ces entrefaites, les Etats ayant déclaré le Royaume vacant, élurent unanimement le 27. d'Août 1619. Frédéric V. Comte Palatin du Rhin Electeur de l'Empire de la Religion Protestante.

Ce Prince ayant accepté la Couronne, se rendit en Bohême pour y recevoir l'hommage des Peuples. Cependant Ferdinand devenu Empereur, déjà Roi de Hongrie, & recevant des secours d'Espagne en troupes & en argent, assembla aisément une puissante Armée, qui entra en Bohême de tous les côtés. Frédéric n'avoit qu'environ dix-huit mille hommes d'assez mauvaises troupes. Il étoit posté sur une colline près de Prague nommée Weissemberg, attendant ce qu'il plaîroit à la fortune de décider. Le 8. de Novembre 1620. l'Armée Impériale attaqua celle de ce Prince dans ce poste, & la battit à platte couture. Frédéric fut obligé lui-même de fuir, & d'aller traîner par le monde les débris d'une Royauté imaginaire, peu capable de le dédommager des pertes réelles qu'il fit.

Prague ouvrit ses portes au Vainqueur, qui fut bientôt maître de tout le Royaume & des Pays incorporés, je veux dire, la Siléfie, la Moravie & la Luface; enfuite il châtia les Grands qui avoient fuivi le parti de fon Concurrent. Il confifqua la Principauté de Jaegerdorff, dont le Souverain avoit été de ce parti; caffa & annulla le Concordat fait en faveur des Huffites, & obligea tous ceux qui ne voudroient pas fe conformer au Culte des Catholiques-Romains à fortir du Royaume; ce qui jetta une quantité confidérable de Gentilshommes dans la derniére mifére, vu qu'on ne leur permettoit pas de vendre leurs biens fonds. Il fit plus, il fit condamner à mort comme rebelles tous les prifonniers Bohêmes qui avoient été pris à la bataille, & les fit tous exécuter, avec cette différence que les Nobles avoient la tête tranchée, & les autres étoient pendus ou roués.

Ebloui de tant de profpérités, Ferdinand ne voyoit rien qu'il n'ofât entreprendre avec quelque efpérance de fuccès. Il avoit les fecours d'Efpagne à fa difpofition; il poffédoit de vaftes & puiffans Etats; il avoit des Armées nombreufes & victorieufes. Flatté de

tous

tous ces avantages, il entreprit d'abolir les principaux priviléges de la Bohême, & il en vint facilement à bout. Il fit couronner à Prague son Epouse & son Fils Ferdinand III. le 18. Novembre 1627. sans consulter personne, & sans que personne osât branler. Enfin il conçut un dessein, qui tout hardi qu'il étoit ne paroissoit néanmoins pas au-dessus de sa puissance. Il résolut d'exterminer tous les Protestans; & sous prétexte d'établir la Religion Catholique, de dépouiller les Princes de l'Empire les plus puissans qui étoient de cette Religion, de tomber ensuite sur les Provinces de Pays-Bas qui avoient secoué le joug de l'Espagne, & enfin de châtier la France qui favorisoit ouvertement la révolte de ces mêmes Provinces.

Les commencemens de l'exécution de ce projet furent heureux, mais la fin n'y répondit pas. L'Europe entiére se ligua contre des desseins si dangereux, dès qu'on commença à les pénétrer. La France s'unit avec les Protestans de l'Empire & des Pays-Bas. Elle tira du fond du Nord un Héros, dont la mémoire vivra tant que le Monde visible existera. Gustave-Adolphe débarqua dans l'Allemagne avec une poignée de Suédois. D'abord la Maison d'Autriche se moqua d'un si foible Ennemi. Mais Gustave ayant grossi ses troupes, passa comme un torrent au travers de l'Empire, battit les Généraux de l'Empereur, & vint périr glorieusement au milieu de l'Electorat de Saxe. Son Armée triomphante tint longtems la victoire en

H 2

chaî-

chaînée sous la conduite des Généraux Suédois. Ferdinand II. allarmé de tant de malheurs, ne pensoit qu'aux moyens d'y rémédier lorsque la mort le surprit le 25. de Février 1637. Il eut la consolation avant de mourir de détacher l'Electeur de Saxe de la Ligue, en lui cédant à perpétuïté la Haute & Basse-Lusace. Son Fils Ferdinand III. lui succéda à l'Empire, & dans tous ses Etats.

Les armes des Suédois continuérent à prospérer contre le nouvel Empereur. La Bohême fut ravagée par les troupes de l'un & de l'autre parti ; & cette guerre ne fut terminée que par la fameuse Paix de Westphalie.

Ferdinand III. mourut le 2. d'Avril 1657. son Fils Léopold lui succéda. Sous le régne de cet Empereur la Bohême acheva de perdre le peu de priviléges qui lui restoient, en punition d'une émeute causée par les Païsans.

Après son décès arrivé le 5. Mai 1705. Joseph son Fils aîné lui succéda, & celui-ci étant mort en 1711. Charles VI. son Frére second Fils de Léopold fut couronné Roi de Bohême. Il est mort sans Postérité mâle, & l'Archiduchesse Marie-Thérése sa Fille lui a succédé dans tous ses Etats en vertu de la Pragmatique-Sanction. Si l'Histoire de Bohême étoit un peu plus connue, je me serois aisément dispensé d'en donner cet abrégé ; mais comme elle l'est fort peu, & qu'il faut néanmoins en avoir une teinture pour être mis au fait des affaires présentes, j'ai cru qu'on me sauroit gré du peu que je viens d'en dire.

La

La Reine de Hongrie, en succédant à Charles VI. dans la possession du Royaume de Bohême, avoit deux intérêts importans à ménager : d'un côté elle sentoit la difficulté d'exercer en son nom la Voix Electorale de Bohême, étant inouï dans l'Empire, & contre ses Loix fondamentales, que des Princesses concourent à l'Election d'un Empereur ; car on peut voir par l'Histoire de Bohême, que les Princes qui ont épousé des Princesses héritiéres de ce Royaume, n'ont été admis au Collége Electoral qu'en vertu de leur Election libre au Trône Royal, le Suffrage Electoral étant attaché au Royaume, & non à la Famille Royale. D'un autre côté, la Reine ne pouvoit céder la Couronne de Bohême au Grand-Duc de Toscane son Epoux, sans renverser la Pragmatique-Sanction, & sans l'enfreindre la premiére. Elle prit un tempérament ; ce fut de partager la Souveraineté avec le Grand-Duc sous le nom de *Corrégent*, espérant de supléer par-là à l'inconvénient où son Sexe l'exposoit de ne pouvoir exercer le Suffrage Electoral de Bohême. Nous verrons tantôt de quelle maniére ce moyen, si ingénieux d'ailleurs, fut reçu des principaux Membres de l'Empire. Rapportons trois Actes importans & nécessairement liés à cette grande affaire.

Déclaration de la Reine de Hongrie & de Bohême, pour associer le Grand-Duc de Toscane au Gouvernement de tous les Royaumes & Etats Héréditaires de la Maison d'Autriche.

H 3

Nous

„ Nous Marie-Therese, Reine de
„ Hongrie, de Bohême, &c. certifions & dé-
„ clarons par la préfente, pour Nous, nos
„ Héritiers & Defcendans, & faifons en mê-
„ me tems favoir à tous ceux qu'il appar-
„ tiendra :

„ Que comme il a plû au Tout-puiffant,
„ felon fa volonté impénétrable, d'appeller
„ à lui de cette vie mortelle, & de transférer
„ dans la bienheureufe éternité feue Sa Majef-
„ té Impériale, les Etats qu'elle poffédoit
„ Nous font immédiatement dévolus, comme
„ à la Fille aînée du dernier Hoir mâle, &
„ par conféquent l'unique Héritiére en vertu
„ du Droit naturel, fuivant l'ancien ufage é-
„ tabli dans notre Maifon Archiducale, &
„ conformément à la Pragmatique-Sanction
„ du 19. Avril 1713. qui a été acceptée avec
„ une dûe reconnoiffance par tous fes Royau-
„ mes héréditaires, & garantie par l'Empire
„ Germanique, auffi-bien que par la plupart
„ des Puiffances de l'Europe.

„ C'eft fur-tout notre volonté & notre in-
„ tention, que non feulement il ne foit pas
„ fait le moindre préjudice audit ufage éta-
„ bli dans notre Maifon, à l'ordre de Succef-
„ fion qui a été réglé le 19. Avril 1713. ou
„ à la Pragmatique-Sanction; mais que ces
„ difpofitions fervent plutôt de fondement à
„ toute la teneur de la préfente Déclaration,
„ & que par conféquent tout ce que Nous
„ y ferons connoître & réglerons, ne doit ê-
„ tre entendu ni pris dans aucun autre fens
„ qu'autant qu'il pourra être concilié avec la-
„ dite Pragmatique-Sanction, puifque Nous
„ re-

„ reconnoiſſons parfaitement qu'il n'eſt pas
„ en notre pouvoir de rien permettre qui
„ puiſſe y donner atteinte, & que notre très-
„ cher Epoux le Duc de Lorraine & de Bar,
„ Grand-Duc de Toſcane, n'eſt pas moins é-
„ loigné par lui-même de rien entreprendre
„ qui ne ſoit pas entiérement conforme, ou
„ qui pourroit être directement ou indirec-
„ tement contraire à l'Acte qui a été juré de
„ l'acceptation de notre renonciation.

„ Nous avons pareillement jugé, que l'on
„ ne pourroit point regarder ou expliquer
„ comme une choſe préjudiciable à ladite
„ Pragmatique-Sanction, ſi, réſervant ex-
„ preſſément tous les Droits qui à l'avenir,
„ & ſelon les événemens futurs, pourroient
„ appartenir, en vertu de cette diſpoſition,
„ aux autres *Expectans* ou *Expectantes*, Nous
„ nous déterminions, ſeulement pour le tems
„ que lesdits autres *Expectans* ou *Expectantes*,
„ conformément à l'ordre de Succeſſion qui y
„ eſt déclaré & établi, n'ont pas encore la moin-
„ dre prétention ſur les Royaumes & Etats hé-
„ réditaires qui nous ſont dévolus, comme il
„ eſt dit ci-deſſus, à en diſpoſer en faveur
„ de quelqu'un, quel qu'il ſoit, afin d'en jouïr,
„ les adminiſtrer & les gouverner conjointe-
„ ment avec Nous; & que Nous lui tranſ-
„ portaſſions, de cette maniére, une partie
„ des Droits qui Nous appartiennent unique-
„ ment, & à l'excluſion de tous autres.

„ En conſéquence de cette maxime fondée
„ ſur le Droit, & ayant conſidéré ultérieure-
„ ment, par rapport à notre Sexe, que la
„ proſpérité, le repos & la ſûreté de nos très-

H 4

„ fidé-

,, fidéles Royaumes & Etats héréditaires,
,, pourroient exiger, en plus d'une occasion,
,, que Nous fussions soulagée, par l'aide & les
,, soins d'une Personne affidée, du pesant far-
,, deau inséparable de tout Gouvernement;
,, Nous avons aussi fait attention qu'il est in-
,, dispensablement nécessaire pour l'avantage
,, général, non seulement de toute la Chré-
,, tienté, mais particuliérement pour le bien
,, de l'Empire Germanique, que les forces
,, unies de notre Maison Archiducale, telles
,, qu'elles ont été reconnues par les Traités
,, les plus solennels de paix & autres, soient
,, toujours en état de pouvoir être employées
,, à l'avenir à quelque fin salutaire. Ainsi
,, Nous avons trouvé que l'objet ci-dessus
,, ne pouvoit être ni mieux ni plus sûre-
,, ment rempli, qu'en Nous déterminant, pour
,, le tems ci-dessus mentionné, & sans Nous
,, dessaisir en quoi que ce soit de la pro-
,, priété de nos Royaumes & Etats héréditai-
,, res, qui doivent demeurer indissolublement
,, unis ensemble, & par conséquent sans le
,, moindre préjudice des autres *Expectans* ou
,, *Expectantes*, qui, par la susdite Pragma-
,, tique-Sanction, sont appellés à la Succes-
,, sion, dans les cas y exprimés; à conférer
,, & à transporter la Corrégence de tous
,, nos Royaumes & Etats héréditaires à no-
,, tre très-cher Epoux le Duc de Lorraine
,, & de Bar, Grand-Duc de Toscane, en fa-
,, veur duquel concourent d'ailleurs sa haute
,, naissance, son grand mérite, & le mariage
,, qu'il a si heureusement contracté avec Nous.
,, C'est pourquoi, après une mûre déli-
,, bé-

„ bération & de notre plein gré, Nous le
„ faifons par la préfente & en vertu de cet
„ Acte, non feulement pour Nous, mais auffi
„ pour tous nos Enfans & Héritiers légiti-
„ mes, tant préfens que futurs, à qui pour-
„ roit écheoir après Nous, fuivant le Droit
„ de primogéniture, la Succeffion des Royau-
„ mes & Etats héréditaires que Nous poffé-
„ dons, & cela de la maniére la plus forte
„ & la plus efficace qu'il fe puiffe, fans por-
„ ter préjudice à la Pragmatique-Sanction,
„ & en la ferme attente, que fi, dans le cas
„ où notre décès arrivera, celui ou celle de
„ nosdits Enfans ou Héritiers légitimes qui
„ devra fuccéder, n'eût pas encore accompli
„ fa dix-huitiéme année, la Régenee de tous
„ nos Pays héréditaires appartiendra à notre
„ très-cher Epoux, en qualité de Pére &
„ de Tuteur; & au furplus dans le cas où
„ celui ou celle qui doit nous fuccéder eût
„ alors déjà dix-huit ans accomplis, aucun de
„ nosdits Enfans ou Héritiers n'oubliera le
„ refpect filial qu'il lui doit, au point d'in-
„ quiéter leur Pére notre très-cher Epoux,
„ dans la part que Nous lui avons donnée
„ dans le Gouvernement, comme il eft dit
„ ci - deffus.
„ Mais afin que ce tranfport, & cette dé-
„ claration que Nous venons de faire de no-
„ tre volonté & de notre intention, ne puif-
„ fent être interprétés en mal, & que qui que
„ ce foit n'en puiffe abufer, pour caufer le
„ moindre préjudice à la fufdite Pragmati-
„ que-Sanction, ni aux autres Actes jurés de
„ renonciation, & refpectivement d'accep-

H 5

„ ta-

,, tation & d'acquiescement qui font fondés là-
,, deſſus ; Nous répétons non ſeulement tout
,, ce qui ſe trouve déjà exprimé très-clai-
,, rement ci-deſſus par rapport à leur exécution
,, inviolable ; mais de-plus notre très-cher E-
,, poux, pour plus grande ſûreté, a donné
,, une Déclaration reverſale , particuliére à
,, cet égard, & conçue dans les termes les
,, plus forts qu'il ſe puiſſe.
,, En foi dequoi, &c.

Le Grand-Duc accepta la Corrégence par
l'Acte ſuivant.

,, NOUS FRANÇOIS, &c. Certifions &
,, déclarons par la préſente, pour Nous, nos
,, Héritiers & Deſcendans, & faiſons ſavoir
,, en même tems à tous ceux à qui il appar-
,, tient. Que comme Sa Majeſté notre très-
,, chére Epouſe Marie - Théréſe, Reine de
,, Hongrie & de Bohême, a réſolu de ſon
,, plein gré de nous admettre à la Corrégen-
,, ce de tous ſes Royaumes & Etats hérédi-
,, taires, qui lui ſont immédiatement dévo-
,, lus par le décès de Sa Majeſté Impériale ſon
,, défunt Seigneur & Pére, ainſi & de la
,, maniére qu'il eſt plus amplement ſpécifié
,, dans l'Acte ſuivant.

(*Ici étoit inſéréε la Déclaration rapportée ci-deſſus.*)

,, Nous acceptons non ſeulement avec re-
,, connoiſſance, la *Conjouiſſance , Coadminiſtra-*
,, *tion & Corrégence* de tous lesdits Royaumes
,, & Etats héréditaires, qui Nous a été con-
,, ſé-

„ férée pour le tems qui y eft clairement
„ exprimé, en y ajoûtant expreſſément, que
„ Nous n'en prendrons point occaſion d'exi-
„ ger la préférence avant Sa Majeſté notre
„ Epouſe, qui n'en demeurera pas moins
„ toujours la feule & unique Héritiére ; mais
„ de-plus Nous nous engageons, de la ma-
„ niere la plus forte que faire ſe peut, & la
„ plus efficace en Droit, par les préſentes for-
„ melles Lettres reverſales, d'obſerver exac-
„ tement & d'accomplir fidélement toutes les
„ clauſes qui y ſont contenues, ſans excep-
„ tion, tellement qu'aucune raiſon ou pré-
„ texte que l'on pourroit imaginer ne pourra
„ ni ne devra Nous en diſpenſer. Nous pro-
„ mettons particuliérement de-nouveau, de la
„ maniére la plus efficace, de nous conformer
„ à tout ce qui eſt contenu & réglé dans
„ l'Acte ci-deſſus, par rapport au maintien de
„ la Pragmatique-Sanction du 19. Avril
„ 1713. & à l'obſervation fidéle de notre
„ Acte juré d'acceptation, ainſi que de la
„ renonciation pareillement jurée de notre E-
„ pouſe, comme auſſi enfin à l'égard de la
„ réſervation expreſſe des Droits, qui en ver-
„ tu de ladite Pragmatique-Sanction com-
„ pétent à tout autre *Expectant* ou *Expectan-*
„ *te.* A l'encontre de quoi la Corrégence
„ qui Nous a été conférée de la maniére qu'il
„ eſt dit ci-deſſus, ne pourra Nous ſervir
„ d'aucun prétexte : outre que d'ailleurs Nous
„ ſommes extrêmement éloigné d'avoir la vo-
„ lonté ou l'intention de Nous y porter ja-
„ mais.

 „ *Donné,* &ç.

L'Acte

L'Acte de la Reine pour conférer au Grand-Duc le Suffrage de Bohême étoit conçu en ces termes.

„ MARIE-THERESE, &c. la Dignité „ d'Electeur du Saint Empire Romain étant „ attachée à notre Royaume de Bohême, sui- „ vant la Bulle d'or de l'Empereur Charles „ IV. & les Princesses du Sang Royal devant „ succéder à la Couronne au défaut des Des- „ cendans mâles, & jouïr, sans aucune excep- „ tion ni restriction, de toutes les prérogati- „ ves qui lui sont attachées, suivant les Cou- „ tumes, Libertés & Priviléges, lesquels sont „ confirmés par la même Bulle d'or, il est „ manifeste & incontestable, que bien que „ notre Maison Archiducale se trouve sans „ Descendans mâles, la Dignité Electorale ne „ cesse point d'y résider, conformément aux- „ dits Priviléges & Libertés. Il est de-plus „ notoire que, tant avant la Bulle d'or que „ depuis, le Royaume de Bohême a été pos- „ sédé en différens tems par trois Princesses „ au défaut de Princes de la Maison Royale, „ sans que personne se soit jamais avisé de „ leur disputer la Dignité Electorale, ou „ se soit opposé au suffrage qu'elles a- „ voient droit de donner à l'Election d'un „ Empereur. C'est pourquoi ne pouvant non „ plus être privée du même Droit, non plus „ que de celui de le laisser aux Etats du „ Royaume, ou de le conférer au Duc de „ Lorraine & de Bar notre très-cher Epoux, „ Nous conférons & donnons tant pour Nous „ que pour nos Descendans, nés & à naître,

„ Prin-

,, Princes ou Princesses, en vertu des présen-
,, tes Lettres, audit Duc de Lorraine
,, & de Bar Grand-Duc de Toscane, notre
,, cher Epoux, le Droit que Nous avons,
,, conformément aux Libertés & aux Privilé-
,, ges de notre Royaume de Bohême, d'assister
,, en Personne ou par ses Envoyés à la Diéte
,, de l'Election d'un Empereur, pour y don-
,, ner sa voix, & excercer toutes les autres
,, fonctions de cette Dignité avec toutes
,, les prérogatives qui y sont attachées : Etant
,, persuadée qu'aucun de nos Descendans
,, présens & futurs ne manquera jamais de
,, respect envers le Duc leur Pére au point
,, de vouloir lui disputer le contenu de la
,, présente disposition, que Nous entendons
,, ne devoir porter aucun préjudice à
,, ceux ou à celles qui par la Pragmatique-
,, Sanction sont appellés à ladite Succession.
,, En foi dequoi nous avons signé la pré-
,, sente.

La Reine de Hongrie envoya aussitôt a-près le Comte de Collorédo en diverses Cours de l'Empire, pour y préparer les esprits sur une affaire qui devoit leur paroître nouvelle, & lui donna des instructions conformes à ses vues.

L'Electeur de Mayence, à qui il appartient d'inviter les Electeurs à se rendre au lieu accoutumé pour procéder à l'Election d'un nouvel Empereur, ne manqua pas d'y inviter le Prince que la Reine de Hongrie avoit revêtu du suffrage de Bohême.

Le Prélat étoit bon Autrichien, & il

n'auroit

n'auroit pas été fâché que le Grand-Duc eût été élu Empereur: mais à la réserve de l'Electeur d'Hanovre, les autres Electeurs n'étoient pas dans des dispositions si favorables.

Cependant la Reine de Hongrie souhaitoit passionnément de voir la Couronne Impériale sur la tête de son Epoux, & Elle n'oublia rien pour gagner des voix; & comme il étoit pour cet effet important au Grand-Duc d'être admis dans le Collége Electoral, il ne balança pas de demander qu'on assignât à Francfort, selon la coutume, un Logis pour son Ambassadeur. Mais le Roi de Pologne, à qui il convient de régler ces sortes de choses en qualité d'Electeur de Saxe & de Grand-Maréchal Héréditaire de l'Empire, ne répondit pas favorablement à cette prétention; & même il protesta contre l'exercice du Suffrage de Bohême, en quoi il fut imité par le Roi de Prusse, les Electeurs de Bavière, de Cologne & Palatin.

L'Electeur de Saxe publia en même tems les raisons de sa protestation. Je ne les rapporterai point ici, vu qu'on les retrouve dans la Lettre circulaire de la Reine de Hongrie, que je donne ci-dessous.

La Reine de Hongrie, informée de ces difficultés, tâcha de justifier ses prétentions dans la Lettre suivante.

„ MARIE-THERESE, &c. Nous avons apris
„ avec surprise qu'on forme des difficultés
„ contre l'administration de la Voix & de la
„ Dignité Electorale que Nous avons trans-
„ por-

„ portée au Duc, notre très-cher Epoux,
„ en vertu de l'inftrument rapporté ci-def-
„ fous.

„ On foutient d'un côté que le Droit d'é-
„ lire un Roi des Romains eft affecté à la
„ Perfonne des Electeurs, & uniquement at-
„ taché à leurs Charges héréditaires, & que
„ pour cette raifon il ne fauroit être exercé
„ ni par un Chapitre pendant la vacance du
„ Siége, ni par les Etats de Bohême au
„ défaut du Roi & Electeur de ce Royau-
„ me ; & qu'on ne fauroit produire aucun
„ exemple où cela foit arrivé.

„ D'un autre côté on convient, que dans
„ le fond la Dignité Electorale eft attachée
„ au Pays, & que notre Succeffion au Royau-
„ me de Bohême eft inconteftable, mais que
„ l'exercice de la Dignité Electorale requiert
„ une *Perfonne habile*, & que cette qualité
„ ne fe trouve point dans notre Sexe ; qu'il
„ eft dit fans limitation dans la Bulle d'or,
„ que les Dignités Electorales doivent être
„ exercées par des Mâles, & qu'au cas que
„ le Poffeffeur n'ait point l'habileté requi-
„ fe, ce fera au plus proche Agnat à l'exer-
„ cer, d'autant que la Dignité d'Electeur eft
„ établie dans la Defcendance mâle, confor-
„ mément à la nature des Fiefs d'Allemagne,
„ & en particulier des Electorats & des Char-
„ ges héréditaires ; qu'on ne pouvoit avoir
„ recours à l'expédient de faire donner fon
„ Suffrage & adminiftrer la Charge héréditaire
„ par des Ambaffadeurs ; parce qu'il faudroit
„ accorder la même prérogative à une Tu-
„ trice, contre la Bulle d'or, qui exclut les

„ pro-

,, propre Mére d'un Electeur de la Tutéle de
,, ſon Fils, & l'attribue en termes exprès au
,, plus proche Agnat ; qu'on ne pouvoit tranſ-
,, porter à un autre l'exercice d'un droit
,, qu'on n'avoit pas ſoi-même ; que lors de
,, la réadmiſſion de la Couronne de Bohême à
,, le Diéte, il n'avoit été rien ſtipulé en fa-
,, veur des Princeſſes ; que la Pragmatique-
,, Sanction n'en demeuroit pourtant pas moins
,, en ſon entier, & que la Couronne de Bo-
,, hême n'encouroit aucun danger de perdre
,, ſa Dignité Electorale, attendu que ceux
,, qui ont pris à tâche la défenſe de cette
,, Sanction, diſoient eux-mêmes, qu'en tout
,, cas la Dignité Electorale pourroit être ce-
,, dée au Mari, comme on en avoit des exem-
,, ples ; mais qui ne ſont pas aplicables ici,
,, d'autant qu'on ne ſauroit imaginer aucune
,, eſpéce de ceſſion, qui ne fût directement
,, oppoſée à l'eſprit & à la lettre de la Prag-
,, matique-Sanction.

,, C'eſt ſans-doute ſur ce dernier point que
,, roule toute la difficulté ; car ſi la ceſſion
,, peut ſe faire ſans porter atteinte à la Pragma-
,, tique-Sanction, tout le fondement des dernié-
,, res objections que l'on vient de faire croûle
,, de lui-même. Les *Expectans* & *Expectantes*,
,, qui ſont appellés à la Succeſſion, au défaut
,, de tous les Deſcendans de l'Empereur Char-
,, les VI. ont un intérêt particulier à croire
,, & à ſoutenir, que la Dignité Electorale de
,, Bohême, en vertu de ſa nature, confirmée
,, par la Bulle d'or, n'eſt aucunement éteinte
,, pár les Femmes, mais qu'au-contraire elles
,, peuvent en faire le transport. Ceci eſt
,, mani-

,, manifeste, puisque les perfonnes, qui après
,, l'extinction de la Ligne mâle *Caroline* font
,, appellées à la Succeffion de quelque fexe
,, qu'elles foient, ne fauroient avoir aucun
,, droit que du chef des Femmes, &, comme
,, le remarque lui-même avec raifon l'Au-
,, teur des objections rapportées ci-deffus, per-
,, fonne ne fauroit transmettre ou communi-
,, quer un Droit qu'il n'a pas lui-même.
,, Auffitôt que toute la Defcendance mâle de
,, la Maifon d'Autriche a été éteinte, il eft
,, impoffible qu'il exifte plus aucun Agnat,
,, & en conféquence il eft auffi impoffible,
,, felon les propres principes de l'Auteur, qui
,, veut qu'aucune atteinte ne foit portée à
,, la Pragmatique-Sanction, qu'on faffe ici
,, l'aplication de ce qui eft ftatué dans la
,, Bulle d'Or par rapport aux Agnats, n'y
,, ayant aucun qui exifte dans le cas préfent.
,, Comment donc concilier ces deux propo-
,, fitions, l'une que, comme on en convient,
,, la Dignité Electorale n'eft pas éteinte,
,, & l'autre que les Femmes ne fauroient
,, la tranfporter? La chofe eft fi évidente,
,, qu'on ne feroit que l'obfurcir en vou-
,, lant l'éclaircir; car on ne fauroit épou-
,, fer le fyftême de la Partie adverfe, fans
,, s'engager dans une contradiction manifefte;
,, au-lieu qu'on n'a qu'à jetter les yeux fur
,, le contenu des Actes d'affociation à la Ré-
,, gence & du tranfport du Suffrage & de la
,, Dignité Electorale, pour être convaincu
,, qu'aucun de ces deux Actes ne porte le
,, moindre préjudice au *Expectans* & *Expectan-*
,, *tes* (de même que le Duc notre Epoux eft

„ infiniment éloigné d'en avoir la moindre
„ penſée) d'autant que par ces Inſtrumens
„ on ne fait aucun tranſport en propriété,
„ mais ſeulement celui d'une adminiſtration
„ à faire au nom d'autrui, & reſtrainte ex-
„ preſſément au tems que le Droit éventuel
„ des *Expeĉtans* & *Expeĉtantes* n'a pas encore
„ lieu, en vertu de la Pragmatique-Sanĉtion,
„ que la Partie adverſe prend elle-même pour
„ régle dans cette affaire. On peut même
„ dire que les *Expeĉtans* & *Expeĉtantes* ne
„ ſauroient attaquer l'un ou l'autre de ces Ac-
„ tes, ſans ſe porter préjudice à eux-mêmes,
„ vu que tous les Deſcendans des autres Ar-
„ chiducheſſes ne peuvent avoir aucun droit
„ que du chef des Femmes, & que ſi celles-
„ ci ne ſont point *habiles*, & n'en peuvent a-
„ voir elles-mêmes, comme on le prétend,
„ elles ne ſauroient tranſporter à un autre
„ un droit qui ne leur convient pas, ni mê-
„ me lui en céder l'adminiſtration, quand ce
„ ne ſeroit que pour un tems limité : d'où il
„ s'enſuit que le Droit même peut encore
„ moins écheoir, ou paſſer à un autre de leur
„ chef.

„ Au ſurplus, comme on tombe d'accord
„ que les exemples qu'on a trouvés dans
„ l'Hiſtoire ſont favorables au Mari de l'Héri-
„ tiére, toute la difficulté, par rapport à la
„ derniére objeĉtion, ſe réduit à ce qu'en
„ ſuivant les traces des exemples & de l'uſage,
„ on feroit une brêche à la Pragmatique-
„ Sanĉtion. Mais on répond que le Droit
„ que donne cette Sanĉtion, n'eſt qu'éven-
„ tuel, & qu'en conſéquence une admini-
„ ſtra-

,, ftration reftrainte au tems que ce Droit
,, n'exifte pas encore actuellement, ne fau-
,, roit lui porter préjudice avant fon exi-
,, ftence.

,, Les premiéres objections qu'on a rappor-
,, tées au commencement de cette Lettre, font
,, encore de moindre poids, que celles qu'on
,, vient de réfuter; car elles font fondées
,, fur des principes contradictoires, preuve
,, certaine qu'on manque de bonnes raifons.
,, On tombe d'accord qu'il y a des exemples
,, que la Dignité Electorale a été tranfportée
, au Mari de l'Héritiére, & que cette Digni-
,, té eft attachée à la Couronne ; & dans le
,, tems qu'on rend cette juftice à la vérité,
,, on cherche cependant dequoi la combattre.
,, Mais on n'a qu'à voir l'extrait des Inftruc-
,, tions données au Comte de Collorédo, &
,, à quelques-uns de nos Miniftres, le mois
,, dernier, qui fera rapporté ci-deffous, pour
,, fe convaincre que nous n'avons jamais fon-
,, ge à alléguer l'exemple des Chapitres,
,, pendant la vacance du Siége ; & que c'eft
,, pareillement contredire ce qui eft de no-
,, toriété publique, que de foutenir *que le*
,, *Droit d'élire un Roi des Romains eft unique-*
,, *ment attaché à la Charge héréditaire* : car fi
,, cela étoit vrai, il faudroit raifonner fur le
,, même pied du fuffrage des Electeurs Pala-
,, tins & d'Hanovre, dont on n'a pas encore
,, déterminé la Charge héréditaire, ce que per-
,, fonne n'entreprendra de foutenir.

,, L'extrait dont on a fait mention, con-
,, tient la réfutation des premiéres objections
,, qu'on a rapportées, l'exemple de ce qui

I 2

,, s'eft

„ s'est passé à l'Election de l'Empereur Char-
„ les - Quint, réduisant, pour ainsi dire, en
„ poudre les fondemens sur lesquels elles
„ sont appuyées. Après la mort de l'Empe-
„ reur Maximilien I. le Roi Louis de Bohê-
„ me, Fils du Frére du Roi Sigismond de Po-
„ logne, & qui étoit encore mineur, fut ap-
„ pellé par la dénonciation accoutumée à
„ l'Election d'un nouvel Empereur. Comme
„ il ne résidoit pas à Prague, l'insinuation y
„ fut faite aux Régens & aux Conseillers. Le
„ tems de l'Assemblée Electorale étant arrivé,
„ il y parut deux sortes d'Ambassadeurs de
„ la part du Royaume de Bohême, dont
„ les uns étoient députés par les Etats mê-
„ mes & le Roi mineur, & les autres par
„ Sigismond Roi de Pologne, comme le plus
„ proche Agnat. Les premiers plaidant leur
„ cause contre ceux-ci, firent voir (NB) qu'a-
„ vant la Bulle d'Or le Royaume & la Cou-
„ ronne de Bohême avoient obtenu un Privi-
„ lége, en vertu duquel le Droit de Suffrage
„ devoit appartenir aux Prélats, à la Noblesse
„ & aux Chevaliers, de façon que ses plus
„ proches Agnats, dont les droits étoient ré-
„ glés par rapport aux autres Electorats,
„ n'en avoient aucun par rapport à celui de
„ Bohême ; la liberté de ce Royaume consi-
„ stant en particulier dans cette prérogative,
„ qui lui assure le Droit de Suffrage d'une
„ maniére si positive, que dans le susdit Pri-
„ vilége, la Couronne est même nommée a-
„ vant le Roi. *Ladislas de Stemberg* exposa
„ ces motifs & quelques autres avec tant d'é-
„ nergie, que l'Ambassade des Etats de Bo-
„ hême

„ hême fut préférée par les autres Electeurs
„ à celle du Roi de Pologne, comme le prou-
„ vent les Actes de Charles-Quint, & cela
„ avec cette addition, conformément à la *Bul-*
„ *le d'Or.*

„ L'Histoire & les anciens Documens pour-
„ roient fournir plusieurs autres remarques
„ importantes sur cette affaire, mais on se
„ contentera pour le présent de marquer ce
„ qui suit. On voit par la Bulle d'Or, ainsi
„ que par les exemples antérieurs & posté-
„ rieurs, que l'Electorat de Bohême ressem-
„ ble aux autres Electorats, en ce qu'il est at-
„ taché au Pays, comme le dit expressément
„ la Bulle d'Or; mais quant au reste il en
„ diffère du tout au tout, & est d'une nature
„ toute particuliére.

„ La Succession Féminine n'a point lieu
„ dans les autres Electorats, mais elle est
„ reçue & établie dans celui de Bohême. Or
„ comme il est décidé, *quod Regno Bohemiæ*
„ *Dignitas Electoralis perpetuò inhæreat*, que
„ la Dignité Electorale est attachée à perpé-
„ tuïté au Royaume de Bohême, il s'ensuit
„ nécessairement, que lorsqu'une Femme suc-
„ céde dans ce Royaume, il ne perd pas pour
„ cela cette Dignité, qu'elle ne s'éteint pas
„ pour cela, & qu'on ne sauroit apliquer ici
„ ce qui est statué par rapport aux plus proches
„ Agnats, d'autant qu'il n'y en a même point
„ dans ce cas. Il y a plus. La Bulle d'Or
„ déclare en termes exprès, que si le cas ar-
„ rivoit que les Etats de Bohême dussent
„ élire un Roi, la Dignité Electorale lui ap-
„ partiendroit; mais ce cas ne peut arriver
„ aussi longtems qu'il y aura des Princesses

I 3

„ du

,, du Sang Royal, comme le déclare positive-
,, ment Charles IV. Auteur de la Bulle d'Or,
,, dans le Privilége accordé aux Etats en 1348,
,, qui étant imprimé depuis plusieurs années,
,, est connu de tout le monde ; lequel Privi-
,, lége a été accordé avant la publication de
,, la Bulle d'Or, & c'est à lui que se rapporte
,, cette Bulle en termes exprès dans l'en-
,, droit où il est fait mention de la maniére
,, de succéder dans le Royaume de Bohême,
,, & de l'inséparabilité de la Dignité Electo-
,, rale. Or si, selon la disposition expresse
,, de la Bulle d'Or, le Prince, qui après
,, l'extinction totale des Femmes seroit élu
,, Roi de Bohême, seroit en même tems revê-
,, tu du Suffrage Electoral, comment donc &
,, sous quel prétexte disputer le même avan-
,, tage à une Héritiére, qui par sa naissance
,, y a un droit & plus proche & plus solide ?
,, Dira-t-on que pendant ce tems là la Digni-
,, té Electorale aura été éteinte, & qu'elle a
,, été ressuscitée par l'extinction de la Descen-
,, dance Féminine ? Ce seroit renverser & dé-
,, truire ce qui est ordonné clairement dans la
,, Bulle d'Or, *quod Regno Bohemiæ Dignitas Elec-*
,, *toralis perpetuò inhæreat* ; & l'on ne pourroit
,, d'ailleurs adopter cette alternative d'Ex-
,, tinction & de Réfutation de la Dignité E-
,, lectorale de Bohême, sans s'embarquer dans
,, une absurdité embarrassante. Mais si la
,, Dignité Electorale n'est pas éteinte, de
,, deux choses l'une, ou elle doit être exer-
,, cée par l'Héritiére même, ou bien l'admini-
,, stration en doit être transportée à un au-
,, tre. Car il n'est pas ici question d'un
,, Ag-

„ Agnat, comme on l'a démontré; & lors-
„ qu'il y avoit un Agnat, la Couronne de
„ Bohême n'a pas observé à son égard, ce qui
„ est ordonné dans la Bulle d'Or par rapport
„ aux Agnats; puisque pendant la minorité
„ du Propriétaire, les Etats ont géré ordinai-
„ rement l'Administration du Royaume; &
„ leur Ambassadeur, comme nous l'avons fait
„ voir, a été reconnu & reçu sans difficulté
„ par les Electeurs à l'Election de l'Empe-
„ reur Charles - Quint; ce qui est une preu-
„ ve bien évidente, que le fondement sur le-
„ quel est établie la Tutéle *Agnatique*, pres-
„ crite par la Bulle d'Or, ne subsistant plus,
„ & que n'étant point non plus possible que
„ la tutéle de chaque Personne mineure ha-
„ bile au Trône, soit toujours confiée a un
„ Agnat, cette disposition ne peut être en-
„ tendue de la Dignité Electorale de Bohême.
„ De façon que, vu que cette Dignité con-
„ tinue à subsister, & qu'il est impossible
„ qu'après l'extinction totale des Mâles elle
„ soit exercée par un Agnat, il est au
„ pouvoir de l'Héritiére de la faire exercer,
„ pour le tems que ce Royaume, & par con-
„ séquent la Dignité Electorale qui lui est
„ attachée, lui appartiennent privativement
„ & à l'exclusion de tout autre, soit par son
„ Mari, soit par les Etats du Royaume, soit
„ même par des Ambassadeurs.
„ La différence qu'il y a à ce sujet entre les
„ autres Electorats & celui de Bohême, est
„ fondée dans la raison qui ne permet pas
„ aux Méres, qui ont la tutéle des autres E-
„ lecteurs pendant leur minorité, d'exercer

I 4

„ leurs

„ leurs fonctions par des Ambassadeurs ou En-
„ voyés, parce que leurs Electorats ne sont
„ affectés qu'aux Descendans mâles, & qu'au
„ contraire l'Electorat de Bohême, comme
„ on en tombe d'accord, n'exclut pas les Fem-
„ mes.

„ A ces causes si à la Cour où vous vous
„ trouvez, on a quelque scrupule par rapport
„ au transport dont il est fait mention au
„ commencement de cette Lettre, nous per-
„ mettons que vous en donniez copie, ainsi
„ que des extraits qui l'accompagnent, afin
„ de lever le moindre doute qui pourroit
„ subsister à ce sujet; & qu'on voye en mê-
„ me tems que l'Electeur de Mayence a pu
„ d'autant moins, dans la conjoncture présen-
„ te, se dispenser d'inviter la Couronne de
„ Bohême à l'Election, que l'Histoire nous
„ aprend que le Roi Ladislas de Hongrie &
„ de Bohême, n'ayant pas été invité à l'Elec-
„ tion de l'Empereur Maximilien I. à cause
„ qu'il avoit fait une alliance avec les Turcs
„ & envahi les Etats de la Maison d'Autri-
„ che, ce Prince s'en tint offensé, & poussa
„ la chose si loin, que l'Electeur Bertholde
„ fut obligé de lui donner des Lettres rever-
„ sales, dans lesquelles il déclaroit que ceci
„ ne devoit porter aucun préjudice à la Cou-
„ ronne de Bohême, & que si on négligeoit
„ une autre fois de faire cette invitation, on
„ seroit tenu de payer l'amende prescrite
„ dans le Privilége du Royaume de Bohême.
„ *A Vienne le* 20. *Décembre* 1740.
Les Cours de Saxe & de Baviére ne goûté-
rent pas les raisons contenues dans cette Lettre.

tre. Le Roi de Pologne Electeur de Saxe
prétendit au - contraire que fi l'exercice de la
Voix de Bohême avoit lieu, il ne pouvoit appartenir qu'à lui feul, étant le plus proche
Agnat, ou plutôt au Prince Electoral fon Fils,
qu'il déclara Majeur dans la vue de lui transporter les fonctions de l'Electorat de Bohême dans la Diéte d'Election. On vit paroître en même tems plufieurs réfutations du
Refcrit de la Reine de Hongrie, tant de la
part de l'Electeur de Baviére que de celui de
Saxe.

,, Pendant que la Couronne de Bohême eft
,, fur la tête d'une Princeffe (difoit une de
,, ces Réfutations) la Dignité Electorale at-
,, tachée à cette Couronne demeure fans ac-
,, tivité; ce qui eft fondé fur deux principes
,, immuables reconnus de tout tems dans
,, l'Empire. & auxquels on n'a jamais entre-
,, pris de donner la plus légére atteinte dans
,, les circonftances mêmes les plus orageu-
,, fes.

,, L'une de ces maximes fondamentales eft,
,, que les Dignités Electorales de l'Empire
,, font abfolument inféparables de la poffef-
,, fion & du titre des Principautés dont elles
,, dépendent.

,, L'autre, que ces Dignités font des Offices
,, purement virils, dont les Femmes ne peu-
,, vent être admifes à faire les fonctions par
,, elles - mêmes, & encore moins par d'au-
,, tres perfonnes qui les repréfentent.

,, C'eft donc vouloir détruire tous les
,, fondemens de la partie la plus précieufe de
,, l'Empire, que de foutenir, comme on fait
I 5
,, dans

,, dans le Refcript de Vienne, qu'une Prin-
,, ceffe peut aujourd'hui , fans abdiquer le
,, Royaume de Bohême , tranfporter à un
,, Prince étranger fon Epoux la Dignité d'E-
,, lecteur attachée à cette Couronne , ou en
,, faire exercer par lui les auguftes fonc-
,, tions.

,, Cette propofition eft inouïe dans l'Empi-
,, re.   Cette tentative eft une nouveauté fans
,, exemple , & qui ouvre la porte à ne plus
,, rien refpecter de ce que tous les Siécles ont
,, regardé comme inviolable & facré.

,, Les exemples cités dans le Refcript prou-
,, vent tout le contraire de ce qu'on y an-
,, nonce.

,, Jean de Luxembourg Fils de l'Empereur
,, Henri VII. fut élevé à la Couronne de
,, Bohême en époufant la Princeffe Elifabeth
,, Sœur de Wenceflas Roi de Bohême, mort
,, fans Héritiers mâles. Il fut invité en 1314.
,, à l'Election qui fut faite de l'Empereur
,, Louis de Baviére ; mais il n'y affifta nul-
,, lement au nom de la Reine fon Epoufe :
,, il y fut admis de fon chef en qualité de
,, Roi , & par conféquent Electeur de Bo-
,, hême.

,, En 1438. Albert II. Gendre du Roi Si-
,, gismond, fut, après la mort de fon Beau-
,, pére, reconnu Roi de Bohême par le fuf-
,, frage d'une partie des Etats. Une autre par-
,, tie avoit appellé le Prince Cafimir Frére du
,, Roi de Pologne ; & dans ces circonftances
,, la dénonciation pour l'Election d'un Empe-
,, reur fut faite aux Etats de Bohême, foit à
,, caufe de l'abfence du Roi Albert II. foit à
,, caufe

„ caufe de la concurrence des deux Rois.
„ Quoi qu'il en foit, il eft très-remarquable
„ que dans cette occafion il ne fut nullement
„ queftion de la Reine Elifabeth, Fille uni-
„ que du dernier Roi de Bohême, & par
„ conféquent Héritiére de ce Royaume.

„ Enfin le Roi Ferdinand I. qui avoit é-
„ poufé la Princeffe Anne Fille de Ladiflas
„ IV. & Sœur de Louis II. tous deux Rois
„ de Bohême, n'affifta point au nom de la
„ Reine fon Epoufe à la Diéte Electorale qui
„ fut convoquée à la fin de l'année 1530. Ce
„ Prince avoit été couronné Roi de Bohême;
„ & ce fut en cette qualité qu'il donna fon
„ fuffrage comme perfonnellement Roi-Elec-
„ teur de Bohême.

„ Ainfi aucune des trois Héritiéres de Bo-
„ hême dont il eft parlé dans le Refcript de
„ Vienne, n'a fait les fonctions de la Dignité
„ Electorale, foit en perfonne, foit en tranf-
„ portant la Dignité d'Electeur au Prince fon
„ Epoux, ou en l'affociant & le commettant
„ pour elle.

„ Ce tranfport, cette commiffion, ou cette
„ affociation faite par une Héritiére de Bohê-
„ me feule Reine, en faveur d'un Prince étran-
„ ger fon Epoux, & qui n'a pas lui-même le
„ caractére de Roi de Bohême, font abfolu-
„ ment incompatibles avec la nature des Di-
„ gnités Electorales de l'Empire.

„ Toute Dignité Electorale eft de fa natu-
„ re un Office Seigneurial & Féodal, qui ne
„ fauroit être détaché de la poffeffion du
„ Territoire, ni du titre de la Principauté.
„ C'eft une qualité rélative, & que l'on peut
„ auffi peu détacher de l'Etat Electoral, que
„ la

„ la qualité de Souverain peut être séparée
„ de la poffeffion d'une Souveraineté.
„ La Bulle d'Or de l'année 1356. eft for-
„ melle fur ce point. Cette célébre Confti-
„ tution de l'Empire n'attribue les Fonctions
„ Electorales qu'au Poffeffeur actuel de l'E-
„ tat Electoral ; & à cet égard elle foumet
„ la Principauté Electorale à la Loi commu-
„ ne.

„ La Bulle déclara d'abord, que le Roi
„ de Bohême, le Comte Palatin du Rhin,
„ le Duc de Saxe, & le Marquis de Bran-
„ debourg ; le premier, *en vertu de fon*
„ *Royaume* ; & les autres, *en vertu de leurs*
„ *Principautés*, ont Droit, Voix & Séance en
„ l'Election d'un Roi des Romains, futur Em-
„ pereur, &c.

„ Cette Bulle ajoûte, que comme toutes
„ & chacune des Principautés, en vertu
„ desquelles on fait que les Princes Elec-
„ teurs Séculiers ont Droit & Voix à l'Elec-
„ tion du Roi des Romains, futur Empe-
„ reur, font tellement attachées & infépa-
„ rablement unies à ce Droit, & aux Fonc-
„ tions, Dignités, & autres Droits y appar-
„ tenans & en dépendans, que le Droit,
„ la Voix, l'Office & la Dignité, & les au-
„ tres Droits qui appartiennent à chacune des-
„ dites Principautés, *ne peuvent écheoir qu'à*
„ *celui qui poffède notoirement la Principauté*
„ *avec la Terre*, les Vaffelages, Fiefs, Do-
„ maines & fes appartenances, &c.

„ Il eft ordonné, qu'à l'avenir chacune
„ desdites Principautés demeurera, & fera fi
„ étroitement & indivifiblement conjointe &
„ unie

„ unie avec la Voix d'Election, que quiconque
„ fera paifible Poffeffeur d'une desdites Prin-
„ cipautés, jouïra auffi de la libre & paifi-
„ ble poffeffion du Droit, de la Voix, de
„ l'Office, de la Dignité, & de toutes les
„ autres appartenances qui la concernent, &
„ fera réputé de tous vrai & légitime E-
„ lecteur, & comme tel on fera tenu à l'in-
„ viter, recevoir & admettre, *& non autres*,
„ avec les autres Princes, en tout tems, &
„ fans aucune contradiction, aux Elections
„ des Rois des Romains, *fans qu'aucune des*
„ *chofes fusdites, attendu qu'elles font ou doi-*
„ *vent être inféparables, puiffe être en aucun*
„ *tems divifée ou féparée de l'autre…… vou-*
„ *lant que toute audience foit refufée à celui*
„ *qui demandera l'une fans l'autre, & que fi*
„ *par fuprife ou autrement il l'obtenoit……*
„ *le tout, & ce qui en pourroit émaner, foit*
„ *de nul effet & actuellement nul.*

„ Si aujourd'hui on vouloit faire une Loi
„ pour décider que l'Exercice actuel du
„ Droit d'élire un Succeffeur au feu Empe-
„ reur Charles VI. ne peut appartenir à ce-
„ lui qui n'eft pas perfonnellement Roi-E-
„ lecteur de Bohême, & que l'Acte con-
„ traire de la Cour de Vienne eft abfolument
„ nul, pourroit-on rédiger cette Loi en des
„ termes plus clairs & plus exprès que ceux
„ de la Bulle d'Or? On ne pourroit y ajoû-
„ ter que les noms.

„ Les Etats de Bohême que l'on cite dans
„ le Refcript de Vienne, & le Roi Ferdi-
„ nand II. depuis Empereur, ont reconnu ces
„ vérités fondamentales, comme on le peut
„ voir

,, voir dans la Lettre des Etats du 3. Juil-
,, let 1619. & dans les autres Piéces rappor-
,, tées par Londorp: mais ces Actes ne fai-
,, fant que citer les termes de la Bulle d'Or
,, que l'on a vus ci-deſſus, il feroit inutile
,, des les tranſcrire.

,, Ainſi le don & la ceſſion de la Dignité
,, Electorale de Bohême, fait en dernier lieu
,, en faveur d'un Prince qui n'eſt pas Roi
,, de Bohême, ſont évidemment nuls &
,, abuſifs. Quelque nom que l'on donne à
,, cet Acte, quelques couleurs qu'on recher-
,, che pour les ſoutenir, rien ne peut ſupléer
,, à la qualité de Roi de Bohême eſſentiel-
,, lement requiſe pour être auſſi Electeur de
,, Bohême. Ces deux caractéres ſont inſépa-
,, rables, comme étant attachés par les Con-
,, ſtitutions de l'Empire à la poſſeſſion réel-
,, le & perſonnelle de la même Souveraineté.

,, Il y a dans quelques Pays des Fiefs *en*
,, *l'air*, ainſi nommés, parce qu'ils n'ont point
,, d'aſſiette fixe ſur une Terre: mais ce feroit
,, un prodige inouï dans l'Empire, que d'y
,, voir un Electeur *en l'air*, c'eſt-à-dire, ſans
,, poſſeſſion d'une Principauté Electorale.

,, La ceſſion de la Dignité d'Electeur faite
,, par une Reine de Bohême au Prince ſon
,, Epoux qui n'en eſt pas Roi, ne pourroit
,, pas même valoir par forme de procuration.

,, La raiſon en eſt ſenſible. Un Député ne
,, fait que repréſenter une Perſonne abſente,
,, qui feroit admiſe elle-même ſi elle ſe pré-
,, ſentoit. Le Député ne ſauroit avoir plus
,, de droit que la Perſonne qui l'a commis.
,, Or il eſt inconteſtable que, quoiqu'une Fem-

me

,, me puiſſe ſuccéder au Royaume de Bohê-
,, me, elle eſt incapable par ſon ſexe de faire
,, les fonctions de la Dignité d'Electeur atta-
,, chée à cette Couronne. Cette Dignité
,, eſt un Office purement viril, dont les Fem-
,, mes ſont exclues.

,, Le Royaume de Bohême eſt échu plu-
,, ſieurs fois à des Femmes, mais on n'a ja-
,, mais vu d'Héritiére de Bohême ſiéger dans
,, une Diéte Electorale. Il n'y en eut jamais
,, d'invitée à y aſſiſter; & jamais l'Ambaſſa-
,, deur d'une Héritiére de Bohême n'y fut
,, admis.

,, Qu'on parcoure tous les Faſtes de l'Em-
,, pire, qu'on recherche curieuſement ce qui
,, s'eſt paſſé dans des tems de confuſion, où
,, tant d'autres Loix ont été négligées, on
,, trouvera que celle-ci fut toujours immua-
,, ble. L'Empire n'eut jamais pour Chef une
,, Femme, & jamais Femme n'élut un Empe-
,, reur. Les exemples déjà rapportés ne laiſ-
,, ſent ſur ce point aucun doute.

,, La Cour de Vienne paroît elle-même ſi
,, perſuadée de ces derniéres vérités, qu'on n'y
,, prétend pas que l'Epoux d'une Reine de Bo-
,, hême la repréſente comme Ambaſſadeur,
,, ou comme Député, mais qu'il ſoit admis à
,, la Diéte Electorale de ſon chef, en quali-
,, te d'Electeur; & c'eſt pour arriver à ce
,, but, qu'on a imaginé la voie de la ceſſion
,, & du transport de la Dignité Electorale de
,, Bohême, en la détachant de cette Cou-
,, ronne.

,, Mais on a démontré ci-deſſus, que ce
,, nouveau biais eſt impraticable, parce que

,, c'eſt

,, c'eſt la poſſeſſion de la Terre, en qualité de
,, Prince, qui peut ſeule donner le titre & le
,, caractére d'Electeur. Il y a bien quatre
,, ſiécles, que la Bulle d'Or ayant prévu cet-
,, te ſubtilité, l'a condamnée, même en décla-
,, rant nulle l'Election d'un Empereur qui au-
,, roit été faite en conſéquence d'une telle en-
,, trepriſe.

,, La Bulle d'Or n'admet qu'une ſeule ex-
,, ception à la régle générale.

,, Lorsqu'un Electeur eſt mineur, c'eſt ſon
,, plus proche Parent mâle & ſéculier qui,
,, ſans être propriétaire de l'Electorat, exerce
,, comme Tuteur & Adminiſtrateur du jeune
,, Prince la Dignité Electorale. Mais cette
,, exception confirme encore l'exclufion &
,, l'incapacité des Femmes, puisque c'eſt un
,, Parent mâle, & ſouvent éloigné, qui doit
,, faire les fonctions d'Electeur, préférable-
,, ment à la Mére du jeune Prince, qui ſe-
,, roit ſa Tutrice naturelle.

,, D'ailleurs, puiſqu'il n'y a point aujour-
,, d'hui de Roi de Bohême mineur, ce n'eſt
,, point le cas de l'Adminiſtration.

,, Dès que le Trône eſt occupé par une Per-
,, ſonne que ſon ſexe rend incapable des
,, Fonctions Electorales, il ne peut y avoir
,, lieu à l'adminiſtration d'un Droit de Suffra-
,, ge qu'elle n'a pas. Un Adminiſtrateur ne
,, peut avoir plus de droit que celui dont
,, il occupe la place.

,, Les Etats-mêmes du Royaume de Bo-
,, hême ne pourroient point uſer, en ce cas,
,, du Droit d'Adminiſtration, dont il eſt parlé
,, fort

,, fort inutilement, & fans leur avèu dans
,, le Refcript de Vienne.

,, La fituation actuelle des chofes ne don-
,, ne pas lieu d'entrer à cet égard dans la
,, difcuffion du Droit des Etats; mais il eft
,, aifé de fatisfaire la curiofité de ceux qui
,, voudroient favoir ce qui en pourroit être.

,, Il en eft des Etats de Bohême, comme du
,, Chapitre qui a droit d'élire un Archevê-
,, que Electeur de l'Empire. Ce Chapitre
,, dans lequel réfide, comme en fa fource, la
,, Dignité Electorale, ne fauroit néanmoins,
,, pendant la vacance du Siége, adminiftrer
,, cette Dignité, ni en Corps, ni par un Dé-
,, puté d'entre les Chanoines que le compo-
,, fent. Il ne peut, fuivant les Conftitu-
,, tions de l'Empire, que nommer un Arche-
,, vêque Electeur.

,, De-même les Etats de Bohême ne peu-
,, vent en aucun cas adminiftrer la Dignité
,, Electorale, foit en Corps, foit par un Dé-
,, puté. Ils ne peuvent qu'élire un Roi lorf-
,, que le Trône eft vacant : & quand ce Trône
,, eft occupé par une Perfonne incapable des
,, Fonctions Electorales, ils ont à tous égards
,, les mains liées.

,, Ce n'eft pas que la Dignité Electorale
,, de Bohême ne fubfifte toujours, mais elle
,, demeure fufpendue jufqu'à ce qu'il y ait
,, un Sujet capable d'en faire les fonctions.

,, Une Reine de Bohême & un Prince é-
,, tranger fon Epoux peuvent donner la naif-
,, fance à un Prince futur Electeur. C'eft à
,, cela que fe réduit actuellement tout leur-
,, pouvoir.

 ,, La

,, La Reine est incapable de faire les
,, Fonctions Electorales, à cause de son sexe;
,, & le Prince son Epoux, parce qu'il n'est
,, pas Roi de Bohême.

,, Enfin le Droit de Suffrage Electoral ne
,, résidant actuellement sur aucune Tête capa-
,, ble, par son sexe & par son Caractére Ro-
,, yal, de l'exercer, personne au monde ne
,, peut en être Administrateur.

,, Telles sont les Constitutions fondamenta-
,, les de l'Empire, que l'intérêt de la Patrie
,, a profondément gravées dans le cœur de
,, ses premiers Princes; & que le Rescript de
,, Vienne tentera vainement d'y effacer.

La Reine ne desespéra pas de faire agréer
à l'Empire l'expédient de la Corrégence, malgré toutes ces contradictions. Elle s'ap-
pliqua sur-tout à gagner ceux des Electeurs
qui pendant l'interrégne sont regardés comme les Chefs de cet auguste Corps. Les liaisons de l'Electeur Palatin, qui exerce le Vicariat sur les Cercles du Bas-Rhin avec l'E-
lecteur de Baviére, ne lui permettoient pas
d'en rien espérer de favorable. Elle crut que
le Roi de Pologne, Vicaire de l'Empire dans
les Cercles de la Haute & Basse Saxe, seroit
moins difficile à persuader, n'ayant pas les
mêmes liaisons avec une Maison qui paroissoit
résolue de rompre avec l'Héritiére de Charles VI. Dans cette idée le Comte de Kévenhuller, aussi adroit Négociateur qu'habile Général, fut envoyé à Dresde.

Il entra en conférence avec les Ministres
de Sa Majesté Polonoise; leur représenta qu'il
étoit

étoit de l'intérêt de l'Empire, & de la Saxe en particulier, de frayer au Grand-Duc de Tofcane le chemin au Trône Impérial. Que l'Allemagne avoit befoin d'un Chef puiffant, pour repouffer les Ennemis du dehors, & contenir ceux du dedans. Qu'ainfi Sa Majefté Polonoife ne devoit point balancer à confentir que le Duc Corrégent exerçât les Fonctions Electorales de Bohême, pour lui faciliter les moyens de parvenir à l'Empire.

La Réponfe ne fut pas lente, & on ne fit pas longtems languir le Comte. On lui répondit que le Roi de Pologne avoit déjà examiné mûrement cette affaire. Que l'exercice de la Voix de l'Electorat de Bohême par un Prince étranger qui n'étoit pas Roi de Bohême étoit une chofe inouïe, qui heurtoit de front les Loix fondamentales de l'Empire. Que Sa Majefté, en qualité de Vicaire, étoit plus intéreffée que perfonne à ne pas permettre qu'on donnât atteinte aux Conftitutions de l'Empire; qu'ainfi elle ne confentiroit jamais à ce tranfport du Suffrage Electoral.

Le Comte de Kévenhuller voyant que tout étoit inutile, s'en retourna à Vienne avec le chagrin de n'avoir pu réuffir. Et cette fermeté de la Cour de Saxe refroidit beaucoup la bonne intelligence qui étoit entre elle & la Cour de Vienne.

La Reine de Hongrie réfolut néanmoins d'agir dans cette affaire, tout comme fi fon droit étoit bien décidé, & donna ordre au Baron de Brandau de paffer à Francfort, &

 d'y

d'y exercer les Fonctions Electorales au nom
du Corrégent.

Le Baron obéit, & se rendit à Francfort,
où les Ambassadeurs de quelques Electeurs
étoient déjà arrivés. On s'attendoit dans toute l'Europe à voir incessamment le Collége
Electoral assemblé pour donner un Chef à
l'Allemagne, lorsqu'on apprit que l'Election
étoit différée par des raisons qu'on ignoroit,
& que nous tâcherons de développer dans le
Livre suivant.

Fin du Livre II.

HISTOIRE

DE LA

DERNIERE GUERRE

DE BOHEME.

LIVRE TROISIEME.

ARGUMENT.

Négociations entre le Roi de Pruſſe & la Reine de Hongrie. L'Electeur de Baviére s'empare de Paſſau, de Lintz, &c. Il menace Vienne d'un Siége. Embarras de cette Cour. Caractére des Hongrois. Deſcription de leurs Milices. Pourquoi la Reine a dû en retirer de grands avantages.

APRE's la Bataille de Molwitz, le Roi de Pruſſe ſe crut en droit d'augmenter ſes prétentions à proportion de ſes avantages, & réſolut de ne plus ſolliciter la ceſſion de quelques Duchés qu'il prétendoit lui appartenir par droit d'Héritage ; mais de travailler plutôt à ſoumettre la Siléſie entiére, & à la garder par Droit de conquête, & par maniére de dédommagement pour les dépenfes où la Cour de Vienne l'engageoit en refufant de le fatisfaire fur fes droits. Ce Prince habile n'ignoroit pas tout ce qui fe tramoit ailleurs contre la Cour de Vienne, & il fentoit bien qu'outre que l'Armée Autrichienne ne feroit pas fitôt en état de rifquer une feconde bataille, elle feroit dans peu obligée de courir à la défenfe d'un autre Pays, ou du-moins de s'affoiblir beaucoup pour la même raifon. Il comprenoit en même tems qu'il ne rifqueroit rien à ne plus témoigner de l'empreffement pour s'accommoder avec la Reine de Hongrie, & qu'après avoir fait les plus belles offres à cette Princeffe, il devoit attendre qu'elle lui en fît à fon tour. Il favoit qu'elle fouhaitoit ardemment de voir fon Epoux élevé à l'Empire, & c'étoit un nouveau motif de fe faire rechercher. Il affecta donc une grande indifférence pour un accommodement, & commença à agir comme s'il eût été bien affuré de ne pas perdre le fruit de fes conquêtes & de fes victoires.

Tout ce qu'il avoit prévu arriva. La Cour de Vienne n'eut pas plutôt appris la nouvelle de la perte de la bataille, qu'elle commença à changer de langage. D'ailleurs elle étoit fort inquiéte des mouvemens que l'Electeur de Baviére faifoit faire à fes Troupes ; & quoiqu'elle affectât de croire toujours que la France rempliroit tous les engagemens de fa garantie, néanmoins elle ne s'y fioit pas.

Elle prit donc le parti d'engager fes Alliés

liés à moyenner une paix entre Elle & le Roi de Prusse, espérant réparer par le sacrifice de quelque petit District, ce que sa hauteur lui avoit fait perdre; & ne doutant pas que ce Prince n'aimât mieux avoir un Pays médiocre, dont la possession lui seroit assûrée par une cession autentique & en vertu d'une paix solide, que d'en prétendre un plus vaste & plus étendu par la continuation d'une guerre, dont le sort pouvoit changer du soir au lendemain, & dont l'issue étoit toujours incertaine.

Sur ce principe la Reine de Hongrie fit agir l'Angleterre & les Etat-Généraux. Mylord Hindford & le Baron de Ginkel, Ministres de ces deux Puissances, offrirent au Roi de Prusse la médiation de leurs Maîtres; mais ce Prince, qui pénétra d'abord la source & le principe de cette démarche, répondit froidement à leurs offres; cependant il ne refusa pas d'entrer en conférence. Mais quoique la Cour de Vienne n'exigeât plus, comme au commencement, que pour premier Article préliminaire les Troupes Prussiennes vuidassent la Silésie, elle faisoit néanmoins des propositions si peu conformes aux prétentions du Roi de Prusse, que ce Prince ne put s'empêcher de faire sentir aux Médiateurs que le tems étoit changé aussi-bien que les circonstances, & qu'il vouloit qu'on lui cédât, non seulement ce qu'il avoit prétendu dès le commencement de la guerre, mais encore d'autres Pays pour l'indemnifer des frais où l'avoient constitué les délais de la Cour de Vienne.

Pen-

Pendant qu'il traitoit ſes Ennemis avec tant de hauteur, il tâchoit de ſe faire des Amis. Il avoit entamé une négociation avec l'Electeur de Baviére, qui étoit aſſûré de l'appui de la France. Cette négociation aboutit enfin à une alliance offenſive entre ces deux Princes. Le Roi de Pruſſe s'engageoit à employer tout ſon crédit pour procurer la Dignité Impériale à l'Electeur ; à ne point poſer les armes qu'il n'eût eu ſatisfaction ſur les prétentions qu'il formoit à l'égard de la Succeſſion de Charles VI. ; & enfin il renonçoit pour lui & pour ſes Succeſſeurs dans la meilleure forme poſſible, à toutes ſes prétentions ſur les Duchés de Berg & de Juliers, en faveur du Prince de Zultzbach Héritier préſomtif de l'Electeur Palatin.

L'Electeur de Baviére de ſon côté s'engageoit à ne point faire de paix avec la Reine de Hongrie que conjointement avec Sa Majeſté Pruſſienne, en un mot à faire cauſe commune avec Sadite Majeſté. Il y avoit encore d'autres Articles, mais beaucoup moins importans. La Cour de France entra indirectement dans ce Traité. Elle promit d'employer cent mille hommes au ſecours des Alliés ; d'empêcher l'Electeur d'Hannovre, & les Hollandois, de rien entreprendre à leur préjudice ; & pour cet effet de faire entrer un Corps de quarante mille hommes dans la Weſtphalie pour reſſerrer l'un, & donner de l'inquiétude aux autres.

L'Electeur de Baviére étant ainſi preſqu'aſſûré de ſon Election à l'Empire, voulut ſe trouver à Francfort pour aſſiſter à la Diéte.

te. Mais ayant résolu de frapper auparavant un grand coup dans la Haute Autriche & en Bohême, sachant bien que dans ces sortes d'affaires le succès dépend de la diligence, il demanda que l'Election fût surlise pour six mois. Le plus grand nombre des Electeurs étant dans ses intérêts y consentit aisément, & entraîna ceux qui auroient voulu s'y opposer.

Nous verrons tantôt quel fut le succès de son entreprise. Revenons aux affaires de Silésie.

La Cour de Vienne allarmée de l'indifférence avec laquelle le Roi de Prusse avoit reçu les Propositions de paix qui lui avoient été faites par le canal de ses Alliés ne trouva pas de meilleur expédient pour se tirer de ce mauvais pas, que de susciter des ennemis à ce Prince dans l'Empire & hors de l'Empire.

Outre les Alliances qui susistoient entre Elle, le Roi d'Angleterre & les Etats-Généraux, l'intérêt de ces deux Puissances n'étoit pas de souffrir l'agrandissement de la Maison de Brandebourg. Le premier, comme Electeur d'Hannovre, posséde un Pays tout ouvert & sans défense, presqu'environné des Etats du Roi de Prusse, ce qui l'oblige à des ménagemens toujours mortifians pour un Souverain. Les autres, c'est-à-dire les Etats-Généraux, sont voisins du Monarque Prussien; & outre le voisinage ils ont de petits intérêts à démêler ensemble, qui pourroient quelque jour occasionner un grand incendie. Sans compter que le Roi de Prusse a des Terres

&

& des Maisons au milieu de la Hollande même ; & qu'étant déjà maître de quelques paſſages ſur la Meuſe, il peut infiniment incommoder leur Commerce de ce côté-là.

Enfin la politique invariable de l'Angleterre & de la Hollande a toujours été de ſecourir la Maiſon de Bourbon contre la Maiſon d'Autriche, & tour à tour la Maiſon d'Autriche contre la Maiſon de Bourbon, à meſure que l'une s'eſt vue en état d'opprimer l'autre. Or le Roi de Pruſſe ne pouvoit affoiblir la Reine de Hongrie, ſans travailler en même tems à établir la ſupériorité de la France ſur la Maiſon d'Autriche, & par conſéquent ſans renverſer cet équilibre que ces Puiſſances jugent ſi néceſſaire à leur ſûreté. Toutes ces conſidérations ne permettoient pas de douter que la Reine ne fût puiſſamment ſecourue par ces deux Alliés, & même par quelques autres, non moins intéreſſés à la conſervation de ſa grandeur & de ſes forces. Elle étoit preſque aſſurée des ſecours de la Ruſſie. La Princeſſe qui gouvernoit alors cet Empire, étoit attachée par des liens d'intérêt & d'inclination à la Cour de Vienne.

D'un autre côté, le Roi de Pruſſe n'ignoroit pas à quoi il devoit s'attendre de toutes ces Puiſſances. Il travailla à détacher les uns, & à s'attacher les autres. Il fit faire les plus belles offres à la Cour de Péterſbourg, pour l'empêcher de ſe mêler des affaires de Siléſie. La Grande-Ducheſſe Régente aſſembla ſon Conſeil, pour délibérer ſur les offres du Roi de Pruſſe. Ceux qui compoſoient ce
Con-

Conseil furent d'un avis conforme au panchant de la Régente, excepté le Comte de
Munich, qui opina que la Ruſſie devoit employer tous les moyens poſſibles pour procurer la ſatisfaction que demandoit le Roi de
Pruſſe ; qu'il faloit faire avec ce Prince un
Traité ſur ce pied-là, non ſeulement pour pouvoir ſe ſervir dans l'occaſion des ſecours qu'il
offroit en revanche à la Ruſſie, mais auſſi pour
prévenir les Alliances qu'il pourroit faire au
préjudice de la Ruſſie. Il repréſentoit que
par cette conduite la Régente ſe rendoit l'Arbitre des différends entre les Princes de l'Empire, & ſe mettoit à couvert des entrepriſes de ſes Voiſins qu'on pourroit ſuſciter
contre elle. Mais ce conſeil étoit trop oppoſé au panchant de la Régente pour être
ſuivi. Cette Princeſſe fit donner au-contraire les plus fortes aſſurances à la Reine de
Hongrie, qu'elle lui enverroit inceſſamment
un ſecours de trente mille hommes, & qu'elle lui fourniroit d'autres ſecours en argent.
Voilà ce qui obligea le Comte de Munich à
ſe démettre de tous ſes emplois. Il n'y avoit
que quatre jours qu'on l'avoit fait Préſident
du Conſeil de Guerre. Piqué de voir ſes avis
ſi peu ſuivis, & en quelque ſorte mépriſés,
il crut qu'il étoit de ſon honneur de ne pas
exercer plus longtems des Charges dont on
ne vouloit lui laiſſer que les titres, & il s'en
démit volontairement.

La conduite de la Ruſſie hâta la conclu-
ſion de l'Alliance entre le Roi de Pruſſe &
l'Electeur de Baviére. La France, attentive
à tout ce qui pouvoit traverſer ſes deſſeins,
pro-

profita de la difpofition des Suédois, extrêmement aigris contre la Ruffie, qui avoit voulu fe mêler de leurs affaires domeftiques. Elle fut habilement entretenir ce feu qui couvoit fous la cendre; & tout d'un coup la Régente de Ruffie fe vit brouillée avec le Roi de Pruffe, & hors d'état de fecourir la Reine de Hongrie, par la guerre que les Suédois lui déclarérent.

La Reine, jugeant bien qu'il ne faloit plus compter fur le fecours des Ruffes, eut recours à fes autres Alliés, & écrivit au Roi de la Grande-Bretagne & aux autres Princes de l'Empire, des Lettres capables de les animer contre fon Ennemi. ,, Dans le tems, difoitelle au Roi d'Angleterre ,, qu'on croyoit le ,, calme & la tranquillité entiérement affer,, mis, & qu'après avoir découvert l'erreur ,, touchant les Teftamens & le Codicile de Fer,, dinand I. tous les Princes Chétiens, qui s'in,, téreffent au repos & à la fûreté publique, fe ,, réjouïffoient de cette heureufe conjonctu,, re; ce même repos & cette fûreté fe trou,, vent attaqués par celui qu'on en croyoit ,, le plus éloigné.

,, Le Roi de Pruffe, au mépris des fréquen,, tes & fortes affurances qu'il m'a données, ,, d'avoir intention de conferver à mon égard ,, une amitié conftante, au mépris du Droit ,, qu'il a reconnu me convenir de fuccéder ,, dans les Royaumes & les Etats paternels, ,, au mépris des Loix de l'Empire, & en parti,, culier de la Paix publique, & de ce qui eft or,, donné à ce fujet dans le premier Chapitre ,, de la Bulle d'Or; au mépris enfin de tou

,, tes

,, tes les Loix divines & humaines, & par une
,, violation manifeste des liens qui sont la base
,, de la Société Humaine, attaque le Duché
,, de Siléfie & l'envahit au milieu de l'hiver,
,, à la tête d'une nombreuse Armée, sans
,, avoir préalablement fait aucune repréfen-
,, tation à ce fujet, & fans avoir fait aucune
,, mention diftincte, ni à moi, ni à mes Mi-
,, niftres, de fes prétendus droits s'il croit
,, en avoir , quoique dans le fond il n'en
,, puiffe avoir qui n'ayent été abolis & éteints
,, par des Conventions folemnelles. Sous le
,, voile de l'amitié on a forgé les deffeins
,, les plus pernicieux, & fous le même voi-
,, le ils ont été exécutés avec une célérité
,, furprenante. Les Siécles paffés ne fournis-
,, fent aucun exemple d'un événement de cette
,, nature, & ceux qui viendront auront de la
,, peine à y ajoûter foi ; d'autant que pour
,, être convaincu de fon injuftice il fuffit de
,, lire l'Ecrit qui a été publié pour le colorer.
,, De ma part, il n'eft rien que je n'aye fait
,, pour donner au Roi de Pruffe des preuves
,, inconteftables des difpofitions où j'étois de
,, cultiver avec lui une conftante amitié. Le
,, Marquis de Botta d'Adorno lui a été envoyé
,, à cette fin , avec ordre de concerter & arrê-
,, ter en mon nom les moyens les plus propres
,, pour refferrer les liens d'une parfaite amitié
,, & du bon voifinage. Il n'y avoit dans les
,, Inftructions de cet Envoyé aucune reftric-
,, tion, que de n'entrer dans aucuns engage-
,, mens préjudiciables au droit d'autrui, ou
,, contraires à la Pragmatique-Sanction , que
,, le Pére du Roi régnant a garantie folem-
,, nel-

„ nellement à la Diéte de l'Empire. Mais ces
„ avances n'ont pas fait plus d'impreſſion, que
„ les remontrances ſalutaires de quelques au-
„ tres Princes. L'occaſion paroiſſant favora-
„ ble, l'envie d'envahir le patrimoine d'autrui
„ & de troubler le repos de ſes Voiſins, l'a
„ emporté ſur toutes les autres conſidérations :
„ ce qui fait aſſez voir à quel ſort les autres
„ doivent s'attendre, ſi ceux qui ont le repos
„ & la ſûreté publique à cœur, ne réuniſſent
„ leurs conſeils & leurs forces pour arrêter
„ des attentats de cette nature. Cette pré-
„ diction eſt ſi lumineuſe, qu'elle n'a pas be-
„ ſoin de preuves.
„ Il ne s'agit pas ici de mes ſeuls intérêts,
„ mais de ceux de tout l'Empire, & même de
„ toute la Chrétienté ; car, en mettant toutes
„ autres raiſons à côté, il eſt également de l'in-
„ térêt de tous les Princes Chrétiens, de ne
„ point permettre qu'on déchire impunément
„ les ſacrés liens de la Société Humaine.
„ La maniére de penſer de Votre Majeſté à
„ cet égard n'eſt pas différente de la mienne,
„ je le ſais, & qu'elle n'a rien tant à cœur que
„ de conſerver l'union de l'Empire, laquelle
„ ſe trouve à-préſent dans un danger extrême
„ & éminent. C'eſt pourquoi je n'ai pas balancé
„ un moment d'avoir recours à Votre Majeſté,
„ pour reclamer ſolemnellement l'amitié de
„ Votre Majeſté, que je cultiverai toujours re-
„ ligieuſement les Alliances qui nous uniſſent,
„ & ſa Parole Royale, & ſa ſollicitude inalté-
„ rable pour le repos public, afin qu'eu égard
„ au danger qui ne ſoufre point de délai, elle
„ veuille concerter inceſſamment avec moi les
„ moyens

„ moyens les plus fûrs pour arrêter un fi
„ grand mal, avant qu'il fe fortifie en s'éten-
„ dant.

„ Quant à moi, j'oppoferai à ce danger im-
„ prévu toutes les forces que Dieu m'a accor-
„ dées, n'attendant d'autre récompenfe de
„ mes travaux pour la caufe commune, que
„ ces deux chofes; favoir, une entiére fatis-
„ faction des dommages que j'ai foufferts,
„ ainfi que de ceux qui auront été caufés à
„ mes Sujets & aux Etrangers, qui fe font
„ repofés fur la garantie des Etats de Siléfie;
„ & les fûretés néceffaires pour l'avenir con-
„ tre de pareilles entreprifes.

La Lettre de Sa Majefté Hongroife à la
Diéte de l'Empire étoit conçue en des termes
encore plus forts. „ Depuis quelque tems,
„ difoit-elle, on parloit beaucoup des prépa-
„ ratifs de guerre que faifoit la Cour de Bran-
„ debourg, & des mouvemens qu'elle faifoit
„ faire à fes Troupes; & nous avons été aver-
„ tie de plus d'un endroit, qu'ils tendoient à
„ une invafion dans notre Duché de Siléfie;
„ mais nous n'avons ni pu ni voulu croire
„ que Sa Majefté Pruffienne fût capable de fe
„ laiffer induire par de mauvais confeils à
„ une démarche fi contraire à la juftice, &
„ dont, fi l'on veut fe donner la peine d'en
„ combiner toutes les circonftances, la plupart
„ publiques, il feroit difficile de trouver un
„ exemple dans l'Hiftoire. Les lumiéres que
„ vous poffédez, nous difpenfent du foin de
„ vous expofer ce qui eft réglé en termes pré-
„ cis dans la premiére Conftitution fondamen-
„ tale de l'Empire, favoir dans le premier
                                    „ Cha-

,, Chapitre de la Bulle d'Or, pour le main-
,, tien de la tranquillité pendant un interré-
,, gne, ainſi que pour la ſûreté des Etats ap-
,, partenant à un Electeur, ce qui eſt ordon-
,, né contre les Perturbateurs du repos public,
,, & par rapport à de beaucoup moindres atten-
,, tats, dans l'Acte ſolemnel de la Paix publi-
,, que, ainſi que dans d'autres Loix de l'Em-
,, pire ; enfin ce que les Droits de la Nature
,, & des Gens ordonnent, & ce qui a paſſé
,, juſqu'içi pour ſacré dans la Société Humaine.

,, Tout ceci, & par conſéquent non ſeule-
,, ment l'entiére Conſtitution de l'Empire,
,, mais auſſi les liens qui doivent unir la Socié-
,, té ,, & ſans lesquels elle ne ſauroit ſubſiſter,
,, ſe trouve ébranlé juſques dans le fondement,
,, ou, pour mieux dire, renverſé & anéanti
,, par la ſuſdite entrepriſe violente du Roi de
,, Pruſſe. Quoique cette ſeule conſidération
,, ſuffiſe pour faire ſentir à un chacun le danger
,, dont il eſt menacé à ſon tour, ſi un procé-
,, dé de cette nature n'eſt pas arrêté comme
,, il le mérite, on ne ſauroit pourtant paſſer
,, ſous ſilence un grand nombre de circonſtan-
,, ces agravantes, qui accompagnent cet évé-
,, nement.

,, Il n'a été rien négligé, ni de notre part,
,, ni de celle du Duc notre Epoux, pour
,, donner au Roi de Pruſſe des marques d'u-
,, ne attention diſtinguée, & nous aſſurer de
,, ſon amitié par tous les moyens compati-
,, bles avec l'honneur & l'équité. On a fait
,, toutes les avances poſſibles pour cimen-
,, ter, au moyen des obligations réciproques
,, que preſcrit la nature, les liaiſons qui
,, doi-

„ doivent fubfifter entre les Princes voifins.
„ Le Marquis de Botta fut envoyé à la
„ Cour de Berlin préférablement à d'autres
„ Miniftres, parce qu'on croyoit avoir lieu
„ de penfer que fa perfonne étoit agréable
„ au Roi. Ses Inftructions fe réduifoient en
„ fubftance à offrir amitié pour amitié ; &
„ pour atteindre ce but, il étoit autorifé en
„ particulier à entrer dans tous les engage-
„ mens qui ne feroient contraires, ni à
„ la Pragmatique-Sanction garantie par tout
„ l'Empire & particuliérement par la Mai-
„ fon de Brandebourg, ni aux Droits d'un
„ Tiers.

„ Nous avons même fait plus ; car ayant
„ été informée, que fous le prétexte d'un
„ fecours qu'on vouloit nous forcer de rece-
„ voir contre notre gré, & qui ne nous é-
„ toit alors aucunement néceffaire, on cher-
„ choit à former des prétentions fur une par-
„ tie de nos Etats, nous avons permis au
„ Marquis de Botta de déclarer, que fi,
„ contre notre attente, nous avions befoin
„ tôt ou tard du fecours du Roi de Pruffe,
„ nous ne nous éloignerions pas de donner
„ des fûretés raifonnables, mais avec la pro-
„ teftation expreffe, que nous n'entendions
„ pas du tout qu'on nous portât, ni au Duc
„ notre Epoux, un coup mortel, en fe cou-
„ vrant du voile fpécieux de vouloir affurer
„ la tranquillité publique, pour violer réelle-
„ ment notre repos, celui de notre Maifon
„ Archiducale & de la Chrétienté, & enva-
„ hir le premier les Royaumes & Etats qui
„ nous font échus héréditairement. Il n'au-

„ roit pas été poſſible de s'expliquer d'une
„ maniére plus cordiale ; & ſi nous avons
„ quelque reproche à nous faire à ce ſujet, ce
„ ne peut être que d'en avoir agi avec trop
„ de ſincérité avec le Roi de Pruſſe. Ce Prince
„ de ſon côté n'a été rien moins que chiche en
„ proteſtations & en promeſſes obligeantes;
„ il n'a point tardé un moment de nous recon-
„ noître en qualité d'unique Héritiére de feue
„ Sa Majeſté Impériale notre très-cher Pére;
„ ſes politeſſes & ſes proteſtations n'avoient
„ point de bornes, non plus que l'amitié &
„ le zéle qu'il témoignoit au Duc notre Epoux
„ & à ſes intérês.

„ Nous pourrions prouver ce que nous di-
„ ſons, par un grand nombre de Lettres de
„ la propre main de Sa Majeſté Pruſſienne, &
„ ſans remonter plus haut qu'au 14. Décem-
„ bre, ſon Miniſtre de Bork en remit une
„ du 5. du même mois, dans laquelle ce
„ Prince prônoit extrêmement ſa droiture &
„ la pureté de ſes intentions pour l'avantage
„ de notre Epoux. Mais hélas ! que nous
„ n'avons guére tardé d'aprendre, que ſous le
„ prétexte que nous allions être abîmés par
„ d'autres on nous demandoit la ceſſion du
„ Duché de Siléſie, avec menace de s'en em-
„ parer par la force au cas de refus, & de
„ n'en point demeurer-là alors, mais de ſe
„ joindre à ceux qu'on prétendoit avoir for-
„ mé le deſſein de partager nos Etats entre
„ eux, & qui devoient avoir déjà offert au
„ Roi de Pruſſe des conditions bien plus a-
„ vantageuſes.

„ Dans le tems qu'on s'expliquoit ainſi en-
„ vers

,, vers nous & envers nos Miniſtres, on faiſoit
,, ailleurs des déclarations auſſi peu combina-
,, bles, & même contradictoires. On inſinuoit
,, chez quelques Puiſſances, que nous avions
,, donné les mains à des engagemens qui ten-
,, doient à leur ruine; chez d'autres on débitoit
,, que nous étions de concert avec le Roi de
,, Pruſſe par rapport à l'entrepriſe ſur la Siléſie,
,, & pour le prouver on ne balançoit pas d'allé-
,, guer l'envoi du Grand-Maréchal du Roi de
,, Pruſſe à notre Cour. En un mot, il n'eſt
,, rien qu'on n'ait mis en œuvre pour nous en-
,, dormir, & pour deſorienter & amuſer les
,, autres, pendant qu'on redoubloit de vivaci-
,, té pour commencer les hoſtilités contre
,, nous. La Lettre ſuſdite du 6. ne nous a-
,, voit pas encore été remiſe, qu'il étoit en-
,, tré des Troupes dans les villages de la
,, frontiére de Siléſie, qu'on avoit ordonné
,, des vivres dans les Pays de notre domination,
,, & que nos Sujets avoient été mandés à *Groſ-*
,, *ſen*, afin d'y faire leurs dépoſitions par rap-
,, port à la livraiſon des proviſions pour l'Ar-
,, mée qui devoit entrer en Siléſie, & qui
,, en effet y entra immédiatement après, en
,, violation des aſſurances ſolemnelles qu'on
,, nous avoit données, ainſi que de toutes les
,, Loix divines & humaines.

,, On ne s'eſt plaint amiablement, comme
,, le demandent les Loix établies entre bons
,, Voiſins, d'aucun grief à notre charge ou à
,, celle de nos Gens & de nos Sujets. Lors-
,, que le bruit de ce deſſein inconcevable s'eſt
,, répandu, les Miniſtres Pruſſiens réſidens
,, dans les Cours étrangéres, non ſeulement

,, ont

,, ont feint de l'ignorer, mais ils l'ont même
,, contredit formellement; & quoiqu'à la fin
,, on ait paru vouloir faire mention de quel-
,, ques prétendus droits, cela ne s'est fait néan-
,, moins que fort légérement & en passant,
,, & dans le fond on ne sauroit produire au-
,, cune prétention qui n'ait été abolie par des
,, Contracts solemnels.

,, Les choses se trouvant en cet état, &
,, l'Ecrit que le Roi de Prusse a fait publier
,, pour colorer son procédé, étant plus que
,, suffisant pour le mettre dans tout son jour,
,, nous ne croyons pas qu'il soit nécessaire
,, d'exposer plus amplement le grand & émi-
,, nent danger dont tout l'Empire est menacé.
,, Chacun de ses Membres, sans distinction de
,, Religion, doit s'attendre au même traite-
,, ment que nous. On ne sauroit prendre le
,, change là-dessus, sans renoncer de propos
,, délibéré à l'évidence même. Car au moyen
,, dequoi prétendra-t-on se mettre à couvert
,, d'une invasion subite, lorsqu'on voit, pour
,, ainsi dire, toutes les Constitutions de l'Em-
,, pire foulées aux pieds, les engagemens les
,, plus sacrés méprisés, & les liens naturels
,, de la Société déchirés & anéantis?

,, Si l'on en agit à notre égard d'une ma-
,, niére si inouïe, uniquement parce qu'on
,, croit l'occasion favorable pour envahir le
,, bien d'autrui & s'en emparer, à quoi doi-
,, vent s'attendre ceux à qui le Ciel n'a pas
,, accordé les mêmes forces. C'est ici u-
,, ne cause commune; il ne s'agit pas seule-
,, ment de notre salut & de celui de no-
,, tre Maison Archiducale, mais du salut
,, pu-

,, public & de la sûreté d'un chacun en particu-
,, lier. Il faut mettre toutes les autres con-
,, sidérations à quartier, lorsqu'on porte at-
,, teinte aux sacrés liens de la Société, dont
,, la conservation intéresse également toutes
,, les Nations. En conséquence, plus le danger
,, est grand & éminent, plus on doit témoi-
,, gner d'empressement & de zèle pour se réu-
,, nir & se liguer contre un procédé de cette
,, nature.

,, Nous allons avec fermeté au devant du
,, danger, & ne faisons point difficulté de
,, déclarer, que pour toutes les immenses dé-
,, penses que nous serons obligée de faire plus
,, qu'aucun autre pour la sûreté publique,
,, nous n'attendons aucune autre récompense,
,, que d'indemniser entiérement nos Sujets &
,, les Etrangers qui ont prêté des sommes
,, considérables sur la garantie des Etats de Si-
,, lésie, & de nous procurer, ainsi qu'aux au-
,, tres, des sûretés suffisantes contre des en-
,, treprises de cette nature. Au surplus, com-
,, me c'est ici une affaire qui concerne toutes
,, les Puissances qui sont intéressées à la con-
,, servation du Droit de la Nature & des
,, Gens, nous nous adressons dans les mêmes
,, vues à la plupart des Cours Chrétiennes, &
,, en particulier à celles qui comme nous confi-
,, nent avec le Roi de Prusse, ou qui sont
,, d'ailleurs obligées de nous seconder. Mais
,, nous avons cru qu'avant toutes choses, nous
,, ne devons pas différer un moment de faire
,, part aux Ambassadeurs, Ministres & Con-
,, seillers des Electeurs, Princes & Etats de
,, l'Empire, assemblés à Ratisbonne, d'un é-

,, véne-

,, vénement si peu attendu, & en même tems
,, si incroyable, qu'on paroît en douter enco-
,, re après l'avoir vu arriver, & de les requé-
,, rir en même tems d'en faire sans délai leur
,, rapport à leurs Maîtres, & de demander leurs
,, ordres pour dissiper le plutôt possible ce
,, grand & commun danger; attendu que si
,, jamais le zèle des vrais Compatriotes a dû se
,, réveiller, pour empêcher que le Systême
,, de l'Empire ne fût renversé sans dessus des-
,, sous, il faut que ce soit dans la conjonctu-
,, re présente.

,, Aussi nous flattons-nous d'en recevoir des
,, preuves réelles, & nous nous engageons
,, d'un autre côté à donner dans l'occasion, à
,, la chére Patrie en général & à chacun en
,, particulier, des marques de notre sincére
,, reconnoissance.

Donné à Vienne, &c.

Il étoit de l'intérêt du Roi de Prusse d'effacer les impressions que cette Lettre pouvoit
faire sur l'esprit des Princes de l'Empire, &
de dissiper les craintes que cet illustre Corps
pouvoit avoir de ses entreprises. Il le fit par
une Réponse qu'il envoya à son Ministre à
la Diéte, & dans laquelle il justifioit sa prise
d'armes contre une Puissance qui ne connoissoit aucun Juge dans l'Empire. Mais afin de
donner plus de poids à ses raisons, il assémbla
aux environs de Magdebourg une Armée de
quarante mille hommes toute prête à tomber
sur le premier qui oseroit se remuer pour secourir la Reine de Hongrie. Il n'en faloit pas
davantage pour contenir un Corps à-la-vérité
très-

très-formidable s'il étoit uni, mais dans le fond très-foible par les divisions de ses parties ; divisions qui s'étoient fort accrues depuis la mort du Chef de l'Empire, dont la puissance les avoit jusqu'alors comme absorbées, mais non pas détruites.

Cependant, comme on ignoroit ce qui se traitoit entre le Roi de Prusse & la France, on étoit impatient de voir pour qui cette Couronne se déclareroit. Ses forces, sa puissance, & son voisinage, lui donnent une influence naturelle dans les affaires particuliéres de l'Empire ; & il faut être bien ignorant & bien peuple pour dire, comme font aujourd'hui certaines gens ; *pourquoi se mêloit-elle de ces affaires ? que ne laissoit-elle les Allemands se battre entre eux, & vuider eux-mêmes leurs querelles ?* Les Gens sensés n'avoient garde de douter que la France pût ne pas prendre part à des événemens qui la touchoient de si près, & qu'elle pût voir tranquillement le feu de la guerre s'allumer en Allemagne, sans travailler à l'étouffer, ou à l'entretenir pour en retirer quelque avantage. Il n'est pas douteux que le premier n'eût été plus Chrétien ; mais depuis quand les Maximes d'Etat se règlent-elles sur les Maximes de l'Evangile ? Quels sont les Souverains, sans même en excepter ceux qui se disent les Chefs de la Religion, qui négligent l'occasion de s'agrandir, pour faire un Acte de piété ? En est-il un seul dans l'Histoire ? & n'est-ce pas pour sauver le scandale que des entreprises beaucoup plus criminelles ont causé dans l'Eglise, qu'on a inventé la distinction du Pontife, & de son Siége ? Avouons-le ; de

L 4

tout

tout tems & dans tous les siécles les Souverains n'ont connu d'autre règle de leur conduite, que l'intérêt de leur gloire mondaine,
& la sûreté de leur Trône. Affecter ces maximes à une seule Puissance, comme font les Au-
teurs périodiques en certains Pays, où ils abu-
sent de la simplicité du Peuple pour intimider
le Gouvernement, & l'obliger à faire des démarches favorables au parti qu'ils défendent
ou par dépit, ou par intérêt, c'est renoncer à
la Raison, au Bon-sens, à l'Equité. On pourroit démontrer par une hypothése fort simple,
que les Puissances qui font de si grands efforts
pour la Pragmatique-Sanction, y sont poussées
par leurs intérêts particuliers; & qu'elles auroient été les premiéres à l'attaquer, si ces
mêmes intérêts en avoient dû souffrir. La prémiére proposition n'a pas besoin de preuve.
Il faudroit avoir toujours vécu parmi les Sau-
vages pour n'être pas convaincu de cette vérité. La seconde n'est pas d'elle - même si évidente, mais elle le devient en supposant une
chose très-possible : Savoir, si le feu Empereur avoit marié son unique Héritiére au Dau-
phin de France, ou à un Infant d'Espagne,
c'est alors qu'on auroit vu les généreux Dé-
fenseurs de la Pragmatique - Sanction en devenir les plus mortels ennemis. Je ne pousse-
rai pas plus loin un raisonnement que tout
homme sensé & équitable peut pousser lui-
même ; je dirái seulement qu'avant que la France se fût déclarée, personne n'étoit incertain du
parti qu'elle prendroit. En effet quelle apparence qu'elle laissât échapper une occasion si
favorable d'affoiblir une Puissance qui l'avoit
tant

tant de fois mife fur le panchant de fa ruine? Auroit-elle pu oublier la perte du Milanez, la longue & cruelle prifon de Fran-
cois I. le Siége de Marfeille, celui de
Metz, la honteufe Paix de Cateau-Cambre-
fis, & en dernier lieu pendant le Siége de
Landrecies, les menaces d'aller jufqu'à Paris
y dicter les conditions de la Paix? Des traits
de cette nature font trop profondément gravés
dans le cœur des Souverains pour en pouvoir
jamais être effacés. D'ailleurs, fuppofé que
la France eût maintenu la Pragmatique - Sanction, & que le Grand-Duc de Tofcane fût
parvenu à l'Empire, comme cela n'auroit
pas manqué d'arriver, croit-on que ce Prince eût ratifié la Ceffion de la Lorraine?
Croit-on qu'il n'eût pas defavoué un Traité,
qui avoit terminé la guerre à fes dépens,
quoiqu'il n'eût point eu de part à la querelle? En-vérité il auroit donné un exemple,
qui malheureufement n'auroit jamais été imité, & qui n'a jamais eu fon pareil depuis
qu'il y a des Souverains dans le Monde.
Mais fans rien diminuer de la haute opinion que j'ai de la vertu de ce grand Prince, qu'il me foit permis de fuppofer qu'il
auroit fuivi les maximes d'une faine Politique, n'eft-il pas évident qu'il lui auroit été
aifé de reconquérir la Lorraine, fans pourtant que la Tofcane courût aucun rifque, &
qu'il fût obligé de reftituer celle-ci en re-
prenant celle-là. Il faut bien peu connoître
les forces de la Maifon d'Autriche appuyées
de la Dignité Impériale, & ignorer entiére-

L 5

ment

ment la situation de la Lorraine, pour ne pas entrevoir cette facilité. Je ne suis point François, je suis né sur les Terres de la Domination Autrichienne; mais la vérité m'oblige à reconnoître que la France auroit mal entendu ses intérêts, si elle eût pris un autre parti : & l'Histoire qui alléguera pour preuve de la sagesse & de l'habileté du Cardinal de Fleuri l'acquisition de la Lorraine, n'auroit pas manqué de le blâmer, si, plus dévot que politique, il avoit préparé au Grand-Duc les moyens de la recouvrer, poussé à cela par une rare délicatesse de conscience.

Malgré toutes ces raisons qui faisoient assez juger d'avance quelles seroient les démarches de la France, la Cour de Vienne feignit de n'en rien soupçonner, & demanda l'exécution de la garantie. La Reine écrivit au Cardinal une Lettre fort touchante, pour lui exposer la situation où elle étoit par l'attaque imprévue du Roi de Prusse, & le pressant besoin qu'elle avoit d'un secours efficace. On prétend que ce Ministre répondit à Sa Majesté Hongroise qu'elle venoit trop tard. Expression bien basse, & bien peu digne d'un si grand-homme. Car enfin qu'est-ce que cela signifie, *Vous venez trop tard* ? Est-ce que la France avoit destiné ses Troupes & ses Trésors à celui qui les demanderoit le premier ? Ses vues étoient-elles si peu liées, & ses desseins si peu compassés, qu'elle eût résolu de prendre le parti du premier-venu ? En-vérité cela me paroît bien étrange; & cependant il n'est plus permis d'en douter, puisque c'est de la Cour de Vienne même que le Public a su cette partiticularité, répétée par tous les Ecrivains de nouvelles. Il est à-la-vérité assez indifférent à l'Histoire de savoir précisément quelles ont été les expressions & les termes du Cardinal de Fleuri, puisqu'ils ne changent rien à la vérité du fait, qui est que ce Ministre déclara dans sa Réponse à la Reine, que le Roi son Maître ne pouvoit se dispenser de remplir ses anciens engagemens avec la Maison de Baviére, & qu'il réservoit ses secours à l'Electeur de ce nom, au cas qu'il se trouvât dans la nécessité de les reclamer: Que Sa Majesté Hongroise avoit contribué elle-même à cette résolution par sa froideur & par ses défiances envers la France: Qu'elle avoit été mal conseillée, en ne lui faisant aucune ouverture propre à prévenir tout ce qu'elle apréhendoit, & en négligeant un Allié dont elle croyoit ne pouvoir se passer.

Cette Réponse jetta la Cour de Vienne dans de nouveaux embarras. Elle crut devoir se précautionner contre la Baviére; & elle envoya ordre à diverses troupes d'y marcher, lorsqu'elle apprit que l'Espagne faisoit de grands préparatifs pour porter la guerre en Italie, que le Roi de Sardaigne se disposoit à envahir le Milanez, & que la France assembloit deux Armées, l'une en Flandre & l'autre sur le Rhin. Ce fut alors qu'on vit briller cette fermeté héroïque que l'Histoire marquera avec plaisir dans la Vie de l'illustre Reine de Hongrie. Depuis bien des siécles l'Héritiére d'un grand Etat ne s'étoit vue attaquée par tant d'Ennemis à la fois, & n'avoit montré un courage si au-dessus de son Sexe.

fexe. Mais ni leur nombre, ni le mauvais fuccès de fes armes, ni l'épuifement de fes finances, ne l'épouvantérent. Tout cela ne fervoit que de jour à fon courage. Elle ne fe troubla point, & réfolut de tout rifquer plutôt que de rien céder; elle ne penfa qu'à faire retomber l'orage fur ceux qui l'avoient formé.

Nous verrons dans la fuite de cet Ouvrage, de quelle maniére elle recouvra le Royaume de Bohême qui lui avoit été enlevé, & s'empara de l'Electorat de Baviére, pour fe dédommager de la ceffion de la Siléfie.

Le Roi de Pruffe fe difpofoit à faire le Siége de Brieg, lorfqu'il apprit que le Maréchal de Bellifle aprochoit. Le Roi lui envoya un détachement de cent cinquante Maîtres pour lui fervir d'efcorte, & le reçut avec tous les honneurs poffibles. Ce Seigneur venoit pour mettre la derniére main au Traité dont j'ai déjà parlé, entre Sa Majefté Pruffienne & l'Electeur de Baviére, fous la médiation de la France qui n'y entroit qu'indirectement, & comme Alliée de l'Electeur de Baviére. Mr. le Maréchal avoit été choifi par le Roi fon Maître pour être Ambaffadeur Plénipotentiaire auprès du Corps Germanique. Il avoit été dans les principales Cours de l'Empire, où il avoit trouvé des difpofitions différentes. Les uns, par une inclination naturelle pour la Maifon d'Autriche, n'avoient garde d'entrer dans des engagemens contraires à fes intérêts; les autres étoient retenus par la crainte ou par leur défiance.

Au

Au reste le Maréchal de Bellisle doit jouer un si grand rôle dans l'Histoire de la Guerre de Bohême, que je ne puis me dispenser de le faire connoître ici. Il est fils de Louis Fouquet Marquis de Bellisle, & petit-fils du célébre Nicolas Fouquet Surintendant des Finances mort en 1680. au château de Pignerol. Du côté de sa mére, il descend de l'illustre Maison de Ventadour. Son grandpére ne dut son élevation qu'à son propre génie. Il parvint à la Charge de Surintendant des Finances, & rendit des services importans (1) à l'Etat. C'étoit un homme

(1) Il n'a manqué qu'une chose à ces derniers (*les Historiens*); c'est que parlant de la paix & de la guerre, ils n'ont jamais aprofondi ce qu'on appelle l'Epargne, & les Finances. Tous nos Historiens, quand l'occasion s'en est présentée, se sont recriés sur les abus qui s'y commettent, mais pas un n'a fait connoître en quoi consistoit cet abus : semblables à la populace qui crie au Voleur, quand il se commet une violence dans les rues, sans savoir en quoi consiste cette violence, & jusqu'où s'étend le crime. Mais Mr. Fouquet dans ces Défenses, qu'on peut regarder comme de fort bons Mémoires d'Etat, nous a délivrés de l'ignorance où nous étions à cet égard. Il a dit sur ce sujet tout ce qui se peut dire, & a laissé deviner encore bien des choses qui se peuvent supposer, après les principes qu'il a établis. Tout cela est écrit avec une netteté admirable. Il y a des secrets révélés, qui valent aujourd'hui des Mines d'Or au Roi, & des miracles de billets morts & de billets ressuscités, de billets que l'on fait revivre & à qui l'on donne un nouvel être, qui ne se trouvent pas dans la Vie des Saints. . . . . . .

On y voit la différence presqu'incroyable entre le génie de Plutus & celui de Thémis ; c'est-à-dire, entre l'usage reçu dans les Finances & la pratique & les procédures reçues au Palais. En un mot on y trouve tout ce qui peut éclairer un grand Prince touchant son épargne ; tout ce qui peut former un habile Financier ; & tout ce qui peut nous instruire, pour parler avec science d'un secret, dont nous ne parlions auparavant que comme les aveugles des coume généreux, le patron des Savans & des Gens de Lettres (1). Ses malheurs l'ont rendu célébre, & on admire la fermeté avec laquelle il supporta sa prison. Le Maréchal de Bellisle est né le 22. Septembre 1684. Etant Colonel de Dragons, & n'ayant guére plus de vingt ans, il se distingua beaucoup en Italie. Il aime la guerre, & n'en déplaise à quelques mauvais Libelles, il a

couleurs. *Vigneul Marville Mélang. d'Hist. & de Litt. Tom. II. p. 459.*

(1) *Ecoutons encore Vigneul Marville T. III. p. 309.* Mr. Fouquet dans son malheur a été le plus heureux homme du monde en amis. Il en a eu de fidéles jusqu'à la mort, ce qui n'a guére d'exemples. La raison qu'on en peut donner, c'est qu'il les choisissoit bien, & qu'il les rendoit bons en les obligeant de bonne grace. Les Gens de Lettres, qui ont eu plus de part que les autres à ses bienfaits, lui en ont temoigné des reconnoissances qui ne doivent point mourir dans la mémoire des Hommes. Loret, dès le lendemain de la détention de Mr. Fouquet, fit connoître dans sa Gazette les obligations qu'il avoit à ce Mécéne. Mr. Pélisson souffrit la prison pour l'amour de lui, & employa toute son éloquence à le justifier. Mademoiselle de Scuderi mit tout son esprit & tout ce grand crédit qu'elle avoit parmi les honnêtes-gens à soutenir la réputation abattue de son bienfaiteur, & de son ami. Mr. de Brebeuf, ne pouvant rien faire davantage pour témoigner sa reconnoissance envers un Ministre si généreux & si libéral, mourut de déplaisir de le voir arrêté. Mr. Pecquet son Médecin ne s'est jamais pu consoler de la perte d'un si bon Maître, & disoit que Pecquet avoit toujours rimé & rimeroit toujours à Fouquet. Les Jésuites mêmes sollicitérent pour Mr. Fouquet, & ne l'oubliérent pas dans un tems où de nouveaux intérêts font oublier de vieilles obligations.

Les Lettres de Madame de Sévigné sont remplies des éloges de ce Surintendant- & l'on sait avec quelle fermeté Mr. de Roquesane, Président au Parlement d'Aix, soutint qu'il étoit innocent, & opina en sa faveur.

Il n'y avoit pas jusqu'au Poëte Scarron qui n'eût une pension de ce généreux Ministre. Voyez la Vie de ce fameux Poëte Burlesque.

a tout ce qu'il faut pour faire un bon Général. Il eſt brave d'une bravoure reconnue & ſignalée. Il eſt vigilant, actif. Jamais perſonne ne l'a trouvé au lit ſoit en campagne, ſoit en quartier, à quelque heure qu'on ſoit venu le voir. Il eſt ſobre naturellement, ſimple dans ſes habits; il mépriſe les commodités les plus permiſes. En un mot, c'eſt de lui qu'on peut dire à juſte titre: *fatigato humus cubile eſt: cibus quem occupat ſatiat: tempora ſomni arctiora quàm noctis.*

Mais comme il n'eſt point d'homme parfait, on accuſe Mr. le Maréchal d'être peu ſévéré envers le ſoldat, & de l'être beaucoup envers le peuple. On le taxe auſſi de trop d'économie; reproche qu'on peut facilement s'attirer chez une Nation auſſi généreuſe que la Françoiſe. Néanmoins il eſt de l'équité de n'y pas ſouſcrire aiſément, & de ſe reſſouvenir de la figure que ce Seigneur a faite à Francfort, qui n'eſt certainement pas celle d'un avaricieux.

Toutes les nouvelles de ce tems-là ſont pleines de ſa magnificence extraordinaire, ſes ennemis-mêmes en ont été dans l'admiration; & quoiqu'il ſoit certain que le Roi ſon Maître lui fourniſſoit des ſommes conſidérables pour ſoutenir cette dépenſe immenſe, je ſai néanmoins de bonne part qu'il lui en a couté plus de cent mille écus du ſien; ſans compter que ce n'eſt pas mal confondre un reproche d'avárice, que d'employer ſi bien les ſommes deſtinées par un Monarque, & qu'il n'eſt pas rare de voir des Miniſtres en en faire un tout autre ufage , plus avides de s'enrichir aux dépens de la gloire de leur Maître, qu'inquiets fur ce qu'on en pourra penfer.

Il eft très-probable que le zèle & la fidélité du Maréchal à fervir fon Maître lui ont attiré tous ces traits infipides répandus dans cent mauvaifes Brochures. Mais quoi qu'il en foit, il nous fuffit de favoir que le Maréchal Duc de Bellifle eft non feulement bon Général, mais grand Politique & habile Négociateur. C'eft lui qui conçut le projet de mettre l'Electeur de Baviére fur le Trône Impérial, & qui fut chargé de l'exécution : car pour ce qui eft de feconder puiffamment les prétentions de ce Prince fur l'Héritage du feu Empereur, c'étoit une réfolution prife depuis longtems , comme il feroit aifé de le prouver par toutes les circonftances des Négociations qui précédérent la mort de ce Monarque.

Le Maréchal ne demanda , pour venir à bout de fon deffein, qu'une Armée de trente-cinq à quarante mille hommes, outre le fecours promis à l'Electeur ; & exigea que cette Armée vint fe pofter en Weftphalie, pour tenir en échec les Electeurs d'Hannovre, de Tréves & de Mayence, & donner en même tems de l'inquiétude aux Hollandois pour les empêcher de penfer à autre chofe qu'à leur propre fûreté.

On lui promit que l'Armée s'affembleroit, & fe mettroit en marche inceffamment pour aller donner à fes Négociations le poids néceffaire. Sur cela le Maréchal partit, & arriva

riva, comme je l'ai dit, au Camp du Roi de Prusse. Il trouva que le Marquis de Vallory avoit beaucoup avancé la négociation avec ce Monarque. Le Maréchal acheva ce grand ouvrage, & n'ayant plus rien à faire, il prit congé de Sa Majesté Prussienne, & retourna à Francfort par la Saxe. Il s'arrêta quelques jours à Dresde & y négocia si bien qu'il disposa le Roi de Pologne à entrer dans le projet du partage des Etats de la Maison d'Autriche, desorte que peu après ce Monarque conclut une Alliance offensive avec le Roi de Prusse & l'Electeur de Baviére.

Les expéditions militaires alloient toujours leur train en Siléfie. Le Feld-Maréchal de Neiperg, après sa retraite, s'étoit venu poster derriére la Neiss, d'où il entendoit le bruit du Siége de Brieg, sans pouvoir, ou sans oser rien entreprendre pour délivrer cette Place. Il entretenoit quelques intelligences dans Breslau, Ville puissante & la Capitale de la Siléfie; mais le Roi de Prusse en ayant eu avis le prévint, & fit un détachement de son Armée, qui s'empara de la Place & desarma la Garnison, après avoir fait prêter aux principaux Habitans le serment de fidélité à Sa Majesté Prussienne. Il ne se passoit guére de jour qu'il n'y eût quelque escarmouche entre les troupes légéres des deux Armées, où tantôt l'un avoit l'avantage, tantôt l'autre, comme cela arrive d'ordinaire dans ce qu'on appelle la petite guerre.

Le Comte Picolomini Gouverneur de Brieg, qui s'étoit tant distingué dans la derniére guerre des Turs, en défendant *Méadia*, ne tint que quatre jours de tranchée ouverte, & se rendit au Roi de Prusse, manque de vivres & d'autres choses nécessaires.

Pendant ce tems-là, les Ministres d'Angleterre n'avoient rien oublié pour procurer un accommodement entre la Reine de Hongrie & le Roi de Prusse. Mr. Robinson étoit venu exprès de Vienne pour faire des propositions à ce Prince; mais tout cela n'avoit rien produit. Enfin le Comte Neiperg eut lui-même une Conférence particuliére avec Sa Majesté Prussienne. Il ne lui cacha pas que les mouvemens de l'Electeur de Baviére donnoient de l'inquiétude à la Reine, & qu'Elle achetteroit volontiers, par une cession raisonnable, l'amitié de Sa Majesté Prussienne. Mais quand il vint à expliquer la nature du sacrifice, le Roi ne le trouva pas proportionné à ses prétentions. La négociation traîna encore quelque tems, & le bruit se répandit que Leurs Majestés Hongroise & Prussienne étoient d'accord; mais ce bruit se trouva faux.

Cependant l'Electeur de Baviére ayant eu des avis certains que deux Armées Françoises étoient en marche pour entrer en Allemagne, assembla ses troupes près de Scharding. Son Armée étoit forte d'environ vingt mille hommes.

Il fit un détachement de Grenadiers, qui s'approchérent de Passau, & se posta vis-à-vis la porte par où l'on entre du côté du Château. En même tems un Bailli se présenta sur les cinq heures du matin à une autre porte

te nommée de *St. Swerin*, qui lui fut ouverte.
Il paffa par la Ville comme s'il eût voulu la
traverfer, & fe fit ouvrir la porte près de laquelle étoit le Détachement Bavarois. Le
Caporal de la Garde l'y ayant conduit, le
Bailli le faifit tout d'un coup par la main, &
cria au Détachement d'avancer; fur quoi les
Grenadiers Bavarois étant accourus, s'affuré-
rent du Caporal. Le refte du Détachement
entra dans la Ville, defarma la Garde du Prin-
ce-Evêque, & fe répandit de tous côtés. La
chofe fut exécutée avec tant de promtitude &
de célérité, que les Bavarois fe virent en un
moment maîtres de la Place, à l'exception du
Château où l'Evêque fait fa réfidence. Le
Général Minuzzi, qui commandoit les Bavarois, envoya un Officier à ce Prélat pour lui
remettre une Lettre de l'Electeur, portant en
fubftance „ Que la conjoncture critique dans
„ laquelle on fe trouvoit, obligeant Son Al-
„ teffe Electorale de veiller à la fûreté de
„ fon Electorat, Elle prioit Son Alteffe Emi-
„ nentiffime de vouloir bien évacuer le Châ-
„ teau de Paffau, & de trouver bon que les
„ Troupes Bavaroifes l'occupaffent auffi long-
„ tems que les circonftances pourroient l'exi-
„ ger: Qu'Elle l'affuroit & lui promettoit,
„ que cette évacuation ne porteroit pas le
„ moindre préjudice à la Supériorité territo-
„ riale, ni à fes autres Droits: Qu'Elle n'a-
„ voit pas non plus le moindre deffein de
„ toucher à fes revenus: Que fon intention
„ étoit que fes troupes ne fuffent point à
„ charge, & qu'Elle avoit réglé tout ce qui
„ regardoit leur fubfiftance: Qu'Elle efpéroit

M 2

„ donc

,, donc que Son Alteſſe Eminentiſſime ne feroit
,, aucune difficulté d'évacuer le Château; que
,, ſi cependant le contraire arrivoit, toutes
,, les meſures étoient priſes pour s'en empa-
,, rer par la force: Qu'en ce cas, on feroit
,, obligé de mettre dans Paſſau une Garniſon
,, qui ne pourroit qu'incommoder les habi-
,, tans: Que tous ces inconvéniens pouvoient
,, être évités, en remettant le Château ſans
,, délai aux Troupes de Son Alteſſe Electo-
,, rale; & que, ſi l'on prenoit ce parti, on
,, ne mettroit dans la Ville que les Troupes
,, néceſſaires pour garder les trois ponts ſur
,, l'Inn & l'Arcenal.

L'Evêque de Paſſau ayant reçu cette Lettre, demanda quelque tems pour délibérer
ſur le parti qu'il devoit prendre Le Général
Minuzzi n'y voulut point conſentir, & fit
répondre que l'Evêque n'avoit qu'à ſe déterminer au plus vite; que tout ce qu'il pouvoit faire, c'étoit de lui accorder deux heures. Sur quoi ce Prélat lui fit ſignifier une
Proteſtation, par laquelle il déclaroit qu'il
ſouffroit cette violence, parce qu'il n'étoit
point en état de s'y oppoſer; que dès que
la force l'emportoit ſur la juſtice, ceux qui
ſe trouvoient les plus foibles étoient obligés
de céder; & qu'il proteſtoit, de la maniére
la plus ſolennelle, contre toutes entrepriſes
faites ou à faire en cette occaſion.

L'Electeur, voulant prévenir les jugemens
du Public ſur cette entrepriſe, écrivit la Lettre ſuivante à ſon Miniſtre à la Diéte.

,, On apprendra ſans-doute bientôt à Ra-
,, tisbonne, où l'on a peut-être déjà appris
,, que

„ que Nous nous sommes affurés ces jours-
„ ci de la Ville de Paſſau & de ſon Châ-
„ teau appellé *Oberhaus*, & y avons mis u-
„ ne Garniſon de nos Troupes.

„ Comme il convient que vous ſoyez in-
„ ſtruit de cette démarche de notre part, &
„ ſur-tout que vous n'ignoriez pas les raiſons
„ qui Nous ont porté à la faire, vous ſaurez
„ qu'elles ſont fondées ſur le même Droit
„ de la Nature qui Nous oblige de pourvoir
„ à la ſûreté de nos Etats, ainſi que ſur
„ tous les autres Droits qui Nous autoriſent
„ à prévenir un dommage irréparable, dont
„ Nous étions menacés, de-même que nos
„ Sujets, & qu'on ne pouvoit abſolument
„ pas éviter, à-moins que d'avoir recours à
„ cet expédient ; d'autant que Mr. le Cardi-
„ nal-Evêque de cette Ville n'auroit pas eu
„ longtems la liberté de s'excuſer de recevoir
„ les Troupes que la Cour de Vienne lui
„ avoit propoſé de faire entrer dans ſa Ville,
„ ou de s'oppoſer à la force, ſi on avoit vou-
„ lu l'employer pour les y faire entrer ; les
„ Troupes qui ſont dans le voiſinage de Lintz,
„ & qu'on apprend qui augmentent tous les
„ jours en nombre, étant plus que ſuffiſan-
„ tes pour l'exécution de cette entrepriſe ;
„ deſorte que le moindre délai étant dange-
„ reux, il n'a été queſtion que de faire le
„ premier ce que d'autres avoient envie de
„ faire avant Nous.

„ Ces circonſtances juſtifient pleinement
„ notre conduite devant Dieu & devant les
„ Hommes, puiſqu'il eſt évident que Nous
„ n'avons fait que ce qu'une néceſſité in-

M 3

„ diſ-

,, difpenfable Nous obligeoit de faire, dans
,, la vue de mettre nos Etats à couvert du
,, danger inévitable dont ils étoient mena-
,, cés.

,, Nous pourvoyons nous-mêmes à la fub-
,, fiftance des Troupes que Nous avons mifes
,, en garnifon à Paffau, fans qu'elles foient
,, aucunement à charge aux Habitans & aux
,, Sujets du Pays, qui n'ont pas befoin de
,, leur fournir autre chofe que le loge-
,, ment.

,, Nous avons fur-tout eu foin de donner
,, au Cardinal-Evêque les affurances les plus
,, fortes, que Nous n'avons pas intention de
,, donner la moindre atteinte à fa Supériorité
,, territoriale, & moins encore de Nous em-
,, parer de fes revenus; mais qu'au-contraire
,, Nous fommes réfolus de remettre en fon
,, pouvoir la Ville & le Château, avec l'Ar-
,, cenal & les munitions, auffitôt que le dan-
,, ger fera paffé. Nous avons pareillement
,, enjoint très-férieufement au Comte Minuz-
,, zi Vice-Préfident de nos Confeils de Finan-
,, ces & de Guerre, Général d'Artillerie, que
,, Nous avons chargé d'occuper la Ville de
,, Paffau & d'y mettre Garnifon, de faire
,, obferver bon ordre à fes Troupes, & de
,, leur interdire toutes voies de fait, ce qu'il
,, a exécuté avec tant de ponctualité, à no-
,, tre fatisfaction & à celle du Cardinal-Evê-
,, que, qu'il n'auroit guére été poffible de
,, procéder avec plus de ménagement, &
,, d'exécuter plus doucement une entreprife
,, de cette nature.

,, Cela étant ainfi, Nous nos flattons que
,, per-

,, personne ne trouvera à redire à cette dé-
,, marche, & cela d'autant moins, que Nous
,, avons donné à Mr. le Cardinal notre parole
,, Electorale, de la maniére la plus obligatoi-
,, re, qu'en mettant une Garnison dans la
,, Ville, Nous ne prétendons aucunement
,, nous arroger aucune autorité au préjudice
,, de sa Personne & de sa Principauté: que
,, nos Troupes observeront une si bonne Dis-
,, cipline qu'il n'en souffrira aucune incommo-
,, dité, ni les siens non plus; mais qu'au-con-
,, traire elles lui rendront non seulement tout
,, le respect qui lui est dû, mais le protége-
,, ront avec les siens. C'est pourquoi Nous
,, nous promettons, que Mr. le Cardinal se
,, prêtera avec d'autant plus de facilité à cet-
,, te démarche (qui loin de tendre au desa-
,, vantage de personne, n'a pour but que la
,, sûreté de nos Etats & des siens, à laquelle
,, Nous sommes aussi obligé de pourvoir en
,, qualité de Colonel du Cercle) que son in-
,, térêt & celui de son Pays & de ses Sujets,
,, qui étant les seuls enclavés dans nos Etats,
,, en retirent le même avantage que nos pro-
,, pres Sujets, ne demandoit pas moins que
,, le nôtre, qu'on eût sans délai recours à ce
,, reméde, qui étoit unique dans la circon-
,, stance.

Le Cardinal ne manqua pas de se plaindre
à l'Electeur même du procédé en question,
mais il n'en eut aucune satisfaction. La situation de Passau entre la Baviére & l'Autriche ne pouvoit qn'attirer l'attention des deux
Partis. L'Electeur de Baviére avoit des vues
sur la Haute-Autriche, dont Passau est comme

la clé. Il prit le parti de s'en affurer, avant que les Autrichiens s'en emparaffent pour rompre fes deffeins. La Reine de Hongrie ne pouvant autrement rémédier à cet accident, tâcha d'en tirer le parti ordinaire, c'eft-à-dire, de le repréfenter fous des couleurs capables de rendre la conduite de fon Ennemi auffi odieufe qu'il feroit poffible. Dans cette vue elle écrivit deux Lettres fort vives, l'une à l'Evêque de Paffau, l'autre aux Miniftres qu'elle avoit dans les Cours étrangéres.

„ J'ai *vu, difoit-elle à ce Prélat, par la
„ Lettre de l'Electeur de Baviére, datée du
„ 24. du mois dernier, laquelle m'a été com-
„ muniquée, que pour juftifier une démarche
„ auffi contraire aux Droits & aux Conftitu-
„ tions de l'Empire, que l'a été l'invafion
„ violente de votre réfidence, au mépris de
„ Votre Dilection, en la forçant de plus à re-
„ cevoir garnifon dans fa Fortereffe d'Ober-
„ haus, on ait allégué dans cette Lettre, que
„ l'Electeur de Baviére, *craignant une inva-*
„ *fion dans fes Etats, a voulu prévenir les def-*
„ *feins de notre Cour; que fes vues ne tendoient*
„ *aucunement au préjudice de qui que ce foit,*
„ *mais qu'elles n'avoient pour objet que le main-*
„ *tien & la défenfe de Votre Dilection & de*
„ *fon Pays; & enfin que la Garnifon n'y refte-*
„ *roit que jufqu'à ce que le danger fût paffé.*

„ Votre Dilection connoît mieux que per-
„ fonne le peu de fondement de ces prétex.
„ tes,

* Lettre de la Reine de Hongrie au Cardinal-Evêque de Paffau.

,, tes, & elle ne doit point ignorer quel peut
,, avoir été le sujet du voyage du Major &
,, du Commandant d'Oberhaus à Ratisbonne;
,, par conféquent elle ne doit pas être furpri-
,, fe qu'il fe trouve des gens qui par toute
,, forte de fauffes infinuations favent furpren-
,, dre la Religion de l'Electeur de Baviére,
,, & l'induire à des entreprifes fi préjudicia-
,, bles au Bien-public.

,, C'eft une chofe connue, tant au-dedans
,, qu'au dehors de l'Empire, que depuis long-
,, tems on médite d'envahir mes Royaumes,
,, & mes Provinces Héréditaires. Je n'ai pu
,, ni voulu d'abord ajoûter foi à de pareils
,, bruits, & dans cette idée j'ai ordonné au
,, peu de Troupes qui étoient dans les Pro-
,, vinces d'Autriche, de marcher en Siléfie.
,, Cependant, comme on faifoit de la part de
,, la Cour de Baviére des préparatifs extraor-
,, dinaires de guerre, & qu'on ne faifoit plus
,, de myftére de l'envoi d'un Corps de Trou-
,, pes étrangéres, fous le nom de Troupes
,, auxiliaires, j'aurois manqué à ce que je
,, dois à mes fidéles Royaumes & Etats héré-
,, ditaires, ainfi qu'au bien & à la tranquillité
,, publique, & j'en aurois été refponfable de-
,, vant Dieu & les Hommes, fi pour ma pro-
,, pre défenfe je n'avois ordonné la marche
,, des Régimens dont il eft fait mention dans
,, ladite Lettre.

,, D'un côté perfonne ne pourra croire que
,, dans le tems que je me fuis trouvé engagée
,, dans une guerre onéreufe, j'aye fongé à
,, troubler en aucune maniére le repos de

M 5

,, mes

„ mes voisins. D'un autre côté les Régimens
„ ordonnés étoient en si petit nombre, qu'ils
„ ne devoient & ne pouvoient causer le
„ moindre ombrage à l'Electeur de Baviére ;
„ d'autant plus qu'il n'ignore pas le désir sin-
„ cére que j'ai d'établir une union perpétuel-
„ le entre Nous & sa Maison Electorale. Je
„ persiste dans ce désir, & il ne dépend que
„ de Sa Dilection que tous les Différends ne
„ soient terminés tout d'un coup & à ja-
„ mais.

„ Et afin de convaincre plus évidemment
„ l'Empire & le Monde entier de l'injustice
„ de l'autre Parti, & de détruire tout ce
„ qu'on pourroit alléguer pour la justifica-
„ tion de cette entreprise, j'offre, au cas
„ que l'Electeur de Baviére veuille retirer
„ ses Troupes de votre Résidence & de la For-
„ teresse d'Oberhaus, de lui donner les assu-
„ rances les plus fortes, que je n'y ferai ni
„ n'ai envie d'y faire entrer un seul homme
„ de mes troupes. Je ne suis pas moins
„ disposée, pourvu qu'on le soit pareillement
„ de la part de l'Electeur de Baviére, à l'assu-
„ rer entiérement, & de la maniére la plus con-
„ venable qu'il se puisse, qu'il ne sera fait de no-
„ tre part aucune invasion. Si les assuran-
„ ces mentionnées dans la Lettre de l'Elec-
„ teur de Baviére sont sincéres, savoir *que*
„ *sa Garnison n'y restera que jusqu'à ce que le*
„ *danger soit passé*, rien ne pourra empêcher,
„ après ce que je viens d'alléguer, que Vo-
„ tre Dilection ne soit bientôt délivrée des
„ Troupes étrangéres. Je le souhaite de tout
„ mon

„ mon cœur, tant par rapport à la tranquil-
„ lité publique de l'Empire, que par la part
„ que je prens au repos & au contentement
„ de Votre Dilection.

Voici l'autre Lettre dont nous avons parlé.

„ Le† premier de ce mois, on apprit ino-
„ pinément, qu'un Détachement de six cens
„ hommes de Troupes Bavaroises étant entré
„ à l'improviste dans la Ville de Paſſau, avoit
„ obligé la Garniſon à mettre bas les armes,
„ & à abandonner ſes poſtes ; qu'enſuite il
„ avoit entouré la réſidence du Prince, &
„ tâché d'obliger par-là le Cardinal Evêque
„ à rendre la Citadelle, appellée *Oberhaus* ;
„ mais que Son Eminence s'étant excuſée de
„ le faire, on avoit employé la force, au
„ moyen dequoi on l'avoit occupé, & forcé
„ la Garniſon à en ouvrir les portes, comme
„ le prouve plus amplement la rélation ci-
„ jointe.

„ Nous n'entreprendrons pas de relever
„ l'irrégularité de cette démarche inouïe : la
„ choſe parle d'elle-même, & il ſuffit de la
„ rapporter telle qu'elle eſt, là où vous êtes.
„ L'envoi que Nous avons cru devoir faire de
„ quelques Régimens d'Infanterie & de Ca-
„ valerie dans nos Etats qui confinent à ceux
„ de Baviére, pour notre propre défenſe, &
„ uniquement pour repouſſer toute violence
„ injuſte, fournira peut-être à cette Cour un
„ prétexte de dire qu'on a cru devoir Nous
„ prévenir. Mais Nous croyons pouvoir nous
„ flatter que tout l'Univers eſt intimement

„ con-

---

† Seconde Lettre de la Reine de Hongrie à ſes Miniſtres
dans les Cours étrangéres, ſur le même ſujet.

,, convaincu, que Nous ne fommes pas dans
,, le cas de fonger à troubler la tranquillité
,, de perfonne, mais uniquement à défen-
,, dre nos Etats, & à Nous mettre en pof-
,, ture contre les nombreux & évidens dan-
,, gers dont Nous fommes menacés. Toute
,, la Chrétienté fait auffi-bien que l'Empire,
,, que Nous avons détruit les prétentions de
,, la Maifon de Baviére, par l'infpection du
,, Teftament fur lequel elle avoit voulu les
,, fonder; de quelle maniére on en a agi de-
,, puis longtems à notre égard, & qu'il s'en
,, faut bien peu que ce n'ait été en ennemi.
,, Cependant Nous n'avons oppofé que la dou-
,, ceur & la modération à ce procédé, &
,, n'ayant pour but de notre conduite que le
,, Bien-public, Nous avons donné toutes for-
,, tes de preuves de notre ardent défir de ré-
,, tablir, s'il eft poffible, la bonne intelligen-
,, ce avec la Maifon de Baviére, d'une ma-
,, niére fatisfaifante pour l'un & pour l'autre,
,, défir qui fubfifte encore en fon entier. Nous
,, avons même pouffé la confiance qu'on imi-
,, teroit notre exemple, jufqu'à faire marcher
,, vers la Siléfie la plus grande partie des
,, Troupes qui étoient deftinées à la défenfe
,, de nos Etats d'Autriche, mais le mal étant
,, devenu plus grand de jour en jour, & la
,, Baviére augmentant continuellement les
,, préparatifs de guerre au-dedans & au-de-
,, hors, & le bruit d'une prochaine invafion
,, de fa part étant devenu général, Nous
,, manquerions à ce que Nous nous devons
,, à Nous-mêmes & à nos Sujets, fi Nous ne
,, pourvoyions à notre propre fûreté fans of-
,, fen

„ fenfer perfonne. Nous n'avons jamais ou-
„ trepaffé ces bornes, ni rien fait ou entre-
„ pris qui pût tendre à obliger un Etat li-
„ bre de l'Empire à faire quoi que ce fût con-
„ tre fa volonté. Au-contraire, afin de tran-
„ quillifer le Cardinal de Lamberg Evêque
„ de Paffau, & ne lui laiffer aucun fujet
„ d'apréhenfion, Nous lui avons fait à ce
„ fujet toutes les déclarations convenables, &
„ lui avons donné les affurances les plus fortes.

„ Au refte, fans Nous arrêter à relever tout
„ ce qu'il y a d'odieux dans cette démarche,
„ & pour détruire tout ce qu'on pourroit al-
„ léguer pour la colorer, Nous fommes prêts
„ à donner les affurances les plus fortes, que
„ Nous ne nous emparerons jamais de la Vil-
„ le de Paffau, ni de fon Château, & n'y
„ mettrons point de garnifon, fi la Cour de
„ Baviére veut faire la même déclaration,
„ donner les mêmes affurances, & retirer
„ des Troupes qu'elle y a, &c.

Après la prife de Paffau, l'Electeur de Baviére ayant été joint par une partie de l'Armée
que la France envoyoit à fon fecours, entra
dans la Haute-Autriche, Pays ouvert, où la
meilleure Place n'avoit pas même de foffés.
Le peu de Troupes que la Reine y avoit fait
marcher pour le défendre, fe retiroit en hâte, de
peur d'être coupées par une fi puiffante Armée.
Il s'empara d'abord de Lintz, qui en eft la Capitale. C'eft une Ville grande, mais mal bâtie, & point fortifiée. Elle a un vieux Château qui ne vaut pas mieux. C'eft dans cette
Ville que mourut en 1685. Charles IV. Duc
de Lorraine & de Bar, Ayeul du Prince Char-

les

les d'aujourd'hui, qui paroît avoir hérité de la valeur & de la capacité de ce Héros. De Lintz l'Electeur se rendit maître d'Ens & de Steyr, & ayant passé la Riviére d'Ens il menaça Vienne d'un siége, moins dans la vue de tenter une pareille entreprise, que pour cacher ses véritables desseins. Cette manœuvre jetta la terreur dans Vienne, tout ce qu'il y avoit de grand & d'auguste dans cette Ville se sauva à Presbourg ou à Gratz en Stirie. On emporta les meubles & les joyaux les plus précieux, & jusqu'aux Bibliothéques. On abattit les fauxbourgs qui n'étoient pas fortifiés, & les Palais qui tenoient aux fortifications de la Ville. Ces fortifications, qui en plusieurs endroits avoient été négligées & tomboient en ruines, furent incessamment réparées. On y employoit continuellement un grand nombre de Travailleurs. Quelques vieux Régimens se jettérent dans la Place pour la défendre. On fit prendre les armes aux Bourgeois & aux Etudians. On remplit les Magazins. En un mot, on se prépara à soutenir un long siége, qui n'avoit pas la moindre apparence, attendu que de la part de l'Electeur on n'avoit fait aucun des préparatifs nécessaires pour une telle entreprise, & qu'avant que tout eût été prêt la saison se seroit trouvée trop avancée; car on étoit alors en Septembre, tems déjà peu propre aux expéditions militaires. Tout ce que l'Electeur auroit pu faire, ç'auroit été de la bloquer pendant l'hiver, & de l'assiéger au retour de la belle saison; mais avant ce tems-là il auroit fallu essuyer tant de combats & d'escarmouches, & peut-être tant de maladies, qu'il se seroit vu sans Armée

lorslorfqu'il en auroit eu le plus de befoin. Il falloit à ce Prince des conquêtes faciles ; car fans compter l'inconvénient de la faifon, il eft bon de remarquer qu'il manquoit des fonds néceffaires à applanir les difficultés d'une guerre où il faut vivre à fes dépens, & fournir aux frais immenfes que demandent des entreprifes d'autant plus difficiles, qu'elles ont été prévues de l'Ennemi, & qu'il a eu le tems de s'y préparer. Auffi fe contentat-il de lever de groffes contributions dans la Haute & Baffe - Autriche, & de pouffer des partis jufqu'à quatre lieues de Vienne ; il fit même la tentative de fommer le Comte de Kévenhuller Gouverneur de cette Capitale, & lui adreffa un paquet de Lettres pour la Reine de Hongrie, fous le Titre de *Grande-Ducheffe de Tofcane.* Le Comte les rendit au Trompette qui les avoit apportées, ne voulant pas recevoir des Lettres où l'on ne donnoit pas les Titres dus à la Reine fa Maîtreffe. Mais il retint le Courier qui lui avoit fignifié la fommation, & dépêcha un Exprès à Presbourg pour favoir les fentimens de la Reine. Sa Majefté fit réponfe : *Qu'Elle mettoit trop de confiance dans le zéle & l'affection de fes fidéles Etats & Sujets de la Baffe-Autriche, pour n'être pas perfuadée de l'éloignement qu'ils auroient à écouter des propofitions fi contraires à leur devoir ; Qu'Elle efpéroit donc qu'ils les réjetteroient d'une maniére convenable, & qu'ils ne cefferoient de demeurer attachés à leur Soüveraine, & de faire tous leurs efforts pour repouffer les Ennemis qui la perfécutoient.*

Le Comte de Kévenhuller renvoya là-deffus

ſus le Courier Bavarois, après lui avoir déclaré : *Que les fidéles Etats & Sujets de la Baſſe-
Autriche demeureroient inviolablement attachés à
la Reine : Que leur fidélité leur feroit ſouffrir tous
les maux que les Ennemis de Sa Majeſté pourroient
leur préparer ; & qu'ils ſacrifieroient leurs biens
& leurs vies pour défendre leur Souveraine.*

Cette réponſe fit connoître à l'Electeur de Baviére que la priſe de Vienne n'étoit pas une choſe aiſée, & qu'on y étoit diſpoſé à ſe bien défendre. Ce Prince, content de la conquête de l'Autriche ſupérieure, ne penſa qu'à s'en aſſurer la
poſſeſſion. Dans cette vue il convoqua les
Etats du Pays à Lintz, & s'y fit prêter hommage avec beaucoup de ſolemnité ; enſuite il fit
faire quelques fortifications à cette Ville, autant qu'il en faloit pour la mettre à couvert
des inſultes des Coureurs, mais non pas aſſez
pour la rendre capable de ſoutenir un ſiége.

Cependant la Reine de Hongrie avoit aſſem-
blé les Grands du Royaume à Presbourg, pour
aviſer aux moyens de pouvoir réſiſter aux Ennemis qui fondoient ſur Elle de toutes parts.
Elle les avoit émus par une harangue des plus
touchantes, & par la vue du petit Archiduc
ſon Fils, qu'Elle leur avoit préſenté habillé
à la Hongroiſe. Il faut quelquefois peu de
choſe pour toucher les hommes, & les tourner aux ſentimens. Ces Seigneurs, émus de
compaſſion, & peut-être animés par des ſentimens de reconnoiſſance pour une Princeſſe
qui leur avoit rendu tous les priviléges dont
ſes Ancêtres les avoient dépouillés au prix
de tant de ſang répandu, proteſtérent qu'ils
expoſeroient leurs biens & leur vie pour
main-

maintenir Sa Majesté dans la possession de ses Etats, & qu'ils la défendroient contre quiconque s'étoit déclaré ou se déclareroit son ennemi.

Les Hongrois descendent des Huns, Peuple féroce, dont les fréquentes migrations ont été si funestes à l'Europe. Ils ont comme eux un parfait mépris pour tout ce qu'on appelle Sciences & Beaux-Arts : triste héritage de leurs Ancêtres, qu'aucune autre Nation, je pense, ne s'avisera de leur envier, & que le voisinage des Turcs a merveilleusement entretenu dans toute sa force. Ils joignent à ce mépris pour les Lettres tout ce qui en est la suite naturelle. Ils ne savent ce que c'est que la politesse des mœurs, la délicatesse des sentimens, & ces maniéres obligeantes & gracieuses qui sont les suites de la bonne éducation, & des soins qu'on a pris de former l'esprit & le cœur. A la réserve de quelques-uns des premiers du Royaume, nés, pour ainsi dire, dans le sein de la Cour de l'Empereur, tels que les Palfi, les Esterhasy & peu d'autres, le reste de la Noblesse est élevée dans une ignorance rustique, & ne s'occupe que de chasse & de guerre. Le Clergé n'est ni plus savant, ni plus civil; à peine trouveroit-on dequoi former une Bibliothéque très-médiocre de tous les Livres qui sont en Hongrie. Tous les Ecclésiastiques, & tous les Gentilshommes parlent & entendent le Latin; cette Langue est même assez commune dans le tiers-état; mais peu de Hongrois savent qu'il y ait eu des Romains, quels Pays ils habitoient, & quelles gens c'étoient. L'Architecture, la Peinture, la Poésie, la Musique, l'Astronomie, les Antiquités, & tant d'autres Sciences qui distinguent les Nations Civilisées d'avec les Barbares, ne sont pas même connues chez eux. Contens d'avoir dans leur Pays du grain, de bon vin, les meilleurs bœufs du monde, & en général tout ce qui est nécessaire à la vie, avec des Mines d'argent, ils n'ont jamais songé à pousser leur commerce fort loin. Le peuple y est pauvre, & est esclave des Grands ; il est naturellement porté au pillage. La Noblesse a toujours paru fort jalouse de sa liberté. Outre le Privilége qu'elle avoit, conjointement avec le Clergé, d'élire le Souverain, elle en avoit encore un autre assez singulier, qu'elle acquit sous André II. & qui étoit que dès que le Roi entreprenoit quelque chose de contraire aux anciens Usages & Statuts du Royaume, le plus petit Gentilhomme étoit en droit de s'y opposer même violemment, & il ne manquoit guére d'être soutenu par le reste de la Noblesse dans son opposition. Mais les Rois de la Maison d'Autriche trouvérent le secret de rendre la Couronne héréditaire, & d'abolir tous ces Priviléges, si funestes à l'Autorité Souveraine.

La Hongrie est divisée en plus de soixante & dix Comtés. Autrefois, quand il s'agissoit de la défense du Royaume, les Seigneurs de ces Comtés levoient un certain nombre de Paysans chacun dans leur District, & ces différens Corps portoient le nom des principales Villes des Comtés ou de la Province. Les Rois de la Maison d'Autriche ayant rendu

leur

leur pouvoir defpotique & arbitraire dans ce Royaume, ne crurent pas, en bonne politique, devoir employer beaucoup de Hongrois dans leurs Armées, de peur de leur fournir en quelque forte des armes contre l'Autorité Royale. Par une fuite du même principe, ils obfervoient de ne point confier les hautes Charges de la guerre à des Hongrois naturels, encore moins les Gouvernemens des Places & des Provinces du Royaume. Les Hongrois fentoient tout le poids du joug qu'on leur impofoit, ils voyoient à regret des Allemands jouïr des plus beaux Emplois, tandis qu'on les négligeoit, & qu'on les vexoit en mille maniéres. Ils combattirent longtems pour leur Liberté mourante. Ils appellérent plufieurs fois le Turc à leur fecours, mais enfin ils fuccombérent à une force fupérieure. Ils éprouvérent alors toute la rigueur de la vengeance du Souverain irrité. Ils furent traités comme des rebelles. On en fit périr par la main du Bourreau, d'autres furent bannis; & ceux qui proffoient la Religion Proteftante furent furtout livrés à la plus affreufe perfécution; foit qu'ils euffent paru plus zélés que les autres pour la Liberté, foit qu'on crût en effet faire une œuvre agréable à Dieu en les forçant ainfi à renoncer à leurs Opinions.

Comme la Politique des Princes varie felon les circonftances, celle de la Reine de Hongrie a été fort différente de celle de fes auguftes Ancêtres. Elle a rétabli à peu près les Priviléges de la Nation. Les Hongrois partagent actuellement avec les Allemands les principales Charges de la Cour &

 de

de l'Armée. Elle s'eſt ſervie avantageuſement
des Milices Hongroiſes, que les Etats lui offrirent avec beaucoup de zèle.

Tous les Hongrois généralement ſont bien
faits : on voit parmi eux peu de boſſus & de
boiteux : ils ſont robuſtes, & propres à ſup-
porter les plus grandes fatigues. Les guerres
continuelles qu'ils ont eues chez eux, les ont
accoutumés au ſang & au carnage. Expo-
ſés continuellement au pillage des différens
partis, ils ſe ſont aguerris par l'intérêt de leur
ſûreté particuliére. Là, les Payſans labourent
la terre le ſabre au côté, & le piſtolet à la
ceinture ; quelques-uns ont tout près d'eux
un cheval bridé & ſellé, & à l'approche
d'un parti ils montent à cheval, ſe raſſem-
blent, repouſſent l'ennemi & retournent au
travail.

Les *Dolbatſches*, & par corruption *Talpaches*,
ne ſont autre choſe que l'Infanterie réglée
& enrégimentée : *Dolbatſche* en Hongrois ſignifie *Soldat*, *Fantaſſin*. Ils portent de grandes culottes, à peu près comme les Polonois.
Ils ont ſur la tête un bonnet de fourrure dont
la pointe leur deſcend le long du dos ; & pour
armes, un fuſil, deux piſtolets & un ſabre.

Les *Pandoures*, ou *Bandurs*, ſont une Milice
de l'Eſclavonie entre la Save & la Drave, armée à peu près comme les Turcs. Outre une
carabine, ils ont quatre & quelques-uns cinq
piſtolets à la ceinture, un ſabre au côté, &
un grand couteau aſſez ſemblable au *Cangiar*
des Janiſſaires. Il y a actuellemnt un Corps
de ces Pandoures commandés par un certain
Baron Trenk, Officier Eſclavon, qui a ſervi

en

en Ruffie, & un des hommes des plus féroces qu'on puiffe voir, comme le prouvent affez les affaires qu'il a eues dans le Service Mofco-vite, qu'il a quité pour paffer dans celui de la Reine de Hongrie. Ces Pandoures de Trenk out une Mufique militaire entiérement fem-blable à celle des Janiffaires. Ce font des gens affreux à voir, tant par leur habillement grotefque que par leur mine hagarde, & af-fez femblable à celle de ce Capitaine Suiffe dont parle Brantome (*), qui faifoit peur à *los Vilajos que lo miraven, ma no à los deter-minados*, AUX POLTRONS QUI LE VOYOIENT, MAIS NULLEMENT AUX BRAVES.

Les Croates, que les Allemands appellent *Crabates* & les François *Cravates*, font les Mi-lices du Ban de Croatie, formées de Payfans féroces & cruels au-delà de ce qu'on peut s'imaginer. L'Allemagne, & fur-tout la Bo-hême, n'a pas encore oublié les maux que ces Payfans lui firent dans la Guerre de *tren-te ans*. Ils y commirent des ravages effroya-bles.

Les Huffars compofent la Cavalerie Hon-groife. Ils font montés fur de petits che-vaux, qu'ils pouffent avec beaucoup de viteffe, & qui font d'une facile fubfiftance. Lorf-qu'un Huffar fent fon cheval fatigué, il met pied à terre, lui fait brouter la première her-
be

____

(*) Des Sold. Difc. XXXIX. Art. 1. pag 17. de la der-niére édition. Au refte ce Capitaine Suiffe s'appelloit Tocquenet. Il étoit vétu de peau d'Ours depuis les pieds jufqu'à la tête. Ses cheveux étoient longs & hériffés, & fa barbe de-même, deforte que, felon Brantome, il res-fembloit affez à au Diable

be qu'il trouve, & un moment après il remonte deſſus, & continue ſa marche ou plutôt ſa courſe. Les Huſſars ſont armés d'un
grand ſabre recourbé, d'un mouſqueton fort
court, & de deux piſtolets à l'arçon.

Toutes ces Troupes Hongroiſes, quoique
d'ailleurs fort braves, ne ſont, à mon avis,
point à comparer à nos Troupes réglées dans
les Actions générales; les Pandoures ni les
Croates ne ſauroient ſoutenir le choc de
nos Bataillons, & les Huſſars encore moins
celui de nos Cuiraſſiers, ou des Eſcadrons de
notre Cavalerie cuiraſſée ou non. Mais en revanche ces Troupes ne pouvoient qu'être
d'un avantage infini dans la guerre que la
Reine avoit à ſoutenir. C'eſt une choſe connue de tous les Généraux qui s'apliquent tant
ſoit peu à leur métier, que dans une guerre
purement défenſive, il faut éviter les actions
déciſives, ne hazarder qne les eſcarmouches,
tenir continuellement l'Ennemi en allarme, ne
lui pas donner le loiſir de ſe fortifier, tâcher
de gagner du tems & de lui en faire perdre,
lui couper ſes convois, lui rendre ſa ſubſi-
ſtance difficile, le harceler continuellement,
ne lui laiſſer ni paix, ni tréve, même durant
l'hiver; de cette maniére on le verra bientôt
diminuer à vue d'œil. La diſette cauſée par
l'enlévement de ſes convois, & les fatigues
continuelles lui améneront les maladies épi-
démiques; & le monde qu'il aura perdu dans
les embuſcades qu'on lui aura dreſſées, ſera
une conſidérable diminution de ſes forces.

La guerre que la Reine de Hongrie avoit
à ſoutenir, étoit abſolument de cette eſpéce.
Ses

Ses Armées n'avoient agi que défensivement même en Siléfie, où il s'étoit donné une bataille qu'elle avoit perdue, plus par l'impéritie de fes Généraux, que faute de bravoure de la part de fes Troupes. Mais ceux à qui elle en confia dans la fuite le commandement, pousférent la fcience de la Défenfive aufli loin qu'elle pouvoit aller. Ils en recueillirent les fruits, & il ne fut pas étonnant de voir trente mille François recrus & fatigués d'une marche de plus de deux cens lieues, combattant tout l'hiver parmi les neiges & les glaces, fans avoir eu le tems de fe repofer d'une fi longue route, & n'ayant fouvent pas un morceau de pain à manger; il ne fut pas étonnant, dis-je, de les voir le printems fuivant réduits par le fer & les maladies à un peu moins de quinze mille hommes.

En général on peut aflurer que dans la guerre défenfive avec un peu de patience, on viendra tôt ou tard à bout de fon Ennemi. Il n'y a que la précipitation à craindre dans cette forte de guerre, & il faut furtout éviter de tomber dans ce défaut. Une autre chofe non moins néceffaire, c'eft la fcience des lieux, & l'art d'en tirer tout le parti poffible. Il me paroît que les Généraux Autrichiens ont parfaitement connu la Bohême, & qu'ils fe font utilement fervi de cette connoiffance.

J'ai remarqué que ce Royaume étoit entouré de montagnes, excepté du côté de la Moravie, par où l'on entre dans la Baffe-Autriche. Par cette difpofition naturelle, on fe trouvoit en état de pouvoir tirer avec facilité

lité

lité tous les secours d'Autriche & de Hongrie, tant de troupes que de munitions ; il ne s'agissoit que d'être attentif à ne pas se laisser enfermer dans la Bohême ; & c'est ce que les Généraux de la Reine ont observé avec beaucoup de capacité, pendant que l'Ennemi ne pouvoit recevoir des renforts qu'avec des peines infinies, ni assurer ses convois contre une nuée de Hussars qui voltigeoient sans-cesse, que par de gros détachemens qui l'affoiblissoient toujours, & le mettoient hors d'état de rien entreprendre d'important.

C'est ainsi qu'avec un petit Corps d'Armée le Prince de Lobkowitz s'est maintenu à Budweis, sans qu'on l'ait pu chasser de ce poste, parce qu'il faloit penser au plus pressant, à la subsistance des Troupes, & que les Détachemens continuels qu'il faloit faire pour escorter les Convois, & pour repousser les Hussars qni paroissoient en plusieurs endroits à la fois, ne permettoient pas d'assembler des forces suffisantes pour entreprendre de débusquer le Général Autrichien de son poste avantageux.

L'Armée Françoise qui étoit entrée en Baviére, consistoit en quarante Bataillons & quatre-vingt-dix Escadrons, ce qui faisoit au-delà de quarante mille combattans. Cette Armée avoit passé le Rhin dans le plus bel état du monde. Toute la Cavalerie, & une partie de l'Infanterie étoit habillée de neuf. Les équipages & les harnois étoient superbes, & elle observa dans sa marche au-travers de l'Empire le plus bel ordre & la plus belle discipline qu'on puisse voir. Ceux qui

ont

ont intérêt à rendre les François odieux, diront le contraire s'ils veulent; pour moi, qui suis très-convaincu de ce que je dis, & qui n'ai ni paſſion ni intérêt contre la France, je n'ai égard qu'à la vérité; & je ne crois pas être moins bon Patriote pour n'être pas calomniateur. Ce que je dis ici, je le dis pour tout le reſte de cet Ouvrage, où l'amour du vrai ſe montrera dans tout ſon jour, ſans aucun égard pour perſonne. Ma plume n'eſt point vénale, j'écris pour m'amuſer. Je n'ai aucune haine, aucune animoſité contre aucune Nation en général, ni contre perſonne en particulier. Je rapporte ce que j'ai vu, ou ce que je ſai de très-bonne part. Et pour prouver ce que j'avance par un fait conſtant, en voici un que j'ai ouï conter à cent témoins occulaires. Après que les François ſe furent emparés de Prague, ils mirent leur Cavalerie dans des villages aux environs. Un Cavalier du Régiment d'Andelau, de la Compagnie d'un Gentilhomme Normand nommé Deshayes, prit quelques haillons à ſon hôteſſe, & les vendit dix à douze ſous. La Payſane les ayant recouvré en rendant l'argent, fut ſe plaindre au Commandant, qui fit arrêter le Cavalier, qui eut la tête caſſée deux jours après ſans miſéricorde. Enfin on ſait que les Commandans de ces Troupes étoient obligés de prendre des atteſtations des Magiſtrats des lieux où ils faiſoient quelque ſéjour, attendu qu'ils étoient reſponſables de tous les deſordres qui pouvoient arriver de la part des ſoldats qui étoient ſous leurs ordres.

N 5

Cès

Ces quarante mille hommes étoient commandés en Chef par le Maréchal de Bellifle,
ayant fous lui les Lieutenans - Généraux de
Leuville, de Segur, d'Aubigné, Polaftron,
le Comte Maurice de Saxe, & le Comte de
Baviére. Tous ces Généraux étoient néanmoins fubordonnés à l'Electeur de Baviére,
en vertu des Lettres Patentes du Roi Très-
Chrétien, qui conftituent Son Alteffe Electorale fon Lieutenant-Général, & repréfentant
fa perfonne en Allemagne, en ces termes.

,, Louis, par la Grace de Dieu, Roi de
,, France & de Navarre. A tous ceux qui
,, ces préfentes verront, Salut.

,, Notre très - haut & très - amé Frére &
,, Coufin l'Electeur de Baviére Nous ayant
,, requis de lui accorder les fecours néceffai-
,, res pour fe mettre à couvert des infultes
,, qu'il pourroit craindre, & en état de faire
,, valoir les Droits de Sa Maifon, Nous nous
,, fommes portés d'autant plus volontiers à
,, faire paffer dans fes Etats une Armée
,, auxiliaire, que les liens du Sang, & l'u-
,, nion qui régne depuis fi longtems entre
,, notre Couronne & cette Maifon, font pour
,, Nous des motifs fuffifans de Nous inté-
,, reffer à ce qui le regarde dans des con-
,, jonctures auffi preffantes, & la parfaite
,, confiance que Nous avons dans notre Fré-
,, re & Coufin nous ayant déterminé à Nous
,, repofer entiérement fur lui du Commande-
,, ment de ladite Armée. Pour ces caufes &
,, autres grandes confidérations à ce Nous
,, mouvant, Nous avons notre dit Frére &
,, Coufin l'Electeur de Baviére, fait, conftitué
,, &

,, & établi, faisons, constituons & établis-
,, sons par ces Présentes, signées de notre
,, main, notre Lieutenant-Général, repré-
,, sentant notre personne en notre Armée
,, d'Allemagne, avec plein pouvoir & auto-
,, rité à toutes les Troupes, tant d'Infanterie
,, que de Cavalerie Françoises & Etrangéres,
,, dont notre dite Armée sera composée, leur
,, ordonner ce qu'elles auront à faire, & les
,, employer par-tout où besoin sera pour l'ef-
,, fet de ses intentions, & généralement com-
,, mander, faire & ordonner en notre dite
,, Armée tout ce que Nous-mêmes ferions ou
,, pourrions faire si Nous y étions en per-
,, sonne, encore bien que le cas requiére man-
,, dement plus spécial qu'il n'est porté par les
,, Présentes.

,, Si donnons en mandement à nos Lieute-
,, nans-Généraux qui serviront en ladite Ar-
,, mée, & à tous nos Maréchaux-de-camp,
,, Brigadiers, tant de Cavalerie & Dragons
,, que d'Infanterie, Colonels, Mestres-de-
,, camp & autres Officiers d'Artillerie, Gé-
,, néraux des Vivres ou Commis à l'exerci-
,, ce de leurs charges, Capitaines, Chefs &
,, Conducteurs de nos gens de guerre, tant
,, de cheval que de pied, François & Etran-
,, gers qui serviront aussi en notre dite Ar-
,, mée, & autres nos Officiers & Sujets qu'il
,, appartiendra, de reconnoître notre dit Fré-
,, re & Cousin l'Electeur de Baviére en ladi-
,, te qualité de Lieutenant, représentant no-
,, tre personne en ladite Armée, & de lui
,, obéir, & entendre en toutes les choses con-
,, cernant ledit pouvoir, comme ils feroient

,, à

„ à notre propre perſonne ſans difficulté;
„ car tel eſt notre plaiſir. En témoin de-
„ quoi, &c.

Pendant que l'Electeur de Baviére jettoit la terreur dans Vienne & mettoit l'Autriche ſons contribution, le Roi d'Angleterre aſſembloit dans ſon Electorat une Armée de plus de trente mille hommes tant Hannovriens que Heſſois & Danois. Il en fit lui-même la revue le 23. de Septembre de cette année 1741.

Toute l'Europe étoit attentive ſur le parti que prendroit ce Prince. On ne doutoit pas qu'il ne fît une diverſion avantageuſe à la Reine de Hongrie, & qu'il n'entrât dans les Etats du Roi de Pruſſe, qui ſont tout ouverts de ce côté-là.

Mr. de Buſſi Miniſtre de France, homme ſouple & inſinuant s'il en fut jamais, mettoit tout en œuvre pour perſuader à Sa Majeſté Britannique de prendre le parti de neutralité; mais il n'avançoit que foiblement dans ſa négociation. Les intérêts du Monarque Anglois ne trouvoient pas leur compte dans la neutralité, ſoit qu'il l'enviſageât comme Roi, ou ſimplement comme Electeur. En la prémiére qualité, le maintien de la puiſſance de la Maiſon d'Autriche lui paroiſſoit d'une néceſſité abſolue, pour pouvoir toujours oppoſer à la France un Ennemi implacable & puiſſant, qui l'empêche de s'oppoſer à la ſuprématie que les Anglois s'arrogent ſur mer. En la ſeconde il lui paroiſſoit dangereux de laiſſer agrandir le Roi de Pruſſe, dont le voiſinage ne lui donnoit déjà que trop de jalouſie

loufie & d'inquiétude. Une nouvelle Armée Françoife leva toutes les difficultés que ces motifs oppofoient à la négociation de Mr. de Buffi. Catte Armée forte de trente mille hommes avoit traverfé, fous les ordres du Maréchal de Maillebois, une partie des Païs-Bas Autrichiens, l'Evêché de Liége, & étoit entrée dans les Duchés de Berg & de Juliers, dans l'Electorat de Cologne, où elle avoit été jointe par quelques Troupes de l'Electeur Palatin, & de l'Electeur de Cologne. Elle s'étoit répandue dans toute la Weftphalie, & avoit pouffé fes quartiers jufqu'aux portes de l'Electorat d'Hannovre, qu'elle menaça d'une invafion.

Le Roi d'Angleterre ne crut pas devoir hazarder la ruine de fes Etats héréditaires, & après plufieurs délibérations il figna enfin le 27. de Septembre de la même année un Traité, par lequel il s'engageoit à ne point fecourir la Reine de Hongrie en façon quelconque, à ne former aucune oppofition aux entreprifes du Roi de Pruffe, de l'Electeur de Baviére & des autres Alliés de la France, contre la Maifon d'Autriche; à ne pas traverfer les intérêts de l'Electeur de Baviére dans la prochaine Election d'un Empereur; en un mot à obferver une exacte neutralité. En revanche la Cour de France s'engage à ne pas fouffrir qu'il foit fait le moindre dommage aux Sujets de Electorat d'Hannovre, à tenir fes Troupes toujours éloignées de trois lieues de fes frontiéres, & à interpofer fes bons offices auprès du Roi de Pruffe, pour que fon Armée fous les ordres du Prince

ce d'Anhalt-Deſſau, ſe ſépare, pour ne donner aucun ſujet d'inquiétude à Sa Majeſté Britannique.

Tel fut en ſubſtance le fameux Traité de Neutralité que la néceſſité des tems obligea le Roi d'Angleterre à ſigner, & qu'il a rompu auſſitôt que le danger a été paſſé.

Cette Neutralité de l'Electorat ajoûtoit peu au mauvais état des affaires de la Reine de Hongrie. Des ſecours d'hommes n'étoient pas les beſoins les plus preſſans de cette Princeſſe. Avec de l'argent on a des Troupes. Or l'Angleterre, la Hollande & la Ruſſie faiſoient faire des remiſes capables de ſupléer à l'épuiſement des Finances Autrichiennes, & de réparer la diſſipation des Deniers cauſée par le Miniſtére précédent. L'Angleterte ſe diſtinguoit ſur-tout de ce côté-là, & s'expoſoit elle-même aux maux à quoi elle vouloit rémédier. Le tems nous apprendra quelles ont été les vues particuliéres de cette Puiſſance.

Fin du Livre Troiſiéme.

HIS-

HISTOIRE

DE LA

DERNIERE GUERRE

DE BOHEME.

LIVRE QUATRIEME.

ARGUMENT.

L'Electeur de Baviére publie un Manifeste. L'Electeur de Saxe se déclare pour les Alliés. Il forme des prétentions sur la Succession Autrichienne. Son Manifeste contenant une déduction de ses Droits. Siége & prise de Prague par les François, les Bavarois & les Saxons.

QUOIQUE les Souverains ne se croient responsables de leurs actions qu'à Dieu, & qu'ils ne reconnoissent d'autre arbitre de leurs querelles que le sort des Armes, ils ne laissent pas néanmoins de prévenir les jugemens du Public par des Ecrits qu'ils appellent *Manifestes*, qui contiennent les raisons qui les engagent à prendre les armes. Il y a divers motifs qui peuvent porter un Prince à dé-

déclarer la guerre; tantôt, c'est pour venger
sa Dignité attaquée & lézée par un Voisin jaloux; tantôt, pour poursuivre des droits &
des pretentions qu'il croit avoir sur certains
Pays. Dans ce dernier cas, celui qui attaque
publie Manifestes sur Manifestes. Il expose
au long ses prétentions, remonte jusqu'à leur
source, en éclaircit tous les points, y répand
tout le jour que ses Ministres sont capables d'y
répandre, & en appuye la validité par les argumens les plus forts. C'est de cette derniére
espéce qu'est la Guerre de Bohême, & ce seroit n'en pas savoir l'histoire, que d'ignorer la
nature des prétentions formées par l'Electeur
de Baviére. J'en ai touché quelque chose au
commencement de cet Ouvrage, mais sans
entrer dans le moindre détail, desorte que le
Lecteur ne sait point sur quoi sont fondées ces
prétentions, & n'en connoît pas même la véritable origine. J'ai donc cru qu'il étoit tems
de lui donner sur ce sujet les lumiéres nécessaires, & je les tirerai du Manifeste même que
l'Electeur de Baviére publia immédiatement
après s'être emparé de la Haute Autriche.

„ L'Europe entiére, disoit ce Prince, est
„ instruite des droits incontestables de la Séré-
„ nissime Maison de Baviére sur plusieurs des
„ Royaumes & Etats que possédoit le feu
„ Empereur Charles VI. Et l'Electeur de Ba-
„ viére ne pourroit sans manquer essentielle-
„ ment à ce qu'il doit à sa Maison & à ce
„ qu'il se doit à lui-même, abandonner ou né-
„ gliger des prétentions aussi justes que celles
„ qu'il forme sur la Succession Autrichienne.
                              „ Ce

„ Ce n'est qu'avec regret, que malgré son
„ amour naturel & constant pour la paix, il
„ se voit forcé par les hauteurs & l'obstina-
„ tion de la Cour de Vienne à recourir à des
„ moyens plus efficaces, pour se faire rendre
„ la justice qui lui est dûe.

„ Ce n'est ni par esprit de conquête, ni
„ par des vues d'ambition qu'il sort des bor-
„ nes de la modération, dont jusqu'ici il ne
„ s'étoit point écarté ; & l'obligation indis-
„ pensable où il est de reclamer le patrimoine
„ de sa Maison, ainsi que l'héritage à lui dé-
„ volu, fait le seul motif de la résolution
„ qu'il prend d'employer au maintien de son
„ Honneur & à la conservation de ses Droits,
„ toutes les forces & toutes les ressources
„ que la Providence Divine lui a ménagées.

„ Une récapitulation succincte des faits &
„ des moyens amplement déduits dans le der-
„ nier Mémoire, ne laissera à ceux sous les
„ yeux de qui cet Ouvrage n'a point enco-
„ re passé, aucun doute sur la légitimité
„ des prétentions de Son Altesse Electorale,
„ & sur l'aprobation qu'on ne peut refuser
„ à ses démarches.

„ Les Pays Autrichiens relevoient ancien-
„ nement du Duché de Baviére, auquel ils
„ étoient incorporés, & formoient un patri-
„ moine des Ducs de ce nom, lorsque la
„ mort de Frédéric *le Belliqueux*, dernier Duc
„ de la Branche Bavaroise qui régnoit en
„ Autriche, fit aussitôt paroître nombre de
„ Concurrens.

„ Quoique de tous ceux qui se mirent sur
„ les rangs, les mieux fondés fussent sans-con-

,, tredit les Ducs de Baviére, ils ne furent
,, pas les plus heureux, & ne purent empêcher
,, qu'avec le tems le Roi Ottocare de Bohê-
,, me n'emportât fur eux les avantages de la
,, Succeſſion.

,, Ottocare ayant été expulſé de l'Autriche
,, par l'Empereur Rodolphe de Habsbourg,
,, qui devoit fon élevation au Trône Impérial
,, à la nomination de Louis *le Sévére* Duc de
,, Baviére, en qui les autres Electeurs avoient
,, compromis, les Ducs de Baviére fe flat-
,, toient que ce Pays conquis fur l'Uſurpateur
,, leur feroit reſtitué ; mais Rodolphe préféra
,, d'en inveſtir fes propres Fils, manquant à
,, cette occaſion aux devoirs les plus eſſentiels
,, de la juſtice & de la reconnoiſſance, & ne
,, laiſſant d'autre voie aux Ducs de Baviére
,, que celle des Proteſtations.

,, C'eſt ainſi que Rodolphe, qui tenoit fon
,, autorité de la préférence qui Louis lui a-
,, voit donnée, en le proclamant Empereur,
,, s'eſt fervi contre fon Bienfaiteur de cette
,, même autorité, pour dépouiller la Maiſon
,, de Baviére de fon ancien Bien patrimonial,
,, & la fruſtrer encore des donations à Elle
,, faites par le Duc Conradin de Suabe ; dona-
,, tion néanmoins que lui & quelques Elec-
,, teurs, ainſi que quelques Etats de l'Empire,
,, avoient peu auparavant confirmée par dif-
,, férens Actes des plus autentiques.

,, Tant d'injuſtices autoriſoient les Ducs de
,, Baviére à prendre les armes, pour fe procu-
,, rer par la force ce qu'ils n'avoient pu obte-
,, nir de gré ; mais Rodolphe, qui avoit adroi-
,, tement prévenu & gagné les Princes de l'Em-

,, pire,

,, pire, auxquels il avoit su d'ailleurs inspirer
,, de la jalousie contre la Maison de Baviére,
,, s'étoit rendu trop puissant pour qu'on en-
,, treprît de l'attaquer légérement ; de façon
,, que ces Ducs, après avoir protesté en
,, pleine Diéte, n'eurent d'autre parti à
,, prendre que de remettre à des conjonctu-
,, res plus favorables la poursuite de leurs
,, Droits.

,, L'Empereur Ferdinand I. qui par des ar-
,, rangemens pris entre lui & son Frére Char-
,, les-Quint étoit devenu le maître de tous les
,, Etats Autrichiens situés en Allemagne, &
,, qui avoit encore acquis du chef de la Reine
,, Anne son Epouse les Royaumes de Hongrie
,, & de Bohême, sentit que, pour soutenir la
,, grandeur de sa Maison, & pourvoir à la
,, tranquillité de ses Sujets, il convenoit d'éta-
,, blir dans sa Famille un Ordre de succession
,, qui y eût force de Loi perpétuelle, & d'y in-
,, téresser en même tems la Maison de Bavié-
,, re, afin qu'elle acquiesçât d'autant plus vo-
,, lontiers à ce que les Archiducs continuas-
,, sent d'être possesseurs des Etats Autri-
,, chiens.

,, Ce fut dans cette vue, qu'en 1543. &
,, 1547. il fit un Testament & un Codicile,
,, par lesquels il ordonna qu'au défaut d'Héri-
,, tiers Mâles, la Succession passeroit à sa Fille
,, aînée l'Archiduchesse Anne Epouse d'Al-
,, bert V. Duc de Baviére & Mére de Guil-
,, laume V. Trisayeul de l'Electeur actuelle-
,, ment régnant.

,, Cette Fille aînée étoit donc l'Héritiére
,, substituée au défaut des Descendans Mâles,

,, &

,, & tranfmettoit par conféquent tous fes
,, Droits à fa Poftérité.

,, Quelque folennelles & quelque précifes
,, que fuffent les difpofitions de Ferdinand I.
,, il jugea qu'il ne pouvoit prendre trop de
,, précautions pour affurer encore par de nou-
,, veaux titres les avantages de la Subftitution,
,, qu'il avoit rétablie en faveur de fa Fille
,, aînée. C'eft pourquoi, par le Contract
,, de Mariage conclu en 1546. entre ledit
,, Albert V. & l'Arhiducheffe Anne, il fut
,, féparément ftipulé, & fpécialement fta-
,, tué, que cette Princeffe renonceroit en
,, faveur des Mâles à toute Succeffion tant
,, Paternelle que Maternelle; mais qu'au dé-
,, faut de Defcendance mafculine, Elle & fa
,, Poftérité hériteroit les Royaumes de Hon-
,, grie & de Bohême, ainfi que les Etats
,, d'Autriche & les Pays qui en dépendent.
,, L'Acte de renonciation figné en conféquen-
,, ce par l'Archiduceffe Anne, contint les
,, mêmes claufes & les mêmes réferves.

,, Après toutes ces difpofitions, la Maifon
,, de Baviére ne pouvoit que redoubler fon
,, attachement envers celle d'Autriche, dont,
,, arrivant l'extinction des Mâles, elle étoit
,, devenue l'Héritiére: auffi vit-on depuis les
,, Electeurs de Baviére facrifier fouvent leurs
,, propres intérêts à la confervation de ceux
,, des Archiducs, ainfi qu'il eft aifé de s'en
,, convaincre par les traits fuivans.

,, L'Empereur Mathias étant mort, il dépen-
,, doit de Maximilien de Baviére d'accepter la
,, Couronne Impériale, qui lui étoit offer-
,, te par la plus grande partie des Electeurs.
,, Fer-

„ Ferdinand II. qui briguoit cette Dignité,
„ se transporta lui-même à Munich, & pria
„ Maximilien de lui être favorable. Maximi-
„ lien se laissa aller à ses instances, & au-lieu
„ d'accepter les suffrages qu'on lui offroit, il
„ contribua plus qu'aucun autre Prince à l'E-
„ lection qui fut faite de Ferdinand II. Dans
„ la suite des tems il lui fit encore une avan-
„ ce de quatorze millions, du payement des-
„ quels Ferdinand II. a su, sans débourser une
„ obole, se dégager par la cession du Haut-
„ Palatinat, qui étoit d'ailleurs un ancien Pa-
„ trimoine de la Maison de Baviére.

„ Maximilien fut encore d'un grand secours
„ à Ferdinand II. envers lequel il se comporta
„ si généreusement, que pendant que les Sué-
„ dois ravageoient ses Etats, il employoit ail-
„ leurs ses troupes & exposoit sa vie pour le
„ service de la Maison d'Autriche.

„ L'Electeur Ferdinand Marie a fait un
„ acte de générosité à peu près semblable
„ à celui de Maximilien; car plusieurs Elec-
„ teurs lui ayant, après la mort de Ferdinand,
„ offert leur voix préférablement à Léopold,
„ pour lequel ils n'étoient nullement enclins,
„ non seulement il ne se prêta point à ces
„ offres, mais il contribua lui-même par ses
„ bons offices à mettre la Couronne sur la tê-
„ te de cet Archiduc.

„ Nombre de personnes encore vivantes
„ rendront témoignage à la mémoire de Ma-
„ ximilien Ferdinand, que cet Electeur, à la
„ tête de son Armée, a concouru à délivrer
„ Vienne du siége que les Turcs en avoient
„ formé, & qu'après ce siége il a fait cinq

O 3

„ cam-

„ campagnes confécutives, pendant lefquel-
„ les il a paffé la Save, aidé à remporter la
„ victoire de Gran, & mis Belgrade & autres
„ Villes fous l'obéiffance de la Maifon d'Au-
„ triche. Suivant l'exacte fupputation qui a
„ été faite de ce qu'il en a couté à la Baviére
„ feule, non compris trente mille hommes
„ qu'Elle a perdus, les débours de cette
„ guerre fe font montés à trente-deux mil-
„ lions de Florins du Rhin ; & quoique Léo-
„ pold n'eût pu moins faire que d'indemni-
„ fer l'Electeur de fraix auffi immenfes, il
„ n'a pas feulement daigné lui offrir le moin-
„ dre dédommagement.

„ Après que la Guerre de Hongrie eut été
„ terminée, & que dans celle qui précéda le
„ Traité de Ryfwick, l'Empereur fe vit obli-
„ gé de tourner fes forces du côté du Rhin,
„ il n'eft pas d'inftances, ni de promeffes
„ flatteufes, qu'il ne fît à Maximilien pour
„ qu'il lui plût de continuer fes fecours, l'Elec-
„ teur y déféra ; & s'il fe rendit utile, ce ne
„ fut qu'après s'être épuifé en hommes &
„ en argent. Il n'y a perfonne qui ne juge
„ que les avantages que la Maifon de Ba-
„ viére a réciproquement perçus, ont été
„ proportionnés à tant de fervices effentiels
„ & fignalés : mais non, jamais il n'a été
„ queftion d'aucune reconnoiffance ; & fi la
„ Maifon d'Autriche, toutes les fois qu'Elle
„ s'eft vue dans la néceffité d'implorer de l'af-
„ fiftance, s'eft répandue en belles paroles,
„ il femble qu'Elle ne l'ait fait que pour
„ fe donner le plaifir de n'en tenir aucu-
„ ne.

„ Lors-

„ Lorfque l'Electeur Maximilien Emanuel,
„ pour défendre la liberté des Princes & E-
„ tats de l'Empire qu'on vouloit entraîner mal-
„ gré eux dans une guerre qui ne les regar-
„ doit point, fut forcé de prendre les armes,
„ il n'y a pas de perfécution que la Maifon
„ d'Autriche ne mît en ufage pour l'opprimer,
„ & empêcher fon retour en Allemagne : mais
„ le Ciel ne s'eft point rendu favorable à des
„ vues auffi peu Chrétiennes, & l'Electeur a
„ eu la confolation de rentrer dans fes Etats
„ à la grande fatisfaction de fes Sujets, qui
„ pendant fon abfence avoient fouffert toutes
„ les calamités d'une guerre dont ils reffen-
„ tent encore les funeftes fuites.

„ Un an avant ce retour, favoir en 1713.
„ Charles VI. affembla fes principaux Mini-
„ ftres, & leur communiqua les Actes de par-
„ tage, ainfi que le Pacte de fucceffion au
„ fujet de la Couronne d'Efpagne convenu en-
„ tre les Empereurs Léopold Jofeph & Lui.
„ En conféquence il déclara, qu'en vertu de
„ ces Conventions, non feulement la Succef-
„ fion aux Royaumes, Etats & Pays héréditai-
„ res de la Maifon d'Autriche lui appartenoit
„ de droit, mais que dans le cas où il mour-
„ roit fans laiffer des Defcendans Mâles, cette
„ même Succeffion, fuivant la régle de primo-
„ géniture & d'indivifibilité établie dans fa
„ Maifon, feroit dévolue d'abord aux Archi-
„ ducheffes Joféphines, enfin aux Archiduchef-
„ fes Léopoldines, & ainfi en remontant tou-
„ jours de ligne en ligne.

„ Il ordonna enfuite l'enrégiftrement de la
„ déclaration qu'il venoit de faire, & c'eft

„ ce

,, ce simple enrégistrement rélatif à un Pacte,
,, qui ne concerne que la Succeſſion d'Eſpa-
,, gne, & dans lequel il n'eſt fait nulle men-
,, tion des Filles, qu'on a voulu faire paſſer
,, pour Sanction-Pragmatique, quoiqu'il n'en
,, eût ni la forme ni la réalité.

,, Ce n'étoit point aſſez pour Charles VI.
,, d'avoir ainſi manifeſté ſes intentions & ſes
,, volontés, & d'avoir cherché à intervertir
,, l'ordre de Succeſſion établi par Ferdinand I.
,, ſon point eſſentiel étoit d'en aſſûrer l'exé-
,, cution. Ne pouvant ignorer les droits in-
,, conteſtables de la Maiſon de Baviére, & pré-
,, voyant les mouvemens que cette Maiſon
,, ne manqueroit pas de ſe donner pour em-
,, pêcher l'effet de la prétendue Sanction-
,, Pragmatique, lorſque le cas de l'ouverture
,, de la Succeſſion Autrichienne exiſteroit, il
,, n'eſt pas de moyens qu'il n'ait imaginé pour
,, la mettre hors d'état de traverſer ſes idées
,, & ſes projets.

,, Il jugea que l'expédient le plus ſûr pour
,, donner à ſon ouvrage quelque ſolidité, é-
,, toit de lui procurer des Garants. Dans
,, cette vue il s'adreſſa à différentes Cours;
,, mais perſuadé que ſes ſollicitations à cet
,, égard ne trouveroient une entrée facile
,, qu'autant qu'il les coloreroit des apparences
,, de l'équité, il fit inſinuer par-tout, tant de
,, vive voix que par écrit :

,, 1. Que la Sanction, dont il demandoit la
,, garantie, ayant été ainſi concertée entre les
,, Empereurs ſes Prédéceſſeurs, & par lui en-
,, ſuite acceptée, devoit être regardée comme
,, un Pacte ſucceſſoire irrévocable.

,, 2. Que

„ 2. Que l'ordre de Succession tel qu'il étoit
„ réglé en vertu de ce Pacte & de cette San-
„ ction, ne renfermoit rien qui ne fût exac-
„ tement conforme aux anciens Priviléges,
„ Constitutions, & Usages de sa Maison Ar-
„ chiducale.

„ 3. Que les Electeurs de Saxe & de Baviére,
„ seules ou principales Parties intéressées à
„ attaquer la Pragmatique-Sanction, en recon-
„ noissoient tellement la validité & la justice,
„ qu'ils l'avoient aprouvée, & confirmée par
„ les Actes les plus solemnels.

„ 4. Enfin, que cet ordre de Succession ne
„ portoit à qui que ce fût aucune forte de
„ préjudice.

„ Il étoit bien difficile que les Puissances,
„ qui ont pris sur Elles la Garantie de cette
„ Sanction, ne se laissassent surprendre par
„ des assûrances aussi formellement données
„ par un Prince, dont on pensoit trop avan-
„ tageusement pour le soupçonner de vouloir
„ en imposer sur une matiére aussi importan-
„ te. Cependant, pour peu qu'on examine de
„ près les quatre points qui ont formé la ba-
„ se de cette Sanction, on n'en trouvera au-
„ cun de fondé, & qui ne souffre une juste
„ contradiction.

„ 1. Les Empereurs Léopold, Joseph &
„ Charles, n'ont jamais réglé entre eux, tou-
„ chant leurs Etats d'Allemagne, rien qui
„ concerne la Succession Féminine au défaut
„ des Descendans Mâles, du-moins jusqu'ici
„ n'a-t-il rien transpiré qui y ait rapport; &
„ en tout cas ce Réglement, s'il existoit, pour-

               „ roit-

„ roit-il déroger aux difpofitions antérieure-
„ ment faites ?

„ 2. C'eft à tort qu'on avance, que l'or-
„ dre de Succeffion établi dans la Pragmati-
„ que eft conforme aux anciens Ufages & Pri-
„ viléges de la Maifon de Habsbourg, puifque
„ les Priviléges & Ufages antérieurs au tems
„ où cette Maifon a envahi l'Autriche, ne
„ peuvent regarder que les Ducs de Baviére.

„ Pour conftater cette vérité, il fuffit de fe
„ rappeller que Frédéric Barberouffe, de
„ qui eft émané le premier Privilége, dont
„ les fuivans n'ont été que la confirmation,
„ ne l'accorda qu'à Henri Jafamergott, Duc
„ de Baviére-Autriche, pour l'indemnifer de la
„ perte du Duché de Baviére; indemnité à
„ laquelle la Maifon de Habsbourg n'a eu
„ certainement aucune part. Si fous l'expref-
„ fion générique de Priviléges, Charles VI.
„ a auffi compris les difpofitions teftamentai-
„ res, on n'en fait aucune, qui (à l'excep-
„ tion de celles de Ferdinand I.) contienne
„ quant aux Filles le moindre Réglement au
„ fujet de la Succeffion aux Pays Héréditaires
„ d'Autriche, au cas que les Mâles de cette
„ Maifon viennent à manquer.

„ Quant aux Ufages poftérieurs à ces pré-
„ miers tems, bien loin d'avoir autorifé la
„ Primogéniture & l'Indivifibilité par rapport
„ aux Filles, ils ne l'ont pas même admife
„ pour les Mâles, ainfi que le démontrent
„ clairement tous les partages fucceffivement
„ faits entre les Archiducs d'Autriche, à com-
„ mencer depuis Rudolphe I. jufqu'à Ferdi-
„ nand.

„ 3. Il

,, 3. Il est également faux que Son Altesse E-
,, lectorale de Baviére ait jamais accepté la
,, Pragmatique, n'ayant, à l'occasion de son ma-
,, riage, reconnu autre chose, sinon l'ordre
,, dans lequel l'Archiduchesse son Epouse se
,, trouve placée ; ce qui ne peut être regardé
,, que comme une approbation de ce qui avoit
,, rapport aux droits personnels de cette Prin-
,, cesse, & nullement à ceux qui sont acquis
,, à la Maison par des titres plus anciens : de-
,, sorte que c'est à tort que la Cour de Vienne
,, a tâché d'insinuer par-tout, que l'Electeur
,, s'étoit déporté de ses prétentions. Qui
,, pourra se persuader, que pour une dot de
,, cent mille florins il ait abandonné ses droits
,, sur des Royaumes & des Etats entiers ? Qui
,, croira qu'il ait souscrit à un déport géné-
,, ral & illimité ? Tandis que la Cour de
,, Vienne même ne lui a jamais rien proposé
,, que de connexe avec l'alliance dont on trai-
,, toit alors ; & que cette Cour étoit trop
,, éclairée pour ne pas savoir, que toute la
,, Maison se trouvant intéressée dans les Sub-
,, stitutions réglées par l'Empereur Ferdinand,
,, c'étoit avec toute la Maison qu'il eût fallu
,, négocier cette affaire ?

,, 4. Il n'est pas vrai que la Sanction dite
,, Pragmatique ne porte aucun préjudice aux
,, droits du Tiers, puisque ceux de l'Electeur
,, de Baviére souffriront une atteinte essen-
,, tielle & irréparable, si cet ordre de Succes-
,, sion pouvoit subsister.

,, L'Electeur de Baviére a été si peu dispo-
,, sé à consentir à la garantie de la Pragmati-
,, que, que pour mettre ses droits à couvert, &
,, dé-

„ démontrer en même tems à tous les Princes
„ & Etats de l'Empire les suites dangereuses
„ auxquelles ils s'exposeroient, s'ils se char-
„ geoient de cette garantie, il fit présenter à
„ la Diéte son *Votum*, contenant :

„ Que l'Empereur ayant précédemment fait
„ plusieurs Traités sans consulter les Etats de
„ l'Empire, il étoit aisé de voir que ce Prince
„ n'avoit recours à eux, que dans les cas où il
„ avoit un besoin pressant de leur suffrage &
„ de leur coopération ; mais qu'il les négli-
„ geoit absolument dans les autres circonstan-
„ ces, où cependant leur autorité & accession
„ n'étoient pas moins nécessaires suivant les
„ Loix & les Constitutions Germaniques.

„ Que contre la teneur des Capitulations,
„ qui défendoient à l'Empereur d'engager
„ l'Empire dans aucune guerre, l'Empire se
„ trouveroit cependant obligé par cette ga-
„ rantie à soutenir le poids de toutes les guer-
„ res que l'Empereur entreprendroit.

„ Que l'on a vu en différentes occasions
„ l'Empereur attaqué en Hongrie, en Italie
„ & dans les Pays-Bas, sans que l'Empire s'y
„ soit laissé induire à épouser sa querelle.

„ Que plusieurs des Etats de la Maison
„ d'Autriche étant situés hors de l'Allema-
„ gne, cette Garantie mettroit l'Empire dans
„ le cas d'envoyer au loin les troupes destinées
„ à sa propre défense.

„ Que la Garantie une fois obtenue des E-
„ tats de l'Empire, on exigeroit qu'ils entre-
„ tinssent constamment sur pied des troupes
„ prêtes à soutenir les engagemens contractés.

„ Que les Etats Autrichiens, situés en Al-
„ le-

,, lemagne, étant liés à l'Empire par un lien
,, commun & féodal, en vertu duquel le Corps
,, entier doit, conformément aux Conftitu-
,, tions générales, prendre la défenfe de cha-
,, cun de fes Membres. la Garantie deve-
,, noit naturelle, & n'avoit par conféquent pas
,, befoin d'être prématurément follicitée.

,, Que la fécurité où cette Garantie met-
,, troit l'Empereur par rapport à fes Poffeffions,
,, l'empêcheroit de fortifier ou de garnir con-
,, venablement fes Places frontiéres, ce qui
,, rendroit l'Etat de l'Allemagne beaucoup
,, plus dangereux & plus expofé.

,, Que l'Empire fe chargeant de la Garantie
,, de la Pragmatique, devenoit l'Ennemi né-
,, ceffaire de tous ceux de fa Maifon d'Autri-
,, che, & fe priveroit ainfi à jamais des fon-
,, ctions de Médiateur.

,, Enfin, que l'Empire en s'engageant fans
,, néceffité, s'affujettiroit à une fervitude con-
,, tinuelle, & fe dépouilleroit des priviléges
,, précieux de fa Liberté.

,, Son Alteffe Electorale ne diffimulera pas
,, les inquiétudes fecrétes que lui euffent cau-
,, fé les Garanties obtenues par Charles VI.
,, fi elle ne fe fût toujours flattée que les Puif-
,, fances qui l'ont accordée, fe croiroient el-
,, les-mêmes libres de leurs engagemens, lorf-
,, qu'elles feroient exactement informées de la
,, juftice de fes droits.

,, Pour cet effet elle demanda à la Cour de
,, Vienne communication du Teftament de
,, Ferdinand I.; mais toutes fes démarches
,, pour obtenir cette communication ayant été
,, inutiles, elle s'adreffa à la Cour de France,
,, & Sa Majefté Très-Chrétienne voulut bien
,, lui

,, lui accorder ſes bons offices. On doit avoir à
,, Vienne les Lettres que le Cardinal de Fleu-
,, ri écrivit à cette occaſion à l'Empereur. Ce-
,, pendant, quelque preſſantes, & quelque
,, réitérées que fuſſent les inſtances de l'Elec-
,, teur, & quoique la Cour de Vienne ne pût
,, point ignorer que des Titres communs, tels
,, que le Teſtament en queſtion, ne peuvent ſe
,, refuſer ſans injuſtice, il ne fut pas poſſible à
,, Son Alteſſe Electorale d'obtenir ce qu'elle
,, demandoit.   La Cour de Vienne craignoit
,, apparemment que la production du Teſta-
,, ment de Ferdinand I. n'opérât la deſtruction
,, de la Pragmatique de Charles VI.

,,   L'Electeur auroit pu ſe flatter, qu'après
,, avoir, lors de la derniére Guerre de Hongrie,
,, généreuſement fourni à l'Empereur dans le
,, fort de ſes malheurs un Corps conſidérable
,, de Troupes auxiliaires, il trouveroit en ce
,, Prince quelque réciprocité de complaiſance
,, & de bonne volonté, & que Sa Majeſté Impé-
,, riale, éclairée par le contenu des Documens
,, qui fondent les Droits de la Maiſon de Bavié-
,, re, ſe prêteroit à une conciliation amiable de
,, leurs Intérêts reſpectifs. Son Alteſſe Elec-
,, torale n'a ceſſé de faire dans cette eſpéran-
,, ce, mais toujours inutilement, toutes les
,, avances les plus propres à faire impreſſion
,, ſur un eſprit & un cœur moins prévenus
,, que ne l'avoit Charles VI. qui dans le tems
,, même que les débris des Troupes Bavaroi-
,, ſes ſacrifiées à ſon ſervice n'étoient pas en-
,, core de retour, non ſeulement refuſa à l'E-
,, lecteur une ſimple recommandation au Cha-
,, pitre d'Augsbourg pour le Duc Théodo-
,, re ſon Frére; mais ordonna en outre à ſes
,, Mi-

,, Miniſtres à Rome, & à Augsbourg, de bar-
,, rer en tout les vues de la Maiſon de Bavié-
,, re, à laquelle cependant il avoit des obli-
,, gations ſi récentes. Ce n'étoit pas aſſez
,, que l'Electeur ſe vît ainſi contrecarré par-
,, tout, il ſuffiſoit d'être ou de ſes Amis, ou
,, de ſes Créatures, pour avoir le même ſort à
,, ſubir.

,, Telles étoient les diſpoſitions de cet Em-
,, pereur, lorſque la volonté divine l'appella
,, à l'éternité.

,, Après ſa mort, l'Electeur fit renouvel-
,, ler ſes demandes par le Comte de la Pé-
,, rouſe ſon Miniſtre à Vienne, auquel on
,, a enfin délivré une expédition du Teſtament
,, de Ferdinand I. ; mais parce que pour fa-
,, ciliter les recherches à faire, ce Miniſtre
,, avoit fourni une note qui ne ſervoit qu'à in-
,, diquer en gros les diſpoſitions que le Teſta-
,, ment contenoit à peu près, & dont on ne pou-
,, voit à Munich ſavoir la teneur au juſte, la
,, Cour de Vienne a feint de prendre cette note
,, pour le Texte même, dont Son Alteſſe Elec-
,, torale prétendoit faire uſage. Et ſur cette
,, ſuppoſition auſſi imaginaire qu'injurieuſe, El-
,, le a répandu dans des Reſcripts circulaires,
,, que l'Electeur de Baviére établiſſoit ſes
,, droits ſur une Copie falſifiée. Tous ceux
,, qui ont lu ces Reſcripts, auront jugé ſans
,, peine qu'il falloit que cette Cour fût ex-
,, trêmement dépourvue de bonnes raiſons à
,, alléguer, puiſque ſes principaux moyens
,, n'ont roulé que ſur des faits calomnieux.
,, Il eſt notoire avec quelle précipitation af-
,, fectée la Grande-Ducheſſe de Toſcane s'eſt
,, miſe

,, mife en poffeffion de la Succeffion Autri-
,, chienne, dans le tems où l'Electeur ne pen-
,, foit point à en venir à aucune voie de fait,
,, & où il ne vouloit de préférence, qu'avant de
,, faire valoir fes prétentions toutes les Cours
,, fuffent pleinement inftruites de leur légiti-
,, mité. Mais la Cour de Vienne ne s'eft
,, point contentée d'avoir, par cet empreffe-
,, ment à s'affûrer du Poffeffoire, fait violence
,, aux droits de l'Electeur. Elle ne s'eft point
,, contentée de l'avoir offenfé, en le taxant
,, de fe fervir de Piéces fauffes ou fuppofées.
,, Elle ne s'eft point contentée de s'être,
,, pour ainfi dire, rendue Agreffeur par l'ef-
,, péce d'hoftilité qu'Elle a commife, en de-
,, mandant nommément contre lui la garan-
,, tie de la Pragmatique-Sanction. Elle a vou-
,, lu encore mettre le comble à fes griefs, en fe
,, fervant de tous les artifices imaginables pour
,, s'attirer les fuffrages du Public, & particu-
,, liérement ceux des Miniftres des Cours E-
,, trangéres, qu'elle voyoit inclinées pour la
,, jufte caufe, s'entend pour les intérêts de Son
,, Alteffe Electorale. L'Electeur n'a point à fe
,, reprocher d'avoir fuivi un exemple fi condam-
,, nable, & il s'eft jufqu'à ce moment renfermé
,, dans les bornes de la plus grande retenue.
,, Mais la Cour de Vienne, bien loin d'être tou-
,, chée de cette modération, ne l'a attribuée
,, qu'à foibleffe, & a regardé l'inaction de l'E-
,, lecteur, ou comme une impuiffance réelle
,, d'agir par la voie des Armes, ou comme un
,, effet de la crainte de s'attirer autant d'En-
,, nemis que la Sanction avoit de Garants.
,, L'Electeur eft bien éloigné de penfer ainfi;
,, &

„ & il a plus de confiance dans l'équité des
„ Puiſſances garantes, que la Grande-Ducheſ-
„ ſe ne doit & ne peut en avoir dans la ſolidité
„ des engagemens qu'elles ont contractés
„ avec le feu Empereur. En effet, ſoutenir
„ que ces Puiſſances ſe ſoient déclarées contre
„ des droits qu'elles ignoroient, & dont on a
„ eu ſoin de leur cacher non ſeulement la force
„ & l'étendue, mais même l'exiſtence, c'eſt
„ bleſſer ouvertement leur droiture & leur pro-
„ bité. Ainſi, bien loin de les redouter comme
„ Ennemis, l'Electeur de Baviére ſe promet de
„ trouver en elles des Protecteurs, eſpérant,
„ qu'indignées du procédé de Charles VI. qui
„ en leur cachant les droits de la Maiſon de Ba-
„ viére, a ſurpris leur Religion, elles ne balan-
„ ceront point à prendre un parti oppoſé à ce-
„ lui auquel la Grande-Ducheſſe s'attendoit.
„ L'Electeur a embraſſé la réſolution inva-
„ riable de ne jamais abandonner ſes préten-
„ tions. Il ſe rendroit reſponſable devant
„ Dieu, & s'expoſeroit aux juſtes reproches
„ de toute ſa Maiſon, s'il étoit capable d'ou-
„ blier ſes devoirs dans une occaſion auſſi eſ-
„ ſentielle & dans une ſituation auſſi intéreſ-
„ ſante que celle où il ſe trouve, puiſqu'il
„ a en même tems ſon honneur & ſa gloire à
„ ſoutenir, & les intérêts de ſa Maiſon à dé-
„ fendre. Il peut avec fondement alléguer en
„ ſa faveur l'un des paſſages du Manifeſte de
„ l'Empereur Léopold, où il eſt dit: Aucune
„ Perſonne, ſoit Roi, ſoit Membre de la Fa-
„ mille Royale, ſoit Peuple, ne doit ni ne peut,
„ ſous prétexte quelconque, enlever, malgré
„ lui, à celui qui reſte de la Famille, un droit

„ qui lui eft dévolu par de premiéres Conven-
„ tions, & lui ôter des efpérances qui lui font
„ acquifes par fa naiffance. Si donc l'Electeur,
„ tant en fa qualité d'Héritier de l'Archi-
„ ducheffe Anne, que comme Defcendant
„ des anciens Poffeffeurs de l'Autriche, a des
„ droits acquis par fa naiffance, s'il en a d'af-
„ furés par des Actes & des Conventions par-
„ ticuliéres, il eft dans le cas de pouvoir
„ (même à plus jufte titre) tenir un langage
„ femblable à celui de Léopold. Et que
„ pourra répondre la Cour de Vienne, quand
„ on fe fervira contre elle des mêmes princi-
„ pes, que ceux qu'elle a ci-devant avancés?
„ De plus longs délais ne feroient qu'affermir
„ la Grande-Ducheffe de Tofcane dans l'inju-
„ fte poffeffion où elle s'eft mife : Et comme
„ elle ne reconnoît aucun Tribunal autorifé
„ pour terminer les différends dont il s'agit, on
„ ne peut que prendre contre elle des partis
„ extrêmes & violens. L'Electeur fe voit donc
„ indifpenfablement obligé d'avoir recours au
„ glaive dont la Juftice Divine, ainfi que le
„ Droit Naturel & des Gens, lui permettent
„ de s'armer, pour forcer cette Princeffe à
„ un défiftement auquel les voies de la dou-
„ ceur & de la Négociation ne fauroient la
„ déterminer. La Couronne de France ayant
„ contracté avec les Prédéceffeurs de l'Elec-
„ teur de Baviére des engagemens qui ont
„ encore toute leur vigueur, & en ayant de
„ particuliers avec l'Electeur aujourd'hui ré-
„ gnant, dont l'exécution a été renvoyée au
„ tems de l'extinction de la Maifon d'Autri-
„ che, l'Electeur a imploré avec confiance, &
„ même

,, même obtenu de l'amitié & de la justice du
,, Roi Très-Chrétien ses secours & son puis-
,, sant appui.

,, Il ne s'attend pas moins à l'assistance du
,, Corps Germanique, dont sa Maison a tou-
,, jours été un des plus fermes soutiens ; & il
,, se promet que les Etats de l'Empire hési-
,, teront d'autant moins à lui donner la préfé-
,, rence sur une Maison étrangére, que jamais
,, ils n'ont hésité à l'accorder à ceux dont les
,, droits étoient aussi évidens que les siens.

,, Il assûre que soit comme l'un des Vi-
,, caires, soit comme Membre de l'Empire, il
,, ne permettra jamais rien qui puisse donner
,, atteinte aux Constitutions & aux Priviléges
,, des Etats de l'Allemagne: Il se déclarera
,, au-contraire Ennemi de tous ceux qui en-
,, treprendront de les combattre ; & afin d'ob-
,, vier à tout sujet de plaintes, il fera tenir
,, une discipline si exacte & prendra des me-
,, sures si justes, que les Cercles, dans les-
,, quels la Guerre pourroit se porter, ne s'a-
,, percevront de la présence de son Armée,
,, que par le bon ordre qui y sera observé.

,, Il compte pareillement, que les Habi-
,, tans des Royaumes & Etats qui reconnois-
,, soient ci-devant la Souveraineté de Ferdi-
,, nand I. reconnoîtront aujourd'hui celle de
,, l'Héritier légitime que cet Empereur leur
,, a destiné ; & que ces Peuples revenus des
,, erreurs dans lesquelles on a su jusqu'ici
,, les entretenir, se rendront à la justice, en
,, se livrant avec affection à une domination,
,, qu'ils trouveront pour le moins aussi douce,
,, que pouvoit être celle de la Maison de

,, Habs-

,, Habsbourg. C'eft moins en Maître qu'en
,, Pére, que l'Electeur fe propofe de les
,, gouverner ; & s'il réuffit à régner fur eux,
,, il demeurera toujours indécis, fi la fa-
,, tisfaction de les voir fes Sujets égalera cel-
,, le qu'il fe procurera, en leur faifant goû-
,, ter tous les avantages d'une heureufe fujet-
,, tion.

,, Ceux, au-contraire, qui font par un entê-
,, tement mal placé, foit par trop de condef-
,, cendance aux perfuafions des Partifans de la
,, Cour de Vienne, foit par des vues d'inté-
,, rêt particulier, auront formé une vaine ré-
,, fiftance au progrès des armes de l'Electeur,
,, ne pourront que s'en prendre à eux-mêmes,
,, s'ils fe voient affujettis à des difgraces &
,, à des calamités, qu'il dépendoit d'eux d'é-
,, viter.

,, Enfin Son Alteffe Electorale pour préve-
,, nir tout prétexte, ou toute raifon de plain-
,, tes, & empêcher qu'il ne foit commis aucun
,, excès, a pris d'avance toutes les mefures né-
,, ceffaires, fe flattant en même tems qu'au-
,, cun des Etats de l'Empire ne refufera à
,, fes Troupes, foit propres, foit auxiliaires,
,, non plus qu'à celles de fes Alliés, les
,, paffages qui lui feront indifpenfables,
,, après néanmoins qu'au préalable elle en
,, aura dûement fait la requifition, & aux
,, offres d'acquiter exactement tout ce qui
,, pourra être fourni pour la fubfiftance des
,, dites Troupes. Cette demande ne tend à
,, rien qui ne foit conforme aux Conftitu-
,, tions de l'Empire, & que les Princes ne fe
,, doivent mutuellement. L'Electeur en a
,, lui-

,, lui-même donné un exemple affez récent,
,, lorfqu'à la requifition de Charles VI. il a
,, permis en dernier lieu aux Troupes Mof-
,, covites de paffer par fes Etats.

,, Il ne refte plus à Son Alteffe Electora-
,, le, que d'implorer l'affiftance du Tout-
,, puiffant, pour qu'il lui plaîfe de répandre fur
,, fes armes une bénédiction fi efficace, qu'a-
,, près qu'elles lui auront procuré une plei-
,, ne fatisfaction, l'on voie un calme général
,, fuccéder promptement aux troubles de la
,, Guerre; & que toute l'Allemagne puiffe
,, jouïr tranquillement des douceurs d'une
,, Paix folide & conftante.

C'eft ainfi que l'Electeur de Baviére ex-
pofoit fes prétentions & les raifons de fa conduite. Le Roi de Pologne Electeur de Saxe
faifoit de fon côté avancer des troupes vers la
Bohême, & on n'eut plus lieu de douter
des engagemens de ce Prince avec les Alliés,
lorfqu'on vit paroître une efpéce de Déclaration de guerre, & une Expofition des droits
que Sa Majefté Polonoife formoit fur l'héritage de Charles VI. du chef de la Reine
fon Epoufe.

,, Les Droits de la Séréniffime Reine de
,, Pologne, Electrice de Saxe, Fille aînée
,, de l'Empereur Jofeph, *difoit-on dans ce*
,, *Manifefte*, fur tous les Royaumes délaiffés
,, par l'Empereur Charles VI. pour n'avoir
,, pas d'abord été manifeftés au Public, n'en
,, font pas moins certains, ni moins fon-
,, dés.

 ,, Ceux

,, Ceux qui ont fait quelque attention aux
,, événemens de ce Siécle, n'auront pas de
,, peine à comprendre les raisons pour lesquel-
,, les Sa Majesté le Roi de Pologne est resté
,, si longtems dans le silence par rapport à ses
,, droits. D'autres motifs très-louables l'ont
,, engagé à cette conduite ; & l'on peut dire
,, avec vérité, que sa grande modération, son
,, zéle pour la conservation du repos public,
,, & son désir que les différends survenus au
,, sujet de ladite Succession, pussent être pa-
,, cifiés à la satisfaction d'un chacun, l'ont em-
,, pêché plus longtems que ses intérêts ne le
,, demandoient, de publier les droits de sa
,, Maison, & de recourir aux moyens qui se
,, présentoient de les faire valoir, autant au-
,, moins que les conjonctures pouvoient le
,, permettre.

,, Après la mort de l'Empereur Charles
,, VI. de glorieuse mémoire, sa Fille aînée,
,, la Reine de Hongrie Marie-Thérése, Du-
,, chesse de Lorraine & Grande-Duchesse de
,, Toscane, se fondant sur un Acte qu'on a
,, trouvé bon de qualifier de *Sanction - Prag-*
,, *matique*, passé en 1713, reçu & accepté par
,, tous les Royaumes & Etats héréditaires *Au-*
,, *trichiens*, & garanti par les principales
,, Puissances de l'Europe, s'est mise en posses-
,, sion desdits Etats.

,, Sa Majesté le Roi de Pologne, plus sen-
,, sible, comme il a déjà été dit, à la con-
,, servation du repos public, qu'empressée à
,, faire valoir les droits de sa Maison, ne
,, s'est point à-la-vérité opposée à cette pri-
,, se de possession ; mais elle a déclaré d'a-
,, bord,

,, bord, & encore dans la fuite, quelle ne
,, pourroit jamais voir d'un œil indifférent,
,, s'il arrivoit que d'autres Puiſſances entre-
,, priſſent de renverſer cette Sanction, ou de
,, lui porter atteinte, puiſqu'en ce cas elle
,, ſe verroit obligée de ſoutenir ſes droits.

,, D'un côté cette Sanction-Pragmatique a
,, été d'abord enfreinte, par la collation fai-
,, te au Duc de Lorraine de la Corrégence
,, des Etats héréditaires, & par celle de la
,, Voix de Bohême; & malgré toutes les ju-
,, ſtes repréſentations faites à cet égard, la
,, Cour de Vienne n'a pas pu être diſpoſée à
,, rémédier au tort ſenſible qui en réſultoit
,, aux droits de Sa Majeſté la Reine de Po-
,, logne.

,, De l'autre, diverſes Prétentions ſe ſont
,, formées, non ſeulement contraires à cette
,, Succeſſion établie par Charles, mais qui la
,, renverſent & la détruiſent entiérement; &
,, ces Prétentions ſe trouvent appuyées par
,, une partie des Puiſſances garantes, ſe fon-
,, dant ſur la raiſon, que leur garantie ne peut
,, préjudicier aux droits d'un Tiers, pendant
,, que d'autres ſe voient hors d'état de ſoute-
,, nir la Sanction-Pragmatique.

,, Ces circonſtances, connues de tout le
,, monde, ne ſont rappellées ici que pour en-
,, trer en matiére ſur la Déduction des Droits
,, de Sa Majeſté la Reine, & pour faire con-
,, noître en même tems ce que c'eſt que cet-
,, te Sanction tant vantée, & dont la garantie
,, a été recherchée par la Cour de Vienne avec
,, tant d'empreſſement & d'ardeur.

,, L'INCONSISTANCE & la nullité de

P 4

,, cet

,, cet Acte eſt clairement démontrée, par ce
,, qui a été réglé & ſtatué en 1733. entre
,, l'Empereur Léopold, de glorieuſe mémoi-
,, re, & ſes deux Fils, ſavoir Joſeph, pour
,, lors Roi des Romains, & Charles, pour
,, lors déclaré Roi d'Eſpagne.

,, C'eſt un Pacte de Famille immuable, con-
,, firmé par le ſerment de Charles, qui doit
,, régler à jamais l'ordre de la Succeſſion dans
,, la Maiſon. Par ce Pacte ſolemnel les
,, Droits ſucceſſifs de la Séréniſſime Archi-
,, ducheſſe Marie - Joſéphe, à-préſent Reine
,, de Pologne, & Electrice de Saxe, comme
,, Fille aînée de Joſeph, & ceux de ſes Deſ-
,, cendans, comme auſſi, après eux, ceux
,, de la Séréniſſime Electrice de Baviére, ſa
,, Sœur, ſont tellement établis & aſſûrés,
,, par préférence aux Archiducheſſes, Filles
,, de Charles, que par aucun Acte poſtérieur,
,, ni en particulier par cette prétendue San-
,, ction-Pragmatique, ils n'ont pu être révo-
,, qués ni affoiblis en quelque façon que
,, ce ſoit.

,, Une longue Déduction ſeroit ſuperflue
,, pour metre cette vérité dans tout ſon jour.
,, Il ſuffit de produire ce Pacte même; & pour
,, peu qu'on faſſe attentiou, tant aux termes
,, dans leſquels il eſt conçu, qu'à ſa diſpoſition
,, & à ſon but, on y reconnoîtra ſans peine l'in-
,, tention des Contractans, & en même tems
,, l'irrévocabilité de cet Acte. Ce Pacte eſt
,, produit ici en ſon entier, ſous la lettre A;
,, mais pour en faciliter d'autant plus l'intelli-
,, gence, on a cru qu'il ne ſeroit pas inutile
,, de l'accompagner des remarques ſuivantes.

,, I. C'eſt

,, 1. C'eſt une diſpoſition d'un Pére, faite
,, entre ſes Enfans, ſur un cas nouvellement
,, ſurvenu, (c'étoit l'ouverture de la Succeſ-
,, ſion d'Eſpagne) où il s'agiſſoit de faire des
,, arrangemens convenables, pour le plus grand
,, bien, luſtre & conſervation de la Maiſon ;
,, comme auſſi de régler pour l'avenir l'ordre
,, de la Succeſſion entre les deux Branches de
,, cette Maiſon qui alloient ſe former.

,, 2. C'eſt une Loi immuable & irrévoca-
,, ble, qui doit ſervir de régle à jamais, *Lex*
,, *in omne ævum valitura.* Ce ſont les pro-
,, pres termes de cette Diſpoſition.

,, 3. Les deux Fréres s'y ſoumettent, l'a-
,, gréent & l'acceptent ; & Charles promet par
,, ſerment de s'y conformer & de n'y jamais
,, contrevenir, ni de permettre qu'il y ſoit
,, contrevenu par les ſiens.

,, 4. Joſeph, à qui la Monarchie d'Eſpagne
,, revenoit de droit, comme à l'Aîné, y re-
,, nonce en faveur de Charles ſon Frére, &
,, la lui céde, pour en jouïr lui & ſes Héri-
,, tiers mâles à jamais.

,, 5. Charles, en acceptant cette Ceſſion,
,, fait toutes les renonciations requiſes en pa-
,, reil cas, & conſent que le cas arrivant
,, qu'il ne reſtât que des Filles dans la Maiſon,
,, celles de Joſeph ſoient préférées aux ſien-
,, nes propres dans l'ordre de la Succeſſion.
,, Cette Diſpoſition de Léopold, à laquelle
,, Charles donne ſon conſentement, eſt con-
,, çue en ces termes : *Et quæ eas, (filias ni-*
,, *mirum Caroli VI.) ubivis ſemper præcedant*
,, *Primogeniti noſtri fæminis, juxta Primoge-*
,, *nituræ ordinem.* C'eſt-à-dire, que les Fil-

P 5

,, les

„ les de Joseph, Fils aîné de Léopold, pré-
„ céderont toujours, & en toute occasion,
„ celles de Charles, suivant l'ordre de la Pri-
„ mogéniture.

„ 6. Cette préférence étoit juste. Charles,
„ comme puîné, n'avoit qu'un simple appa-
„ nage à prétendre ; car le Droit de Primogé-
„ niture étoit établi dans la Maison, de-même
„ que l'Indivisibilité des Etats héréditaires.
„ Joseph lui abandonne une Monarchie entié-
„ re pour lui & pour ses Héritiers mâles, dont
„ il auroit pu jouïr lui-même, & la transmettre
„ ensuite à ses Filles, ou en tout, ou en partie.
„ L'intérêt n'engageoit donc pas moins Char-
„ les que la reconnoissance, de consentir que
„ les Filles de Joseph, qui auroient succédé
„ de droit à cette Monarchie, fussent pré-
„ férées aux siennes, au cas susdit, dans la
„ succession du tout.

„ 7 L'Empereur Léopold avoit d'autant
„ plus raison de former par cette Disposi-
„ tion deux Branches dans sa Maison, une
„ Branche aînée, & une Branche cadette, que
„ les Puissances dont l'assistance étoit néces-
„ saire pour la prise de possession de la Mo-
„ narchie d'Espagne le lui conseilloient, &
„ que par le Traité de partage, conclu même
„ avant le décès de Charles II. Roi d'Espa-
„ gne, elles avoient déjà assez fait connoître,
„ que leur intention n'étoit point de lais-
„ ser toute cette Puissance réunie entre les
„ mains d'une seule Personne. Mais l'Empe-
„ reur Léopold porta encore ses vues plus
„ loin ; & pour éviter les différends qui pour-
„ roient survenir à l'avenir par rapport à *la*

„ Suc-

„ Succeſſion, il veut bien que Charles ſuccé-
„ de à Joſeph, au cas qu'il meure ſans Poſ-
„ térité maſculine ; mais s'il arrivoit que Char-
„ les eût le même ſort, les Filles de la Bran-
„ che aînée, pour les raiſons ci-deſſus, fuſſent
„ préférées à celles de la Branche cadette.
„ Rien n'étoit plus juſte ; auſſi Charles s'y
„ ſoumet-il, & promet par ſerment de n'y
„ jamais contrevenir.

„ 8. De-plus, l'Empereur Léopold & ſes
„ Fils étoient pleinement en droit d'ériger en-
„ tre eux, & d'un conſentement commun, un
„ tel Pacte Succeſſoire. Aucune Diſpoſition ni
„ Privilége précédent ne les gênoit. Jamais
„ auparavant la Primogéniture linéale n'avoit
„ été introduite par rapport aux Ennemis. El-
„ les n'avoient donc aucun droit acquis à allé-
„ guer en pareil cas, dérivé de la Diſpoſition
„ des Ancêtres, & l'Empereur Léopold avoit
„ entiére liberté & faculté de diſpoſer ſur la
„ ſucceſſion des Femmes au défaut des Mâles.

„ 9. Et cela d'autant plus, que les Prédéceſ-
„ ſeurs de Léopold lui avoient tranſmis un
„ droit ſur la Bohême acquis par la guerre, &
„ qu'il en avoit acquis un pareil lui-même ſur
„ la Hongrie, qu'il avoit arrachée des mains
„ des Turcs ; enſorte que, rélativement à ces
„ deux Royaumes, rien ne l'empêchoit de diſ-
„ poſer comme il le jugeoit à propos.

„ 10. Enfin il paroît évidemment, que la
„ Succeſſion ainſi ordonnée & établie par Léo-
„ pold, a été le ſeul motif & fondement de
„ la Ceſſion de la Monarchie d'Eſpagne faite
„ au profit de Charles ; enſorte qu'elle a été
„ une condition ſans laquelle cette Ceſſion
„ n'au-

,, n'auroit jamais été faite. Voici comment
,, Léopold s'exprime : *Declaramus igitur, se-*
,, *cundùm initam ante Hispanicæ Monarchiæ*
,, *Cessionem; & in ipsâ Cessione, uti primariam*
,, *conditionem repetitam Conventionem statuimus,*
,, *atque in omne ævum valituram Legem dicta-*
,, *mus.* C'est-à-dire : Nous déclarons donc,
,, qu'en conséquence de la Cession de la Mo-
,, narchie d'Espagne ainsi faite, & de la prin-
,, cipale condition répétée dans ladite Ces-
,, sion, cette Convention sera ferme & du-
,, rable, & nous lui donnons force de Loi
,, permanente dans tous les siécles.

,, Cette Disposition si sage de l'Empereur
,, Léopold, fondée sur des motifs si justes, ac-
,, ceptée par les deux Fils, en faveur de qui
,, & de leurs Descendans elle étoit faite, ci-
,, mentée par les engagemens les plus forts
,, & les plus sacrés, a eu cependant un sort
,, peu favorable. Cette Loi respectable, qui
,, ne devoit finir qu'avec les siécles, est atta-
,, quée presqu'aussitôt que Charles s'est vu
,, le Maître des Etats délaissés par son
,, Frére.

,, La mémoire de l'Empereur Charles se-
,, ra toujours digne de vénération. C'étoit
,, un Prince naturellement juste & équitable,
,, Mais il est des occurrences où la vertu la
,, plus affermie se laisse ébranler. La tendresse
,, paternelle est séduisante ; & comme on est
,, facile à se flatter dans les choses que l'on
,, souhaite, on ne fait pas toujours assez
,, d'attention qu'un ouvrage qui n'est fondé
,, que sur l'autorité & le pouvoir, ne peut ê-
,, tre de longue durée, malgré toutes les pré-
,, cau-

,, cautions que l'art ou l'artifice peuvent y
,, avoit apportées.
,, C'eſt ainſi qu'en 1713. après que Charles
,, ſe vit placé ſur le Trône Impérial, & qu'il
,, ſe fût mis en poſſeſſion de tout l'héritage de
,, Joſeph ſon Frére, parut cette Production
,, honorée du titre de Sanction-Pragmatique,
,, à laquelle on crut ne devoir donner d'abord
,, d'autre forme, que d'une ſimple Déclaration
,, faite par l'Empereur dans ſon Conſeil, que
,, ſes Filles ſeroient Héritiéres après lui, &
,, que celles de l'Empereur Joſeph ne par-
,, viendroient à la Succeſſion qu'après elles
,, & leur Poſtérité.
,, Ce qu'il y a de ſingulier dans cette Dé-
,, claration, eſt qu'elle ſe fonde ſur la Diſpo-
,, ſition de l'Emperenr Léopold, cette Loi ir-
,, révocable, qui doit durer autant que les
,, Siécles, ſolemnellement acceptée, & con-
,, firmée par ſerment par le même Empereur
,, Charles, comme Roi d'Eſpagne, quoiqu'el-
,, le y ſoit directement contraire. Charles
,, conſére à ſes Filles des droits, en vertu
,, d'un Acte par lequel ces mêmes droits ſont
,, irrévocablement tranſmis & aſſûrés à celles
,, de l'Empereur Joſeph.
,, Ce n'eſt pas qu'on ne ſentît bien le dé-
,, fectueux de cette Déclaration; mais il fal-
,, loit pourtant faire le pas, & pour l'autori-
,, ſer par quelque apparence de Juſtice, on
,, crut pouvoir fonder cette Déclaration de
,, l'Empereur Charles, ſur la Ceſſion à lui
,, faite par l'Empereur Joſeph, ſon Frére,
,, comme ſur un Acte connu de tout le monde,
,, dans l'eſpérance que les clauſes de la Diſ-
,, poſi-

,, pofition de l'Empereur Léopold concernant
,, la Succeffion, qui avoient été tenues foi-
,, gneufement cachées, ne parviendroient ja-
,, mais à la connoiffance du Public.
,, On n'en demeura pas-là. Les Archidu-
,, cheffes Joféphines avançoient en âge. On ré-
,, folut donc de ne confentir à aucune recher-
,, che qui feroit faite d'elles, qu'à condition
,, qu'elles renonceroient à leurs Droits, &
,, qu'elles fe foumettroient à la Déclaration
,, que l'Empereur leur Oncle avoit faite en
,, faveur de fes Filles. Auffi, lorfqu'en 1719.
,, l'Archiducheffe Marie-Joféphe fut deman-
,, dée par Sa Majefté le Roi de Pologne, au-
,, jourd'hui régnant, alors Prince - Royal de
,, Pologne, on fit entendre fort clairement à
,, ladite Séréniffime Archiducheffe, qu'à-moins
,, de fe réfoudre à une renonciation, il n'y
,, avoit point d'établiffement à efpérer pour
,, elle.
,, Il fallut donc renoncer; mais la Sérénif-
,, fime Archiducheffe, préfentement Reine de
,, Pologne, le fit, fans favoir précifément à
,, quoi, fans aucune autorifation légale, quoi-
,, qu'abfolument néceffaire, & dépourvue de
,, tout confeil & de direction. On n'avoit gar-
,, de d'admettre une procédure légale, bien-
,, qu'effentiellement requife en pareil cas.
,, Son Epoux, Roi de Pologne d'aujourd'hui,
,, fut de-même obligé d'en paffer par - là. Il
,, en fut dreffé un Acte, qu'on chargea de
,, claufes pour en plâtrer les défauts effentiels;
,, mais on n'ofa le revêtir des formes requifes,
,, pour au-moins lui donner, quant au dehors,
,, un

,, un air de légalité dont le fond n'étoit pas
,, fufceptible.

,, L'injuftice & la nullité de cette renon-
,, ciation, de-même que des confirmations qui
,, s'en font enfuivies après le mariage, peu-
,, vent être aifément démontrées. Ce qui vient
,, d'en être expofé, peut fuffire à un Lecteur
,, intelligent, pour peu qu'il foit au fait de
,, la matiére des Rononciations, qui a été am-
,, plement traitée dans le cours du fiécle paffé.
,, Si pourtant il reftoit encore quelques dou-
,, tes là-deffus, ils pourroient aifément être le-
,, vés par une Déduction des Droits de la Séré-
,, niffime Reine de Pologne, fur tous les E-
,, tats appartenans à la Succeffion d'Autriche à
,, donner au Public, plus ample que n'eft le
,, préfent Manifefte, où l'on s'eft propofé d'é-
,, viter au poffible d'être trop prolixe.

,, Le fecond moyen dont la Cour de Vienne
,, s'eft fervie pour étayer fon édifice ruineux,
,, eft de faire accepter & garantir cette pré-
,, tendue Sanction-Pragmatique, par autant
,, de Puiffances qu'elle a pu, tant de l'Em-
,, pire qu'au dehors.

,, Il feroit affez inutile de rapporter ici
,, toutes les manœuvres qui fe font faites à cet
,, égard. Il feroit également fuperflu d'exa-
,, miner, jufqu'où les Puiffances garantes ont
,, pu ou voulu s'engager par cette garantie.
,, Il fuffit de dire que la Cour de Vienne n'a
,, pas lieu de fe féliciter beaucoup fur l'heu-
,, reufe invention de cet expédient, puifque,
,, comme il a déjà été dit ci-deffus, de toutes
,, ces Puiffances garantes, les unes croient n'y
,, être pas obligées, & les autres fe croient

,, dif-

,, difpenfées de cette obligation, ou par l'im-
,, puiffance d'en remplir les devoirs, ou à caufe
,, des rifques évidens auxquels elles s'expo-
,, feroient par-là : Difpenfe très-légitime en
,, pareil cas, puifqu'on n'eft point obligé à
,, fe perdre pour fauver autrui.

,, Sa Majefté eft fans-contredit plus en
,, droit que perfonne, de défirer que cette
,, Sanction n'eût jamais été faite, ou qu'elle
,, fût entiérement abolie. Cependant fon a-
,, mour pour la Paix, & fa grande modéra-
,, tion dans la recherche de fes intérêts pro-
,, pres, lui ont toujours fait fouhaiter que la
,, Cour de Vienne pût fe réfoudre enfin à
,, prendre des mefures convenables à fa fitua-
,, tion; & dans cette efpérance, elle a peut-
,, être employé plus de foins depuis la mort
,, de l'Empereur, qu'aucun autre à qui cet-
,, te Sanction pouvoit paroître plus utile ou
,, moins indifférente qu'à Sa Majefté, pour
,, qu'elle fût confervée & maintenue en fon
,, entier; & ce n'eft qu'après en avoir com-
,, pris l'impoffibilité abfolue, qu'elle a cru
,, devoir en abandonner le deffein.

,, Mais quel que foit le fort de cette San-
,, ction, il eft à remarquer ici, que l'acceptation
,, qui en a été faite par Sa Majefté ne pré-
,, judicie pas plus aux droits de la Reine fon
,, Epoufe, & de fa Maifon Royale que la
,, renonciation. Si on n'a pu validement faire
,, renoncer Sa Majefté la Reine de Pologne; fi
,, fa renonciation eft nulle quant à la forme
,, & quant au fond; fi, quand même elle fe-
,, roit auffi valide qu'elle eft illégale & infub-
,, fiftante, elle ne peut jamais fervir ni être
,, allé-

,, alléguée contre les Droits de la Famille Ro-
,, yale, qui ne les tient point de la Reine ſeu-
,, le, mais bien de la Loi, & de la Diſpo-
,, ſition de l'Ayeul & du Biſayeul, *ex pa-*
,, *Eto & providentiâ Majorum*, auxquels Droits
,, aucun Acte, de quelque nature qu'il puiſſe
,, être, & par qui qu'il ait pu être paſſé, n'a pu
,, porter aucun préjudice, comme il a été
,, clairement démontré; l'acceptation de cette
,, Sanction ne peut lier Leurs Majeſtés à un
,, point, qu'Elles ne puiſſent & ne doivent
,, faire valoir les Droits de leur Maiſon Roya-
,, le & Electorale ; Droits qui leur ſont re-
,, ſtés ſains & ſaufs, malgré tout ce qui a pu
,, être fait & entrepris au contraire.

,, En voilà aſſez pour la manifeſtation des
,, juſtes Prétentions de Leurs Majeſtés, & de
,, Leur Famille Royale. Mais outre les Droits
,, Succeſſifs de la Séréniſſime Reine de Polo-
,, gne ſur tous les Royaumes & Etats nom-
,, més Autrichiens, Sa Majeſté le Roi de Po-
,, logne, Electeur de Saxe, a de ſon chef des
,, Droits & des Prétentions particuliéres qu'on
,, ne fera qu'indiquer ici, ſe réſervant d'en fai-
,, re, en tems & lieu, une production plus
,, ample & plus détaillée.

,, 1. Après l'entiére extinction des anciens
,, Ducs d'Autriche de la Maiſon de Babenberg,
,, Albert & Diéterich, Fils de Henri Margra-
,, ve de Miſnie, avoient un double Droit aux
,, Etats d'Autriche & de Stirie. L'un, en
,, vertu d'un Réſultat des Etats desdits Du-
,, chés, dans une Diéte tenue en 1250. fon-
,, dée ſur les Libertés & Priviléges particu-
,, liers qu'ils avoient pour lors de choiſir un

,, Souverain ; & l'autre, du chef de Conſtan-
,, ce, leur Mére, Sœur aînée du dernier Duc
,, Frédéric *le Belliqueux*. La Maiſon de Miſ-
,, nie fit valoir ſes Droits ; mais le premier
,, empêchement qu'elle recontra, fut la puiſ-
,, ſance d'Ottocare, pour lors Roi de Bohême,
,, qui uſurpa lesdits Duchés ; le ſecond y fut
,, apporté par Rodolphe d'Habsbourg, qui s'en
,, empara, & en inveſtit ſes Fils, ſur le fonde-
,, ment que ces Fiefs étant maſculins ils é-
,, toient dévolus à l'Empire. De tels obſta-
,, cles étant portés par-là à la pourſuite des
,, Droits des Margraves de Miſnie, ils furent
,, obligés de ſe ſoumettre aux tems ; & de
,, permettre ce qu'ils ne pouvoient empêcher.
,, Cependant les Droits de la Maiſon Electo-
,, rale de Saxe n'ont ſouffert par-là aucune di-
,, minution ni atteinte. Ils ont été ſuſpendus,
,, ſi l'on veut, tant que la Maiſon de Habs-
,, bourg a ſubſiſté. L'Empereur Rodolphe
,, n'avoit demandé & obtenu ces Etats pour
,, ſes Fils, qu'en ſe fondant ſur la qualité de
,, ces Fiefs ; mais à-préſent que cette Mai-
,, ſon eſt entiérement éteinte, les Droits de
,, celle de Saxe revivent, & reprennent toute
,, leur force, enſorte que Sa Majeſté ſe trou-
,, ve en pleine liberté de les faire valoir, par
,, préférence à tout autre Prétendant.
,, 2. Si la Séréniſſime Archiducheſſe, Du-
,, cheſſe de Lorraine, prétend être Héritiére
,, univerſelle, Elle eſt tenue en cette qualité
,, d'indemniſer la Maiſon de Saxe, de ce que,
,, par le fait des Empereurs précédens, cette
,, Maiſon a été fruſtrée des Etats de Juliers &
,, de Bergue, qui lui étoient légitimement ac-
,,　　　　　　　　　　　　　　　　　　　　　　　　　,, quis,

,, quis, & à titre onéreux ; indemnité que les
,, susdits Empereurs ont reconnu être à leur
,, charge, & ont promis d'y satisfaire.

,, 3. Lorsqu'en 1706. les Suédois entrérent
,, en Saxe, le secours solemnellement promis
,, par l'Alliance du 19. Janvier 1702. & par le-
,, quel le feu Roi fut induit à dégarnir ses E-
,, tats pour assister l'Empereur, manqua, &
,, la Saxe fut désolée. Il est juste que la répara-
,, tion de ce dommage, montant au-delà de 30.
,, millions d'Ecus, soit à la charge de celui
,, qui a dû l'empêcher.

,, 4. On passe sous silence, qu'il est enco-
,, re dû à Sa Majesté par la Cour de Vien-
,, ne une somme considérable, tant en subsi-
,, des, qu'en arrérages, dont on n'a pu obtenir
,, le payement de ladite Cour, malgré les sol-
,, licitations pendant plusieurs années.

,, Pour toutes ces raisons Sa Majesté le Roi
,, de Pologne croiroit manquer à ce qu'il doit
,, à sa Maison, s'il tardoit plus long-tems à
,, faire connoître au Public les Droits de la
,, Reine son Epouse à la Succession de tous les
,, Royaumes & Etats Autrichiens, par préfé-
,, rence à tout autre Prétendant, & en par-
,, ticulier aux Archiduchesses Filles du der-
,, nier Empereur, & d'appuyer & faire va-
,, loir ces Droits, de-même que ceux qu'il a
,, de son chef, par tous les moyens que Dieu
,, lui a mis en main, & par l'assistance de ses
,, Hauts Alliés, dans l'espérance d'en obtenir
,, ce qu'en toute justice il doit lui revenir, tant
,, en vertu desdits Droits de la Reine son E-
,, pouse, qu'en celle des siens propres.

,, Sa Majesté s'attend que la résolution qu'El-
,, le a prise, sur-tout depuis que la plupart

,, des Puiſſances de l'Europe ont pris d'autres
,, idées ſur la Sanction-Pragmatique, recevra
,, dans le monde la juſte interprétation qui lui
,, eſt dûe. Auſſi proteſte-t-Elle aux yeux de
,, tout l'Univers, qu'Elle ne demande ni n'en-
,, treprend rien, que ce à quoi Elle ſe croit ê-
,, tre autoriſée en juſtice & en conſcience.
,, L'événement eſt entre les mains de Dieu, &
,, ſa Providence en ordonnera ſelon qu'Elle
,, jugera à propos.

,, Tous les Electeurs, Princes & Etats du
,, Saint Empire Romain peuvent faire fond,
,, & être fortement perſuadés, que Sa Maje-
,, ſté depuis ſon avénement au Vicariat, après
,, le décès du dernier Empereur, ayant em-
,, ployé tous ſes ſoins à la conſervation du re-
,, pos de l'Empire & à une adminiſtration im-
,, partiale de la Juſtice, ce n'eſt qu'avec peine
,, que, chargée encore de ce Vicariat, Elle ſe
,, trouve obligée de renoncer aux voies pacifi-
,, ques qu'Elle a ſuivies juſqu'à-préſent, & dont
,, Elle ne s'écarte qu'après avoir pleinement
,, reconnu que, ſi dans les circonſtances pré-
,, ſentes Elle ne prenoit le parti de joindre ſes
,, armes à celles des autres Prétendans, il ne
,, lui reſtoit que celui d'abandonner ſans re-
,, tour ce qui lui appartient ſi juſtement.

,, Les mêmes Electeurs, Princes & Etats,
,, remarqueront encore que c'eſt ici une affai-
,, re purement domeſtique de la Maiſon d'Au-
,, triche, qui ne regarde proprement que les
,, Intéreſſés, & qui ne concerne ni ne tou-
,, che en aucune façon les droits du St. Empi-
,, re. Auſſi les Provinces où les Troupes de
,, Sa Majeſté Polonoiſe entrent, ſont telle-
,, ment

,, ment fituées, que les autres Etats dudit
,, Empire ne peuvent être aucunement in-
,, commodés ni troublés par cette expédition
,, des Troupes Saxonnes, Sa Majefté s'étant
,, fortement propofé en cette occafion , de
,, ne caufer aucun dommage, oppreffion , ni
,, contrainte à qui que ce foit que cette affaire
,, ne regarde pas , ni de permettre , autant
,, qu'il fera en fon pouvoir , que cela fe faffe
,, par d'autres.

,, Tous les Etats de l'Empire voudront donc
,, bien perfifter dans la même confiance qu'ils
,, ont toujours eue en Sa Majefté & en fon a-
,, mour pour la Juftice , comme auffi l'affifter,
,, autant qu'il fera en leur pouvoir , dans la
,, recherche d'un objet fondé fur la juftice , &
,, fur des raifons néceffaires & indifpenfables.

,, Sa Majefté déclare de plus , que fi d'un
,, côté Elle a ardemment fouhaité que les pré-
,, tentions formées de divers endroits fur la
,, Succeffion d'Autriche , y compris même
,, celles de fa Maifon Royale & Electorale ,
,, euffent pu être difcutées & accommodées à
,, l'amiable , fans qu'il fût befoin de recourir
,, aux armes , elle affûre de l'autre qu'après
,, avoir été obligée de prendre , malgré elle,
,, d'autres mefures , elle employera toutes fes
,, forces, & tous les moyens que Dieu lui a mis
,, en main , pour foutenir fes Droits & ceux
,, de fa Maifon Royale & Electorale , efpérant
,, de Sa Divine Bonté , qui connoiffant la droi-
,, ture de fes intentions & la juftice de fa cau-
,, fe , il voudra bien répandre fa bénédiction
,, fur les opérations de fes armes , pour
,, qu'elle puiffe par ce moyen parvenir à la
,, jufte fatisfaction qu'Elle demande , & que

Q 3

,, la

„ la paix fi défirable puiſſe être d'autant plu-
„ tôt rétablie.

La Cour de Vienne parut un peu déconcer-
tée à la nouvelle de cette Déclaration. Elle a-
voit déjà aſſez d'occupation avec l'Electeur de
Baviére & le Roi de Pruſſe, pour être indifférente ſur le parti que le Roi de Pologne venoit de prendre. Elle avoit compté ſur ié
ſecours de ce Prince, ou du-moins ſur le
neutralité, & le voilà qui ſe joint aux Ennemis de Sa Majeſté Hongroiſe, & veut faire
valoir des prétentions auxquelles on croyoit
qu'il ne penſoit plus.

La Reine de Hongrie ſe plaignant aux Princes de l'Empire de cette Déclaration de guerre, marque aſſez combien Elle y étoit ſenſible.

„ Elle étoit, diſoit-elle, très-éloignée d'im-
„ puter aux propres ſentimens de Sa Majeſté
„ Polonoiſe un procédé auſſi ſcandaleux que
„ celui qu'on entreprenoit de juſtifier par ce
„ Manifeſte : Qu'Elle ignoroit à qui attribuer
„ des conſeils ſi oppoſés à des engagemens
„ confirmés la plupart par des ſermens ſolem-
„ nels ; mais qu'Elle ſavoit bien les prétextes
„ qu'on employoit depuis quelque tems pour
„ ſurprendre la religion de ce Prince, & en
„ impoſer à la tendreſſe de ſa conſcience, en
„ prétendant ſe prévaloir, pour pourſuivre
„ ſes propres vues, des atteintes qu'un autre
„ auroit portées à la Pragmatique-Sanction :
„ Qu'en ſuppoſant pour vrais les faux motifs
„ du Manifeſte de la Cour de Saxe, il étoit
„ impoſſible de ne point regarder comme nul-
„ les & injuſtes les prétentions des Cours avec
„ leſquelles Sa Majeſté Polonoiſe venoit de
„ s'allier

„ s'allier pour abîmer entiérement la Maison
„ d'Autriche.

Toutes ces plaintes ne retardérent pas d'un jour les préparatifs de guerre qu'on faifoit en Saxe. L'Artillerie & les pontons étoient hors de l'Arfenal de Dresde, toutes les Troupes de l'Electorat fortoient de leurs quartiers, & le Roi de Pologne ajoûtoit déjà à fes titres celui de Roi de Moravie.

Pendant que les Troupes Saxonnes étoient en mouvement pour s'approcher des frontiéres de la Bohême, l'Armée Autrichienne quittoit la Siléfie, & couroit à la défenfe de ce Royaume menacé d'un côté par les Bavarois & les François, & de l'autre par les Saxons. Cette Armée tint, à fon retour de la Siléfie, à peu près la même route qu'elle avoit tenue en y allant. Elle arriva enfin devant Olmutz dans un affez bel état, ayant reçu divers renforts depuis la bataille de Molwitz, deforte qu'elle étoit encore forte de trente à trente-cinq mille hommes tous bien équipés & bien armés, mais rebutés du mauvais fuccès de la campagne, & auffi mécontens de leur Général qu'il eft poffible de fe l'imaginer. Il n'y avoit pas deux voix fur fon fujet, & depuis les premiers Officiers jufqu'aux derniers Soldats, tous l'accufoient d'être caufe de la perte de la bataille & de celle de la Siléfie. Je ne m'amuferai pas à rapporter ici tout ce que j'ai ouï dire fur ce fujet à des gens des plus qualifiés de l'Armée, de peur de donner à mon Lecteur des imaginations pour des vérités. En effet quand un Général eft malheureux, & qu'avec cela il n'eft pas aimé, il n'y a forte

Q 4

d'hifd'hiſtoires qu'on ne débite ſur ſon compte, ſoit par prévention, par dépit, & quelquefois par jalouſie. Il eſt certain que la manœuvre de Mr. de Neiperg à Molwitz ne fut pas bonne; mais qui ſait s'il ne l'a pas faite de bonne-foi, & s'il ne faut pas attribuer à ſon incapacité une conduite qu'on prétend rapporter à des reſ-ſorts de politique qui n'ont peut-être jamais exiſté? Il eſt très-ſûr auſſi que de tous ceux qui commandoient dans les Fortereſſes de la Si-léſie, aucun n'a fait aſſez de réſiſtance pour é-carter les ſoupçons de ceux qui prétendoient ſavoir, comme on dit, le deſſous des cartes: que Picolomini, par exemple, qui a toujours paſſé pour très-brave homme, ne s'eſt rien moins que bien défendu, & qu'il a rendu Brieg après deux ou trois jours de tranchée ou-verte, & ſans qu'il en coutât que quelques bombes aux Pruſſiens, quoique la Place ſoit bonne & forte par ſa ſituation; ayant été en 1642. aſſiégée vainement par les Suédois ſous le brave Torſtenſon. Picolomini s'excuſa ſur le manque de Munitions, & c'eſt tout ce que j'en ſai, & tout ce que j'en puis dire; permis aux Ecrivains des ſiécles futurs d'en dire da-vantage, ſi des choſes ſi ſecrétes peuvent ve-nir à leur connoiſſance; car ſuppoſé qu'il y ait eu d'autres raiſons, c'eſt un ſecret entre les Puiſſances, & un ſecret par conſéquent qu'un Particulier ne ſauroit ſonder ſans être témé-raire. Je me contenterai de dire que j'ai ouï diſcourir ſur la facilité de toutes ces conquê-tes à des Généraux de mérite, qui l'attri-buoient à des intrigues particuliéres, & aux reſſorts de la plus fine politique. Mais de rap-

porter

porter leurs raisonnemens & leurs conjectu-
res, ce seroit quitter le corps pour l'ombre,
& donner dans le défaut des Nouvellistes qui
cherchent du mystére par-tout. Peut-être
que le tems apprendra bien des choses; mais
pour aujourd'hui tenons-nous en à ce que nous
avons vu ou entendu de réel, & n'allons pas
fouiller dans le Sanctuaire du Cabinet, de
peur de nous y égarer. Cependant avouons
que la conduite des Commandans Autrichiens
en Silésie a quelque chose de bien singulier &
de bien rare. A peine les Prussiens se présentoient devant une Place qu'elle étoit aussitôt rendue, sous le prétexte vrai ou faux de
n'avoir pas les munitions nécessaires pour soutenir un siége; & cependant quand ceux-ci y
étoient entrés, ils y trouvoient, s'il en faut
croire leurs rélations, des amas prodigieux de
munitions de guerre & de bouche. La prise
de Glogau fut ce qui donna lieu aux raisonnemens, & aux soupçons, qui s'accrurent dans la
suite; & véritablement elle eut quelque chose de singulier. La Ville est située sur l'O-
der, pas loin des frontiéres de Pologne. Elle
est bien fortifiée, quoiqu'assez irréguliére-
ment.

Les Prussiens avoient bloqué cette Place
presque dès leur entrée en Silésie, mais avec
si peu de troupes qu'ils n'avoient pu empêcher
qu'elle ne reçût diverses provisions tant par
eau que par terre. Tout le Corps employé au
blocus ne consistoit qu'en huit Bataillons & un
Escadron de Dragons. Mais le Roi de Prusse qui
avoit besoin de rassembler toutes ses troupes
à l'approche de l'Armée Autrichienne, & qui

Q 5

sa-

sa voit sans-doute que quatre à cinq mille hommes suffisoient pour prendre Glogau, envoya le 7 de Mars ordre au Prince Léopold d'Anhalt d'insulter la Place & de s'en rendre maître. Le Gouverneur étoit un Comte de Wallis, & celui qui commandoit dans la Citadelle étoit un vieux Officier, fort brave homme, nommé Reisscke.

Les Prussiens commencérent à minuit à s'approcher du fossé, & à le passer. Ils le trouvérent fraisé & palissadé, mais pas une ame pour le défendre. Ils eurent bientôt fait sauter les palissades ; & comme ils appliquoient leurs échelles pour escalader le rempart, le Gouverneur fit tirer deux ou trois coups de canon, qni ne tuérent ni ne blessérent personne, l'Ennemi étant déjà sous le feu de l'artillerie, & tous les coups passant bien haut au-dessus de lui. Les Prussiens se rendirent donc ainsi maîtres de la Ville, sans avoir perdu un seul homme. Reisscke, qui ne savoit rien qui dût l'empêcher de faire son devoir, avoit rangé sur ces entrefaites sa petite garnison en bataille dans le Château ou la Citadelle. Il n'avoit qu'environ deux cens hommes. Il les disposa dans les endroits où il jugea qu'il pourroit être attaqué, & se mit à la tête des plus déterminés pour défendre la porte, que les Prussiens tâchoient d'enfoncer. Il fit faire sur eux du rempart un feu continuel, qui les prenoit en flanc & les incommodoit beaucoup ; dans ce moment les troupes qui soutenoient les charpentiers ayant tiré, Reisscke reçut deux blessures dont il mourut. Ses Soldats prirent la fuite, & les Prussiens emportérent

le

le Château après avoir perdu environ vingt hommes tant tués que bleſſés dans cette attaque, où les Autrichiens en eurent dix à douze de tués. La Garniſon, conſiſtant en 855. hommes, fut deſarmée, & faite priſonnière de guerre. Le Comte de Wallis eut ordre de reſter chez lui après avoir fait remettre les clés des portes, aucun habitant ne fut pillé par les ſévéres défenſes qui en furent faites aux Soldats. Le même jour, tout le Corps de Troupes qui avoit ſervi à cette priſe, défila à travers la Ville (à un Régiment près qui y fut laiſſé en garniſon) & alla joindre l'Armée que le Roi commandoit en perſonne.

Tel fut le ſuccés de l'eſcalade de Glogau, qu'on prétend que les Pruſſiens n'auroient point entrepriſe, s'ils n'avoient plus compté ſur certaines circonſtances, que ſur le bonheur de leurs armes. Mais, quoi qu'il en ſoit, il eſt très-ſûr que la Garniſon de la Ville ne fit pas la moindre réſiſtance, & qu'il n'y eut pas une homme de tué de part ni d'autre avant l'attaque du Château.

L'Armée Autrichienne étant arrivée le 24. Octobre aux environs d'Olmutz, & y ayant ſéjourné quelques jours, ſe remit en marche le 1. Novembre ſur ſix colomnes, & s'avança juſqu'à Meſritz, d'où elle partit le lendemain pour venir à Ebenſchüts, & de-là à Wiemieſliz près de Cromau, où on lui avoit marqué un camp, qu'elle occupa le 3. du même mois.

Pendant qu'elle ſe repoſoit-là de ſes fatigues, la Cour de Vienne faiſoit de grands préparatifs pour rompre les deſſeins que les Alliés

liés paroiſſoient avoir ſur la Bohême. Le Grand-Duc ſuivi de divers Généraux Hongrois, & d'un gros de Huſſars, Pandoures, Talpaches, Waradins, & autres, prit la route de la Moravie, & ſe rendit à Znaïm, petite Ville de ce Marquiſat ſur les frontiéres de l'Autriche. A peine y étoit-il arrivé, qu'il fut renforcé par les Régimens d'Infanterie de Waldeck & de Molk, qu'on avoit tirés de la Garniſon de Vienne, & qui étoient commandés par les Généraux Geisruck & Tornaco, avec un train d'Artillerie de vingt piéces de canon, quelques mortiers, & une quantité conſidérable de poudre & de boulets. Le deſſein de ce Prince étoit de ſe joindre au Feld-Maréchal de Neiperg, & cela lui fut très-aiſé, puiſque perſonne ne pouvoit l'en empêcher. Les Pruſſiens étoient retournés dans la Haute-Siléſie, pour couvrir cette Province, & prendre en même tems des Quartiers de cantonnement après une ſi longue campagne. Cependant un Corps de dix mille hommes de cette Armée entra dans le Comté de Glatz, & bloqua la Ville de ce nom, où les Autrichiens avoient laiſſé une aſſez forte garniſon.

Pendant que le Grand-Duc arrivoit à Znaïm, le Maréchal Neiperg quitoit le Camp de Wémieſliz pour ſe rendre au même endroit, & ſe joindre aux troupes qu'on y avoit aſſemblées. La jonction s'étant faite le 8. & le 9. du même mois de Novembre, l'Armée ſe trouva forte de trente-ſix Bataillons, ſavoir 2. de François Lorraine, 2. de Charles Lorraine, 2. de Daun, de Bade-Bade, de Stahrenberg, de
Gotha,

Gotha, de Brown, de Grüne, de Maximilien de Heſſe, d'Ogilvi, de Wurmbrand, de
Mercy, de Harrach, de Thungen, de Col-
lowrath, de Molck, de Waldeck, & de Schulembourg; de ſix Régimens de Dragons, Al-
than, Lichtenſtein, Bathiani, Dolonne, Wur-
temberg, & Römer; & de treize Régimens
de Cuiraſſiers; Séher, Lanthieri, Cordona,
Hohenembs, Pozasky, Brickenfeld, Hohen-
zollern, Diemar, St. Ignon, Caraffa, Bernes,
Charles Palfy & Lubomirsky; ſans compter
les Régimens de Deſoffi, Ghilani, Spléni, Caroli, Czacky & Peſtwermagai Huſſars, &
quantité de milice irréguliére de Hongrie, deſorte qu'en tout on faiſoit monter cette Armée à près de quatre-vingts mille hommes,
non compris cinq mille autres commandés
par le Prince de Lobkowitz, qui étoit poſté
près de Pilſen pour obſerver les Alliés.

Le 13. de Novembre, toute l'Armée décampa de Znaïm, & prit la route de la Bohême. Tous les Huſſars furent détachés ſous
le Général Nadaſti, & s'avancérent juſqu'à
Neuhaus, petite Ville avec un Château appartenant à la Comteſſe de Czernin, dont les
François & les Bavarois venoient de s'emparer. Ce poſte étoit important, & pouvoit
beaucoup retarder la marche de l'Armée Autrichienne. Il n'étoit même pas poſſible de
penſer à ſecourir Prague ſans être auparavant
maître de Neuhaus. Cette petite Ville étant placée ſur la grande route de Znaïm à Prague, on
auroit eu les Ennemis à dos, qui nous auroient
coupé la communication avec la Moravie, l'Autriche & la Hongrie. Le Général Nadaſti eut
donc

donc ordre de le reprendre. Il attaqua l'Ennemi sur le champ, ne voulant pas lui donner le tems de se fortifier. Il fut d'abord repoussé avec quelque perte ; mais ayant reçu un renfort de trois cens Croates que lui amenoit le Lieutenant-Colonel Prasinski, il força l'Ennemi à lui abandonner la Ville, & à se retirer dans le Château. Il l'attaque tout de suite dans ce nouveau poste, sans lui donner le loisir de se reconnoître, & l'obligea après quelque résistance à se rendre prisonnier de guerre. Il y eut environ trois cens, tant François que Bavarois, pris, avec vingt-cinq Officiers, du nombre desquels étoit le Chevalier de Pajet Lieutenant-Colonel de Cavalerie.

Toute l'Armée Autrichienne arriva le 16. à Neuhaus, où le Grand-Duc établit son Quartier-général. Le Prince de Lobkowitz s'y rendit aussi avec son Corps de troupes.

Cependant l'Armée Françoise & Bavaroise, qui depuis le 18. d'Octobre avoit campé près de Mauttern, se mit en marche le 24. & ayant passé le Danube, elle prit la route de la Bohême, sous les ordres du Maréchal de Thöring. Le Général Minuzzi s'étoit déjà, dès le 21. emparé de quelques postes du côté de Wald-Munich, avec un Corps détaché, pour faciliter à la grande Armée l'entrée de ce Royaume. Thöring s'assura de Pilsen & de Budweis, & poussa des partis jusqu'à Rockizau pour lever des contributions. Son Armée ne fut que médiocrement harcelée par les Hussars Autrichiens, en quitant la Haute-Autriche, où l'Electeur laissa un Corps de dix mille hommes sous les ordres du Comte te de Ségur Lieutenant-Général pour garder cette Province, & se disposa à suivre lui-même pour y recevoir l'hommage des Peuples qu'elle lui alloit soumettre.

Les François marchérent sans obstacle jusqu'à Königsaal à deux petites lieues de Prague, & y prirent poste. Les Bavarois se portérent à *Weissen-Buchen*, à la même distance de la Capitale.

D'un autre côté l'Armée Saxonne qui s'étoit assemblée sur les frontiéres de Bohême, pas loin de Töplitz, se mit en marche sur trois colonnes; la premiére prit sa route par Neustadt, l'autre par le *Zinn-Wald*, & la troisiéme par Geyersberg & Bienenhofen. La tête de la premiére arriva le 9. de Novembre à Leutmeritz, ou Leuthomeritz, Ville Episcopale de Bohême sur les frontiéres de Saxe. Le mauvais tems qu'il fit, & les défilés de Baskobohla que l'Armée Saxonne eut à passer, retardérent beaucoup sa marche. Enfin elle passa l'Eger sur les ponts construits près de Budin & de Hostowitz, & le 24. toutes les colonnes se réunirent à Troja & y posérent leur camp.

Cette Armée étoit composée des Trabans de la Garde, des Carabiniers du Corps, des Régimens du Prince Royal, Promnitz, de Minkwitz & de Gersdorf Cuirassiers; de ceux d'Infanterie de la Reine, de Weissenfels, du premier Régiment des Gardes, du second, du Prince Xavier, de Franckenberg, d'Allenbeck, de Niesemeuschel & de Cosel; du Régiment de Schomberg Fuseliers, d'un Bataillon de grands Grenadiers & du Corps d'Artillerie.

Elle

Elle étoit commandée en chef par le Comte Roudowski ; le Chevalier de Saxe commandoit la Cavalerie, à laquelle se joignirent quelques jours après onze à douze cens Oulans, sorte de Tartares habitués en Pologne qui ne subsistent que du butin qu'ils font à la guerre, ou de ce qu'ils gagnent à escorter les Voyageurs qui passent par la Pologne, & qu'ils défendent contre les voleurs dont ce Païs est rempli. Ces Oulans sont montés sur des chevaux Cosaques, de petite taille, mais infatigables. Ils sont armés d'un sabre, & d'une espéce de demi - lance qu'ils nomment *Corpikgen*, au bout de laquelle est une branderole taillée en flammette, avec quoi ils font un bruit qui effraye les chevaux de l'Ennemi, & dont ils se servent aussi avantageusement pour percer le Cavalier. Ils ont toujours derriére eux chacun un Valet, qu'ils appellent *Pagolet*, lequel est armé d'un mousqueton & de deux pistolets à l'arçon. Quand les Oulans veulent attaquer un Escadron ennemi, ils font avancer ces Pagolets, comme des Enfans perdus ; ceux-ci font leur décharge le plus près qu'il est possible, & se retirent aussitôt derriére les Oulans, qui s'avancent au grand trot, remuant leur lance pour épouvanter les chevaux de l'Ennemi, & rompre ses rangs avec d'autant plus de facilité.

Cette espéce de Milice est excellente contre les Hussars qui craignent le feu & la lance, qui atteignant plus loin que leurs sabres, les rend par-là même inutiles. D'ailleurs les chevaux des Oulans sont d'aussi facile nourriture que ceux des Hussars, ils vont même

mieux

mieux & durent davantage. Quant aux Oulans mêmes, leurs équipages ne les embarassent point : la plupart n'ont point de chemise, & ceux qui en ont n'en changent jamais, n'en ayant qu'une, qu'ils ne quitent que pour la faire laver, & en attendant ils portent leur jaquette sur la peau nue. Leur nourriture ordinaire est du pain, du miel, & de l'eau. En campagne ils boivent du brandevin pour se fortifier l'estomac.

Troja, où l'Armée Saxonne étoit campée, n'est qu'un Château à une petite lieue au Nord de Prague, en-delà de la Moldau. Par cette position la Ville se trouva resserrée de tous côtés, & l'Artillerie étant arrivée au camp, on disposa tout pour l'ouverture de la tranchée.

Plusieurs raisons engageoient les Alliés à cette entreprise. La première, c'est qu'ils manquoient de vivres, & que ceux qu'ils pouvoient tirer de Saxe & de Baviére étoient sujets à mille inconvéniens, & ne pouvoient être transportés qu'avec beaucoup de tems & de peine : il faloit une promte ressource pour appaiser la faim du Soldat, à qui on ne donnoit qu'un peu de pain assez mauvais. Prague avoit de bons magazins de ségle, d'avoine & de foin ; s'en emparant on donnoit aux troupes les moyens de se rétablir. En second lieu, il faloit avoir une Place d'armes, qui servît d'entrepôt à tous les préparatifs d'une guerre qui pouvoit n'être pas sitôt finie. Enfin on espéroit qu'étant maîtres de la Capitale, on attireroit les autres Villes dans son parti, ou qu'au-moins on ne les auroit pas pour ennemies, & que l'Electeur de Baviére une fois couronné & reconnu dans Prague le seroit aussitôt du reste du Royaume.

Ces raisons étoient à-la-vérité balancées par la rigueur de la Saison, déjà trop avancée pour entreprendre un siége ; mais quand même on auroit été au mois de Mai, comment former un siége sans avoir une Armée d'observation, pour le couvrir contre un Ennemi nombreux & puissant, qui s'avançoit au secours de la Place, & qui paroissoit résolu de tout risquer pour la sauver ?

Ces considérations étoient assurément d'un très-grands poids, & faisoient impression sur la plupart des Généraux ; mais enfin elles cédérent à la nécessité de faire subsister l'Armée, à celle de se procurer une retraite en cas d'accident, & de commencer une campagne par un coup d'éclat qui relevât le cœur du Soldat, abattît celui de l'Ennemi, & prévînt l'esprit des Peuples. Ajoûtez à ces motifs les avis certains qu'on avoit de la foiblesse de la Garnison de la Place, du mauvais état de ses fortifications, & enfin ce qu'on espéroit de quelques intelligences qui répondoient des Habitans, & garantissoient qu'ils ne secourroient point la Garnison.

Tout bien considéré, il fut résolu qu'on assiégeroit Prague, & qu'on tenteroit même de l'insulter, & de brusquer l'attaque, pour prévenir les inconvéniens qu'un siége régulier pouvoit causer, & pour abréger une entreprise dont le succès dépendoit de la cé-

célérité, & de la hardiesse qu'on y appor-
teroit.

Mais avant que de commencer le récit de
cet événement, il est à propos de donner une
description de cette Ville.

Ceux qui aiment les étymologies seront
peut-être bien aises de trouver ici celle du
nom de Prague. La Chronique de Bohême (1)
rapporte que la Reine Libussa ayant envoyé un
certain nombre de ses Sujets pour bâtir une
Ville, ceux ci trouvérent, dans l'endroit où
est situé Prague, des Païsans qui coupoient
une grosse branche d'arbre, & que leur ayant
demandé ce qu'ils faisoient, ils répondirent
Prah, c'est-à-dire le seuil d'une porte. Ce
qui ayant été rapporté à Libussa, elle voulut
que la nouvelle Ville fût appellée *Prah*, d'où
est venu le nom de *Prague*, à cause que dans
la Langue Esclavonne l'*H* se prononce comme le *G* dans la nôtre.

Quoi qu'il en soit de cette étymologie, &
de l'ancienneté de la Ville de Prague, que
quelques-uns font remonter jusqu'à Marbod
Roi des Marcomans, il reste toujours certain que Prague est sans-contredit la plus
grande Ville de l'Allemagne, & une des plus
peuplées de l'Europe. Elle est divisée en trois
parties principales; qui sont la petite Ville
en Esclavon *Malastrana*, la Ville & la Nouvelle Ville. La Petite-Ville ou le *Petit-côté*
est situé à l'Occident, la vieille à l'Orient;
& est environné de ce côté-là de la Ville neuve,

(1) Tom. XI. Voyez aussi *Dubravius* Liv. II. & Strans-
kius, *de Rep. Bohem.* Cap. II.

ve, qui forme une espéce d'arc dont les deux côtés aboutissent à la Moldau, qui sépare la vieille Ville de la *Malaſtrana*, ou Petit-côté. Un vieux mur bâti à l'antique, avec quelques mauvaiſes tours, ſépare la vieille Ville de la neuve.

Chacun de ces trois quartiers a ſes Magiſtrats particuliers. On va de la vieille Ville au Petit-côté, par un pont qui paſſe pour le plus beau de l'Allemagne. Il eſt poſé ſur dix-ſept arcades, & a dix-ſept cens pieds de longueur ſur trente-cinq de largeuer. Il fut d'abord bâti par les ſoins de la Princeſſe Gytha Sœur d'Uladiſlas; mais ayant été à demi ruiné par le débordement des eaux, Charles IV. le fit rebâtir de fond en comble. On prétend que quatre caroſſes y peuvent aiſément paſſer de front. L'Arcenal de Prague eſt une choſe à voir. Les Curieux admirent l'Horloge que eſt ſur la tour de l'Hôtel de Ville. La Maiſon des Révérends Péres Jéſuites eſt une des plus belles que ces Religieux ayant en Europe. Le Petite-côté a commencé ſous le régne de Charles-Quint. Le Duc Rodolphe de Saxe ayant fait bâtir un magnifique Palais près du pont, inſpira à quelques Particuliers l'envie de s'établir de ce côté-là, deſorte que peu à peu il s'y forma une troiſiéme Ville, qui fut environnée d'un bon rempart, défendu par quelques demi-lunes avec un foſſé. La Ville neuve a été bâtie par Charles IV. qui la fit ſéparer de la vieille par un foſſé qui eſt à-préſent tout comblé, & où l'on fait des jardins & des prairies. Ce quartier eſt le plus conſidérable de Prague. Il renferme

plu-

plusieurs Couvens, diverses Places, & quantité de Collines, car à Prague il faut toujours monter & descendre, excepté dans la vieille Ville, qui est située dans une plaine assez unie. Il y a dans Prague deux Palais Royaux, Ratschin & Wischerad. Le premier fut brulé en 1541. mais Ferdinand I. le fit rebâtir en 1555. C'est dans une Salle de ce Château que s'assembloient les Diétes qui régloient les affaires intérieures du Royaume, & c'est des fenêtres de cette Salle que les Députés firent jetter en 1618. quelques Conseillers Auliques qui soutenoient un peu trop chaudement les intérêts de l'Empereur. En mémoire dequoi ce Monarque fit ériger deux Pyramides au même lieu, avec des inscriptions rélatives à ce sujet. C'est enfin dans ce Château qu'est l'Eglise Métropolitaine que Saint Wencellas fit bâtir en 932. On y voit une Chapelle où plusieurs Rois de Bohême ont été enterrés. A côté de cette Eglise en tirant vers l'Orient est un Couvent de Filles, le plus ancien de tout le Royaume. L'Abbesse est toujours une Princesse de l'Empire, & doit assister au Couronnement des Reines de Bohême. Du côté opposé est une Abbaïe de l'Ordre de *Prémontré* nommée *Strahoff*, bâtie par Uladislas I. sur une colline que ce Prince appella le *Mont de Sion*, sur ce que l'Evêque d'Olmutz lui fit accroire qu'elle ressembloit beaucoup à celle qui porte ce nom à Jérusalem. A une demi-lieue du Château est le Parc de la Vénérie, au milieu duquel est un beau Palais appellé l'*Etoile*, à cause de sa figure. Et tout près du Parc, sur la gauche est la *Montagne-blanche* ou le *Weis-*

 sen

sen-Berg, fameuse par le sanglant combat qui s'y donna, & dont j'ai parlé ailleurs. L'Empereur Ferdinand fit bâtir sur le champ de bataille un Couvent qu'il nomma *l'Eglise de la Victoire*, en mémoire de l'avantage remporté par ses Troupes sur celles de son Concurrent.

Le Château de Wischerad est célébre dans l'Histoire de Bohême. On comptoit jusqu'à treize Eglises dans son enceinte. C'étoit une espéce de Forteresse redoutable aux Habitans de Prague lorsqu'ils étoient brouillés avec leurs Souverains, qui y résidoient ordinairement. Il fut pris & repris par les Hussites, qui le désolérent & le ruinérent presqu'entiérement. Ce n'est aujourd'hui qu'une Citadelle très-médiocre, environnée d'un simple rempart, & commandée de tous côtés par des collines qui en rendent l'attaque très-facile, l'Ennemi pouvant être à couvert par les hauteurs qui l'entourent, sans avoir besoin d'autres épaulemens pour se garantir du feu de la Place. Les François y ont fait à-la-vérité quelques ouvrages pour rémédier à ces inconvéniens; mais ce n'est encore rien moins qu'une Place réguliére & d'une défense raisonnable.

Prague est en général une Place de peu de défense; ses fortifications ne valent rien, & elle est commandée de tous côtés, surtout vers la Moldau, dont le rivage est bordé d'une chaîne de montagnes, ou plutôt de collines, qui forment un aspect fort agréable à cause des vignobles dont ils sont couverts; mais qui empêchent entiérement

la

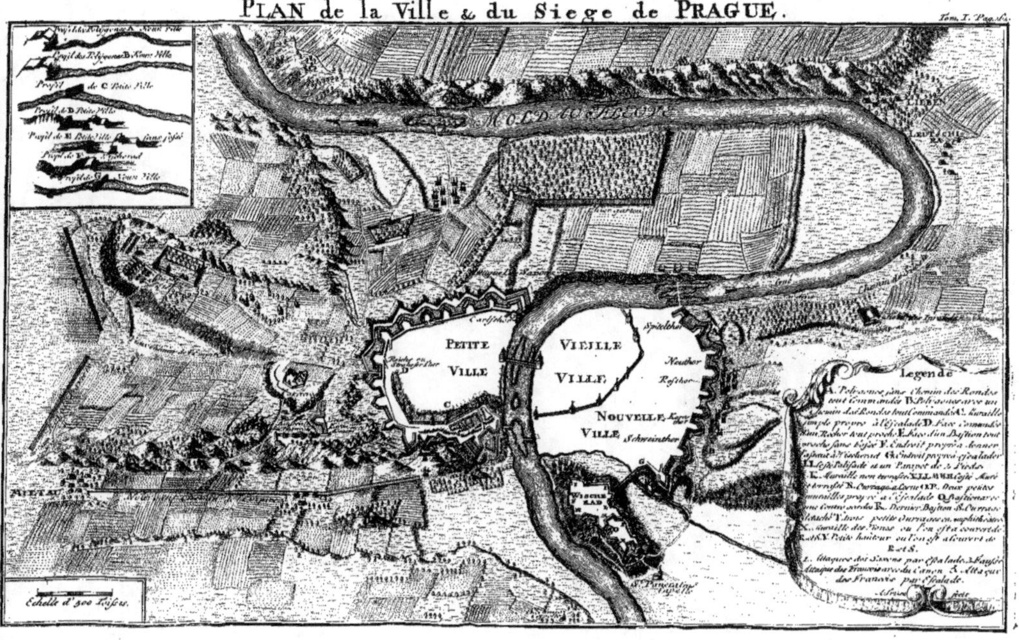

PLAN de la Ville & du Siege de PRAGUE.
Tom. I. Pag. 84.
MOLD-AU FLUSS
PETITE VILLE
VIEILLE VILLE
NOUVELLE VILLE
Legende
Echelle d'800 Toises

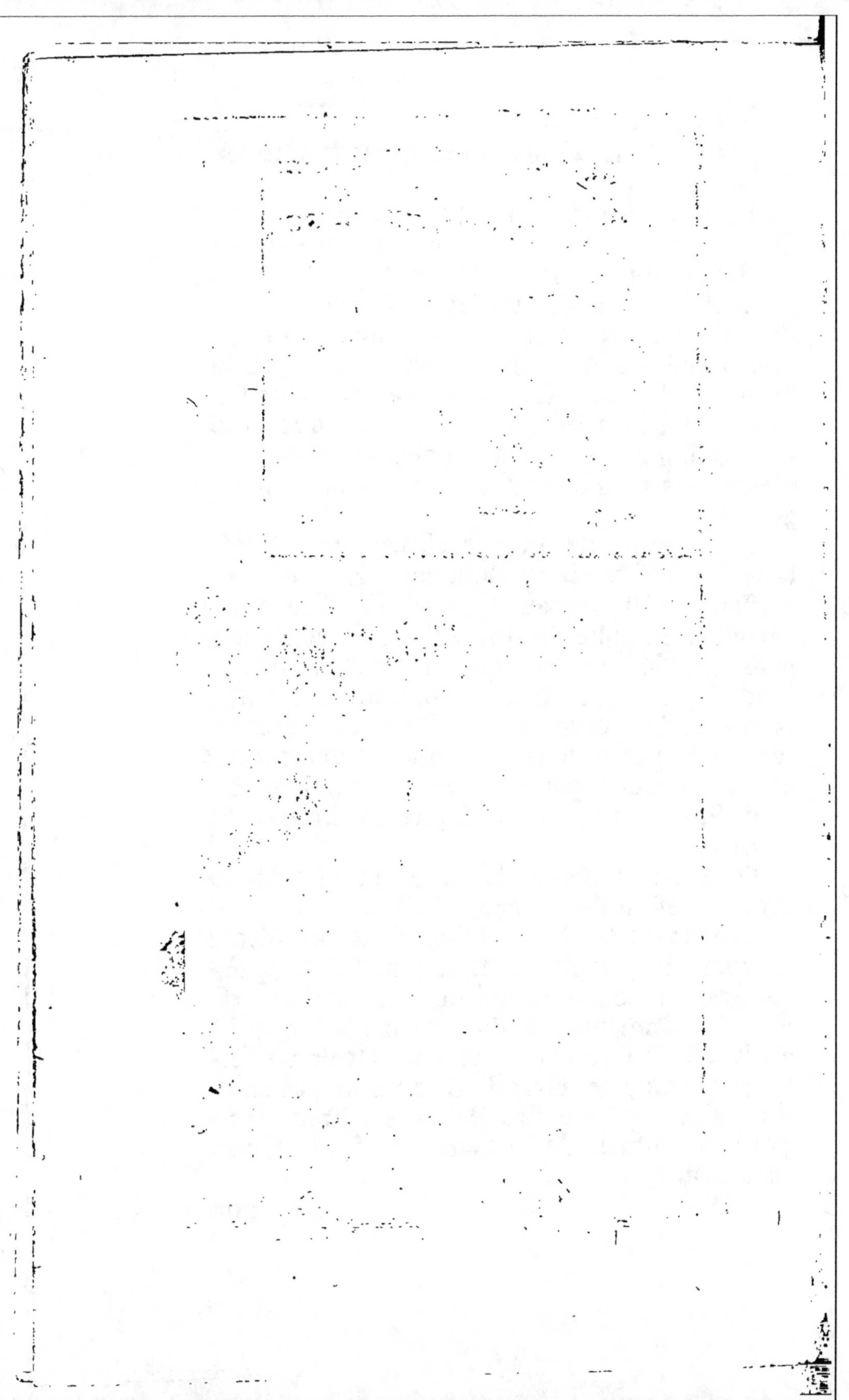

la défenſe de la Ville, qu'on peut foudroyer de ces hauteurs.

On ne ſouffre dans Prague & dans toute la Bohème que la Religion Catholique-Romaine. Les Juifs y ſont tolérés & y jouiſſent de pluſieurs libertés & priviléges; mais pour les Proteſtans, ils en ſont entiérement bannis, & la Maiſon d'Autriche a mieux réuſſi que la France à détruire le Proteſtantiſme dans ſes Etats. La Bohème, où l'on peut dire que prit naiſſance ce qu'on appelle *Réformation*, n'en a pas même conſervé le moindre veſtige.

L'Univerſité de Prague eſt célébre. C'eſt la ſeule qu'il y ait en Bohème. Elle doit ſa naiſſance à l'Empereur Charles IV. Elle étoit autrefois remplie de Profeſſeurs Proteſtans; mais les Jéſuites les en ont chaſſés, & ſe ſont emparés des Chaires Profeſſorales, auſſi-bien que des Revenus. L'Evêché de Prague fut fondé par Boleſlas le Bon, érigé enſuite en Archevêché par Charles IV. Il n'a que deux Suffragans, les Evêques de Breſlau & d'Olmutz.

Telle eſt en abrégé la Ville dont les Alliés avoient réſolu de ſe rendre maîtres.

Cependant le Général Ogilvi, qui en étoit Gouverneur, avoit dépêché pluſieurs Exprès au Grand-Duc, pour lui donner avis du deſſein des Ennemis, & du preſſant beſoin qu'il avoit d'être ſecouru. Mais tout cela ne ſervit de rien, le Grand-Duc ne fit pas aſſez de diligence, ou les Alliés en firent trop pour le malheur de la Garniſon & du Commandant.

R 4

Son

Son Alteſſe Royale ſe mit néanmoins en marche, & partit le 18. de Neuhaus, d'où toute l'Armée vint camper à Kartas - Rzeſchitz, ſur la grande route de Prague. On y tint un grand Conſeil de guerre, où l'on délibéra ſur des Dépêches nouvellement arrivées de Prague.

Le 21. & le 22. on ſéjourna. Le 23. on ſe remit en marche, & l'on vint camper à Tabor, Ville autrefois célébre & le Magazin général des Huſſites, qui lui donnérent le nom de Tabor, à cauſe des tentes qu'ils y dreſſérent avant que de bâtir ; car *Tabor* en *Eſclavon* ſignifie une *tente*. Ce n'eſt plus aujourd'hui qu'un Bourg ruiné, avec un Château au haut de la colline, où la Ville étoit bâtie.

L'Armée décampa de Tabor le 25. & ſans s'arrêter elle marcha juſqu'à Beneſchouw, à cinq lieues de Prague ; elle y arriva le 27. mais il étoit trop tard, l'Ennemi étoit déjà maître de la Capitale. En effet, l'Electeur de Baviére étant arrivé à l'Armée, preſſa l'attaque de Prague ; on convint avec ce Prince qu'il faloit tenter de l'emporter d'emblée. Dans cette vue on en reconnut exactement le fort & le foible, & l'on réſolut de former quatre attaques, l'une fauſſe & les trois autres véritables.

Les Saxons paſſérent la Moldau dans des bacs, & vinrent ſe poſter près du Cours, qui commence à la Porte Caroline, *Carlsthor*, & s'étend juſqu'au Parc de la Vénérie.

Une partie des Troupes Françoiſes vint
ſe

se poster derriére un vieux retranchement vis-à-vis la porte de Strahof, pour faire la fauſſe attaque. L'autre partie paſſa la Moldau ſous les ordres du Comte de Saxe, & vint former la véritable attaque du côté de la Ville neuve. Toute cette diſpoſition ſe fit à minuit, dans un grand ſilence & par le plus beau clair de Lune du monde, qui favoriſa beaucoup les Aſſiégeans, & ne ſervit de rien aux Aſſiégés, à cauſe des hauteurs dont Prague eſt environnée, & qui leur déroboient la vue de tout ce qui ſe paſ-ſoit.

L'attaque commença par un grand feu d'artillerie que les François firent à leur fauſ-ſe attaque. Le Commandant prit le change, & dégarnit toute la Ville neuve, pour renforcer les poſtes du *Petit côté*; & ce fut la raiſon pourquoi les Saxons trouvérent plus de réſiſtance à leur attaque du Petit côté, que les François n'en trouvérent à celle qu'ils faiſoient du coté de la Ville neuve.

Les Aſſiégés répondirent vigoureuſement au feu du canon des François, & commen-cérent à faire jouer leur mouſquetterie ſur les Saxons, qui ayant paſſé le foſſé, eſcaladoit le rempart avec beaucoup de réſolution; & dès la premiére décharge ils tuérent ou bleſ-férent plus de cinquante hommes. Le Général Weisbach reçut, comme il mettoit le pied ſur l'échelle, un coup de mouſquet dans la tête, qui le tua tout roide à côté du Comte de Coſel, qui ſe diſtingua beau-

R 5

coup

coup dans cette affaire, & fut un des premiers à gagner le rempart. Les Saxons parurent d'abord un peu étonnés de cette salve, & commencérent à plier; mais les Officiers les ayant encouragés, ils revinrent à l'attaque avec plus de valeur qu'auparavant.

Sur ces entrefaites, les François, qui faisoient la véritable attaque sur la Ville neuve, n'ayant trouvé aucune résistance, escaladérent le rempart, sans perdre un seul homme. Ils poussérent cinq à six cens Etudians qui étoient en bataille sur un Place, & qui mirent aussitôt bas les armes, & se retirérent chez eux par diverses rues. De-là les François marchérent à la Porte Caroline au travers de la Vieille ville & du Pont de pierre, dans le dessein de prendre l'Ennemi par derriére, & de l'obliger à ouvrir la Porte aux Saxons; mais ils trouvérent que ceux-ci étoient déjà maîtres du rempart, & que la Garde de la Porte mettoit les armes bas. La Porte fut ouverte dans l'instant, & les Troupes de Saxe entrérent suivies de la Cavalerie Françoise qui étoit restée en bataille à la portée du canon, pendant toute l'action.

Ce fut ainsi que Prague fut pris, la nuit du 25. au 26. Novembre à quatre heures & demie du matin, après un feu très-vif de mousquetterie & d'artillerie, qui couta la vie à une centaine d'hommes de part & d'autre. Mais pour bien comprendre la disposition des Assiégeans, on n'a qu'à jetter les yeux sur le Plan de cette attaque que je donne ici, d'après le dessein d'un Ingénieur Saxon.

Saxon. Et pour plus grand éclaircissement, j'ajoûterai encore ici la Rélation que le Lieutenant-Colonel Schmielinski Aide-de-camp du Comte Roudowski, apporta le 38. au Roi de Pologne de la part de ce Géneral.

*„ Comme on avoit reçu plusieurs avis que
„ l'Armée Autrichienne, commandée par le
„ Grand-Duc de Toscane, étoit en marche
„ vers Prague, on résolut de ne plus diffé-
„ rer à attaquer la Ville d'assaut. La nuit
„ du 25. au 26. de ce mois fut fixée pour
„ cette expédition. On avoit d'abord eu des-
„ sein de commencer l'attaque du côté de
„ la Riviére, près du Couvent des Jésuites;
„ mais sur le rapport d'un Déserteur on se
„ détermina à l'entreprendre du côté de la
„ Porte Caroline. Il avoit été convenu avec
„ l'Electeur de Baviére, qu'une partie des
„ Troupes Françoises sortiroit de ses tran-
„ chées à une heure après minuit, pour for-
„ mer une fausse attaque du petit côté de la
„ Ville, pendant que le Comte Maurice de
„ Saxe attaqueroit la Ville neuve, & que les
„ Troupes Saxonnes, de leur côté, forme-
„ roient deux véritables attaques, l'une sur
„ les deux Iles qui sont sur la Riviére, du cô-
„ té de la Ville neuve, & l'autre, du petit
„ côté de la Ville, près de la Porte Caroline.
„ Nous commençâmes notre attaque à qua-
„ tre heures du matin. Elle fut exécutée par

„ tou-

---

* Rélation du Comte Roudowski au Roi de Pologne.

,, toutes les Compagnies de Grenadiers, qui
,, formoient quatre Bataillons, & qui étoient
,, commandées par les Lieutenans - Colonels
,, Sehdens, Schlegel, Gersdorff & Carlo-
,, witz. Ils étoient suivis de huit cens Tra-
,, vailleurs, couverts par un Détachement de
,, dix-huit cens Hommes d'Infanterie, divisés
,, aussi en quatre Bataillons, sous le Com-
,, mandement des Colonels Natzmar &
,, Franckenberg, & des Lieutenans - Co-
,, lonels Crousaz & Watzdorff. Le Colonel
,, Comte de Cosel, qui conduisoit cette at-
,, taque, descendit dans le fossé à la tête
,, du premier Bataillon des Grenadiers, le
,, passa, & fit placer les échelles à l'autre
,, côté. Il fut d'abord repoussé par un feu
,, très-vif des Assiégés. Il ramena son mon-
,, de, & attaqua une seconde fois avec tant
,, de vigueur, qu'il parvint enfin, avec son
,, Bataillon, jusqu'au haut du rempart. Les
,, trois autres Bataillons suivirent son exem-
,, ple. Ce fut pendant que les Saxons essu-
,, yoient le feu de la Ville au passage du fossé,
,, que le Major - Général Weisbach fut tué.
,, Le Lieutenant Général Renard, qui avoit
,, pénétré jusqu'à la Porte de la Ville, l'ayant
,, fait ouvrir, la Garnison mit bas les ar-
,, mes, & les Troupes entrérent sans aucune
,, résistance. Elle occupérent aussitôt le grand
,, Marché, ainsi que les autres Portes & le
,, reste de la Ville.
,, Les Généraux Jasmund & Rockau, qui,
,, avec neuf Bataillons, commandojent la se-
,, conde attaque à l'autre côté de la Rivié-
,, re,

,, re, rencontrérent d'abord beaucoup de
,, difficultés à paſſer deux foſſés, ou ca-
,, naux, que les arrêtérent quelque tems. Cet
,, obſtacle fut cauſe qu'ils pénétrérent plus
,, tard dans la Ville, & particuliérement
,, celles de Franco, commandées par le Com-
,, te Maurice de Saxe. On n'éprouva point
,, de réſiſtance à ces deux dernières attaques.
,, Vers le point du jour on porta au Comte
,, Roudowski les clés de la partie appellée
,, le Petit côté de la Ville.

,, Le nombre des priſonniers qu'on a faits
,, en s'emparant de Prague, monte à trois
,, mille. Le Commandant avoit partagé la
,, Garniſon ſur les remparts. La plus gran-
,, de partie des Troupes réglées ſe trouvoit
,, à l'endroit où les Saxons firent leur atta-
,, que. On a fait entrer cinq Bataillons dans
,, le petit côté de la Ville. Les Régimens
,, de Weiſſenfels & de Franckenberg ont été
,, mis dans la vieille Ville. On a renvoyé
,, le reſte des Troupes à l'Armée. On ne
,, peut donner de trop juſtes éloges à la con-
,, duite que le Comte Maurice de Saxe &
,, le Lieutenant-Général Renard ont tenue
,, dans cette expédition, auſſi-bien que le feu
,, Général Wiesbach, le Colonel Neubauer,
,, les Lieutenans-Colonels Schmielinski,
,, Noſtitz, Poniatowski, Gersdorff, Carlo-
,, witz & Diber, & pluſieurs autres Officiers
,, de moindre rang.

Le Château de Wiſcherad ſe rendit avec
la Ville. On y fit cent quarante hommes pri-
ſon-

fonniers ; c'étoit toute la Garnifon. Pluſieur[s] Drapeaux & Etendards furent envoyés à Dreſ[de], pour ſervir de trophée à la valeur des Troupes Saxonnes.

Fin du Premier Tome.